January 18, 1999

What do I consider my most important Contributions?

- That I early on—almost sixty years ago—realized that MANAGEMENT has become the constitutive organ and function of the Society of Organizations;

- That MANAGEMENT is not "Business Management- though it first attained attention in business- but the governing organ of ALL institutions of Modern Society;

- That I established the study of MANAGEMENT as a DISCIPLINE in its own right;

    and

- That I focused this discipline on People and Power; on Values; Structure and Constitution; AND ABOVE ALL ON RESPONSIBILITIES- that is focused the Discipline of Management on Management as a truly LIBERAL ART.

Peter F. Drucker

我认为我最重要的贡献是什么？

- 早在60年前，我就认识到管理已经成为组织社会的基本器官和功能；

- 管理不仅是"企业管理"，而且是所有现代社会机构的管理器官，尽管管理最初侧重于企业管理；

- 我创建了管理这门独立的学科；

- 我围绕着人与权力、价值观、结构和方式来研究这一学科，尤其是围绕着责任。管理学科是把管理当作一门真正的人文艺术。

彼得·德鲁克
1999年1月18日

注：资料原件打印在德鲁克先生的私人信笺上，并有德鲁克先生亲笔签名，现藏于美国德鲁克档案馆。为纪念德鲁克先生，本书特收录这一珍贵资料。本资料由德鲁克管理学专家那国毅教授提供。

彼得·德鲁克和妻子多丽丝·德鲁克

德鲁克妻子多丽丝寄语中国读者

在此谨向广大的中国读者致以我诚挚的问候。本书深入介绍了德鲁克在管理领域方面的多种理念和见解。我相信他的管理思想得以在中国广泛应用，将有赖出版及持续的教育工作，令更多人受惠于他的馈赠。

盼望本书可以激发各位对构建一个令人憧憬的美好社会的希望，并推动大家在这一过程中积极发挥领导作用，他的在天之灵定会备感欣慰。

Doris Drucker

本页照片和多丽丝寄语原文与亲笔签名由彼得·德鲁克管理学院提供

管 理 未 来

［美］彼得·德鲁克 著

李亚 邓宏图 王璐 等译

Managing for the Future

The 1990s and Beyond

彼得·德鲁克全集

机械工业出版社
CHINA MACHINE PRESS

图书在版编目（CIP）数据

管理未来 /（美）彼得·德鲁克（Peter F. Drucker）著；李亚等译 . —北京：机械工业出版社，2018.6（2024.7 重印）

（彼得·德鲁克全集）

书名原文：Managing for the Future：The 1990s and Beyond

ISBN 978-7-111-60093-0

I. 管… II.①彼… ②李… III. 企业管理 IV. F272

中国版本图书馆 CIP 数据核字（2018）第 115609 号

北京市版权局著作权合同登记　图字：01-2006-1660 号。

Peter F. Drucker. Managing for the Future: The 1990s and Beyond.

Copyright © 1992 by Peter F. Drucker.

Chinese (Simplified Characters only) Trade Paperback Copyright © 2019 by China Machine Press.

This edition arranged with The Peter F. Drucker Literary Trust(D)/Drucker 1996 Literary Works Trust through Big Apple Tuttle-Mori Agency, Inc. This edition is authorized for sale in the Chinese mainland (excluding Hong Kong SAR, Macao SAR and Taiwan).

No part of this book may be reproduced or transmitted in any form or by any means, electronic or mechanical, including photocopying, recording or any information storage and retrieval system, without permission, in writing, from the publisher.

All rights reserved.

本书中文简体字版由 The Peter F. Drucker Literary Trust(D)/Drucker 1996 Literary Works Trust 通过 Big Apple Tuttle-Mori Agency, Inc. 授权机械工业出版社在中国大陆地区（不包括香港、澳门特别行政区及台湾地区）出版发行。未经出版者书面许可，不得以任何方式抄袭、复制或节录本书中的任何部分。

本书两面彩插所用资料分别由彼得·德鲁克管理学院和那国毅教授提供。封面中签名摘自德鲁克先生为彼得·德鲁克管理学院的题词。

管理未来

出版发行：机械工业出版社（北京市西城区百万庄大街 22 号　邮政编码：100037）

责任编辑：董凤凤　　　　　　　　　　　责任校对：李秋荣

印　　刷：北京建宏印刷有限公司　　　　版　　次：2024 年 7 月第 1 版第 5 次印刷

开　　本：170mm×230mm　1/16　　　　印　　张：21.25

书　　号：ISBN 978-7-111-60093-0　　　定　　价：89.00 元

客服电话：（010）88361066　68326294

| 目　录 |

第一部分 | **经济**

第二部分　│　**人**

第三部分　│　**管理**

功能正常的社会和博雅管理

为"彼得·德鲁克全集"作序

享誉世界的"现代管理学之父"彼得·德鲁克先生自认为，虽然他因为创建了现代管理学而广为人知，但他其实是一名社会生态学者，他真正关心的是个人在社会环境中的生存状况，管理则是新出现的用来改善社会和人生的工具。他一生写了 39 本书，只有 15 本书是讲管理的，其他都是有关社群（社区）、社会和政体的，而其中写工商企业管理的只有两本书（《为成果而管理》和《创新与企业家精神》）。

德鲁克深知人性是不完美的，因此人所创造的一切事物，包括人设计的社会也不可能完美。他对社会的期待和理想并不高，那只是一个较少痛苦，还可以容忍的社会。不过，它还是要有基本的功能，为生活在其中的人提供可以正常生活和工作的条件。这些功能或条件，就好像一个生命体必须具备正常的生命特征，没有它们社会也就不成其为社会了。值得留意的是，社会并不等同于"国家"，因为"国（政府）"和"家（家庭）"不可能提供一个社会全部必要的职能。在德鲁克眼里，功能正常的社会至少要由三大类机构组成：政府、企业和非营利机构，它们各自发挥不同性质的作用，每一类、每一个机构中都要有能解决问题、令机构创造出独特绩效的权力中心和决策机制，这个权力中心和决策机制同时也要让机构里的每个人各得其所，既有所担当、做出贡献，又得到生计和身份、地位。这些在过去的国家中从来没有过的权力中心和决策机制，或者说新的"政体"，就是"管理"。在这里德鲁克把企业和非营利机构中的管理体制与政府的统治体制统称为"政体"，是因为它们都掌握权力，但是，这是两种性质截然不同的权力。企业和非营利机构掌握的，是为了提供特定的产品和服务，而调配社会资源的权力，政府所拥有的，则是整个社会公平的维护、正义的裁夺和干预的权力。

在美国克莱蒙特大学附近，有一座小小的德鲁克纪念馆，走进这座用他的故居改成的纪念馆，正对客厅入口的显眼处有一段他的名言：

在一个由多元的组织所构成的社会中，使我们的各种组织机构负责任地、独立自治地、高绩效地运作，是自由和尊严的唯一保障。有绩效的、负责任的管理是对抗和替代极权专制的唯一选择。

当年纪念馆落成时，德鲁克研究所的同事们问自己，如果要从德鲁克的著作中找出一段精练的话，概括这位大师的毕生工作对我们这个世界的意义，会是什么？他们最终选用了这段话。

如果你了解德鲁克的生平，了解他的基本信念和价值观形成的过程，你一定会同意他们的选择。从他的第一本书《经济人的末日》到他独自完成的最后一本书《功能社会》之间，贯穿着一条抵制极权专制、捍卫个人自由和尊严的直线。这里极权的极是极端的极，不是集中的集，两个词一字之差，其含义却有着重大区别，因为人类历史上由来已久的中央集权统治直到20世纪才有条件变种成极权主义。极权主义所谋求的，是从肉体到精神，全面、彻底地操纵和控制人类的每一个成员，把他们改造成实现个别极权主义者梦想的人形机器。20 世纪给人类带来最大灾难和伤害的战争和运动，都是极权主义的"杰作"，德鲁克青年时代经历的希特勒纳粹主义正是其中之一。要了解德鲁克的经历怎样影响了他的信念和价值观，最好去读他的《旁观者》；要弄清什么是极权主义和为什么大众会拥护它，可以去读汉娜·阿伦特 1951 年出版的《极权主义的起源》。

好在历史的演变并不总是令人沮丧。工业革命以来，特别是从 1800 年开始，最近这 200 年生产力呈加速度提高，不但造就了物质的极大丰富，还带来了社会结构的深刻改变，这就是德鲁克早在 80 年前就敏锐地洞察和指出的，多元的、组织型的新社会的形成：新兴的企业和非营利机构填补了由来已久的"国（政府）"和"家（家庭）"之间的断层和空白，为现代国家提供了真正意义上的种种社会功能。在这个基础上，教育的普及和知识工作者的崛起，正在造就知识经济和知识社会，而信息科技成为这一切变化的加速器。要特别说明，"知识工作者"是德鲁克创造的一个称谓，泛指具备和应用专门知识从事生产工作，为社会创造出有用的产品和服务的人群，这包括企业家和在任何机构中的管理者、专业人士和技工，也包括社会上的独立执业人士，如会计师、律师、咨询师、培训师等。在 21 世纪的今天，由于知识的应用领域一再被扩大，个人和个别机构不再是孤独无助的，他们因为掌握了某项知识，就拥有了选择的自由和影响他人的权力。知识工作者和由他们组成的知识型组织不再是传统的知识分子或组织，知识工作者最大的特点就是他们的独立自主，可以主动地整合资源、创造价值，促成经济、社会、文化甚至政治层面的改变，而传统的知识分子只能依附于当时的统治当局，在统治当局提供的平台上才能有所作为。这是一个划时代的、意义深远的变化，而且这个变化不仅发生在西方发达国家，也发生在发展中国家。

在一个由多元组织构成的社会中，拿政府、企业和非营利机构这三类组织相互比较，企业和非营利机构因为受到市场、公众和政府的制约，它们的管理者不可能像政府那样走上极权主义统治，这是它们在德鲁克看来，比政府更重要、更值得寄予希望的原因。尽管如此，它们仍然可能因为管理缺位或者管理失当，例如官僚专制，不能达到德鲁克期望的"负责任地、高绩效地运作"，从而为极权专制垄断社会资源让出空间、提供机会。在所有机构中，包括在互联网时代虚拟的工作社群中，知识工作者的崛起既为新的管理提供了基础和条件，也带来对传统的"胡萝卜加大棒"管理方式的挑战。德鲁克正是因应这样的现实，研究、创立和不断完善现代管理学的。

1999 年 1 月 18 日，德鲁克接近 90 岁高龄，在回答"我最重要的贡献是什么"这个问题时，他写了下面这段话：

> 我着眼于人和权力、价值观、结构和规范去研究管理学，而在所有这些之上，我聚焦于"责任"，那意味着我是把管理学当作一门真正的"博雅技艺"来看待的。

给管理学冠上"博雅技艺"的标识是德鲁克的首创，反映出他对管理的独特视角，这一点显然很重要，但是在他众多的著作中却没找到多少这方面的进一步解释。最完整的阐述是在他的《管理新现实》这本书第 15 章第五小节，这节的标题就是"管理是一种博雅技艺"：

> 30 年前，英国科学家兼小说家斯诺（C. P. Snow）曾经提到当代社会的"两种文化"。可是，管理既不符合斯诺所说的"人文文化"，也不符合他所说的"科学文化"。管理所关心的是行动和应用，而成果正是对管理的考验，从这一点来看，管理算是一种科技。可是，管理也关心人、人的价值、人的成长与发展，就这一

点而言，管理又算是人文学科。另外，管理对社会结构和社群（社区）的关注与影响，也使管理算得上是人文学科。事实上，每一个曾经长年与各种组织里的管理者相处的人（就像本书作者）都知道，管理深深触及一些精神层面关切的问题——像人性的善与恶。

管理因而成为传统上所说的"博雅技艺"（liberal art）——是"博雅"（liberal），因为它关切的是知识的根本、自我认知、智慧和领导力，也是"技艺"（art），因为管理就是实行和应用。管理者从各种人文科学和社会科学中——心理学和哲学、经济学和历史、伦理学，以及从自然科学中，汲取知识与见解，可是，他们必须把这种知识集中在效能和成果上——治疗病人、教育学生、建造桥梁，以及设计和销售容易使用的软件程序等。

作为一个有多年实际管理经验，又几乎通读过德鲁克全部著作的人，我曾经反复琢磨过为什么德鲁克要说管理学其实是一门"博雅技艺"。我终于意识到这并不仅仅是一个标新立异的溢美之举，而是在为管理定性，它揭示了管理的本质，提出了所有管理者努力的正确方向。这至少包括了以下几重含义：

第一，管理最根本的问题，或者说管理的要害，就是管理者和每个知识工作者怎么看待与处理人和权力的关系。德鲁克是一位基督徒，他的宗教信仰和他的生活经验相互印证，对他的研究和写作产生了深刻的影响。在他看来，人是不应该有权力（power）的，只有造人的上帝或者说造物主才拥有权力，造物主永远高于人类。归根结底，人性是软弱的，经不起权力的引诱和考验。因此，人可以拥有的只是授权（authority），也就是人只是在某一阶段、某一事情上，因为所拥有的品德、知识和能力而被授权。不但任何个人是这样，整个人类也是这样。民主国家中"主权在民"，但是人民的权力也是一种授权，是造物主授予的，人在这种授权之下只是一个既有自由意志，又要承担责任的"工具"，他是造物主的工具而不能成为主宰，不能按自己的意图去操纵和控制自己的同类。认识到这一点，人才会谦卑而且有责任感，他们才会以造物主才能够掌握、人类只能被其感召和启示的公平正义，去时时检讨自己，也才会甘愿把自己置于外力强制的规范和约束之下。

第二，尽管人性是不完美的，但是人彼此平等，都有自己的价值，都有自己的创造能力，都有自己的功能，都应该被尊敬，而且应该被鼓励去创造。美国的独立宣言和宪法中所说的，人生而平等，每个人都有与生俱来、不证自明的权利（rights），正是从这一信念而来的，这也是德鲁克的管理学之所以可以有所作为的根本依据。管理者是否相信每个人都有善意和潜力？是否真的对所有人都平等看待？这些基本的或者说核心的价值观和信念，最终决定他们是否能和德鲁克的学说发生感应，是否真的能理解和实行它。

第三，在知识社会和知识型组织里，每一个工作者在某种程度上，都既是知识工作者，也是管理者，因为他可以凭借自己的专门知识对他人和组织产生权威性的影响——知识就是权力。但是权力必须和责任捆绑在一起。而一个管理者是否负起了责任，要以绩效和成果做检验。凭绩效和成果问责的权力是正当和合法的权力，也就是授权（authority），否则就成为德鲁克坚决反对的强权（might）。绩效和成果之所以重要，不但在经济和物质层面，而且在心理层面，都会对人们产生影响。管理者和领导者如果持续不能解决现实问题，大众在彻底失望之余，会转而选择去依赖和服从强权，同时甘愿交出自己的自由和尊严。这就是为什么德鲁克一再警告，如果管理失败，极权主义就会取而代之。

第四，除了让组织取得绩效和成果，管理者还有没有其他的责任？或者换一种说法，绩效和成果仅限于可量化的经济成果和财富吗？对一个工商企业来说，除了为客户提供价廉物美的产品和服务、为股东赚取合理的利润，能否同时成为一个良好的、负责任的"社会公民"，能否同时帮助自己的员工在品格和能力两方面都得到提升呢？这似乎是一个太过苛刻的要求，但它是一个合理的要求。我个人在十多年前，和一家这样要求自己的后勤服务业的跨国公司合作，通过实践认识到这是可能的。这意味着我们必须学会把伦理道德的诉求和经济目标，设计进同一个工作流程、同一套衡量系统，直至每一种方法、工具和模式中去。值得欣慰的是，今天有越来越多的机构开始严肃地对待这个问题，在各自的领域做出肯定的回答。

第五，"作为一门博雅技艺的管理"或称"博雅管理"，这个讨人喜爱的中文翻译有一点儿问题，从翻译的"信、达、雅"这三项专业要求来看，雅则雅矣，信有不足。liberal art 直译过来应该是"自由的技艺"，但最早的繁体字中文版译成了"博雅艺术"，这可能是想要借助它在中国语文中的褒义，我个人还是觉得"自由的技艺"更贴近英文原意。liberal 本身就是自由。art 可以译成艺术，但管理是要应用的，是要产生绩效和成果的，所以它首先应该是一门"技能"。另一方面，管理的对象是人们的工作，和人打交道一定会面对人性的善恶，人的千变万化的意念——感性的和理性的，从这个角度看，管理又是一门涉及主观判断的"艺术"。所以 art 其实更适合解读为"技艺"。liberal——自由，art——技艺，把两者合起来就是"自由技艺"。

最后我想说的是，我之所以对 liberal art 的翻译这么咬文嚼字，是因为管理学并不像人们普遍认为的那样，是一个人或者一个机构的成功学。它不是旨在让一家企业赚钱，在生产效率方面达到最优，也不是旨在让一家非营利机构赢得道德上的美誉。它旨在让我们每个人都生存在其中的人类社会和人类社群（社区）更健康，使人们较少受到伤害和痛苦。让每个工作者，按照他与生俱来的善意和潜能，自由地选择他自己愿意在这个社会或社区中所承担的责任；自由地发挥才智去创造出对别人有用的价值，从而履行这样的责任；并且在这样一个创造性工作的过程中，成长为更好和更有能力的人。这就是德鲁克先生定义和期待的，管理作为一门"自由技艺"，或者叫"博雅管理"，它的真正的含义。

邵明路

彼得·德鲁克管理学院创办人

跨越时空的管理思想

20 多年来，机械工业出版社关于德鲁克先生著作的出版计划在国内学术界和实践界引起了极大的反响，每本书一经出版便会占据畅销书排行榜，广受读者喜爱。我非常荣幸，一开始就全程参与了这套丛书的翻译、出版和推广活动。尽管这套丛书已经面世多年，然而每次去新华书店或是路过机场的书店，总能看见这套书静静地立于书架之上，长盛不衰。在当今这样一个强调产品迭代、崇尚标新立异、出版物良莠难分的时代，试问还有哪本书能做到这样呢？

如今，管理学研究者们试图总结和探讨中国经济与中国企业成功的奥秘，结论众说纷纭、莫衷一是。我想，企业成功的原因肯定是多种多样的。中国人讲求天时、地利、人和，缺一不可，其中一定少不了德鲁克先生著作的启发、点拨和教化。从中国老一代企业家（如张瑞敏、任正非），及新一代的优秀职业经理人（如方洪波）的演讲中，我们常常可以听到来自先生的真知灼见。在当代管理学术研究中，我们也可以常常看出先生的思想指引和学术影响。我常常对学生说，当你不能找到好的研究灵感时，可以去翻翻先生的著作；当你对企业实践困惑不解时，也可以把先生的著作放在床头。简言之，要想了解现代管理理论和实践，首先要从研读德鲁克先生的著作开始。基于这个原因，1991年我从美国学成回国后，在南京大学商学院图书馆的一角专门开辟了德鲁克著作之窗，并一手创办了德鲁克论坛。至今，我已在南京大学商学院举办了100多期德鲁克论坛。在这一点上，我们也要感谢机械工业出版社为德鲁克先生著作的翻译、出版和推广付出的辛勤努力。

在与企业家的日常交流中，当发现他们存在各种困惑的时候，我常常推荐企业家阅读德鲁克先生的著作。这是因为，秉持奥地利学派的一贯传统，德鲁克先生总是将企业家和创新作为著作的中心思想之一。他坚持认为："优秀的企业家和企业家精神是一个国家最为重要的资源。"在企业发展过程中，企业家总是面临着效率和创新、制度和个性化、利润和社会责任、授权和控制、自我和他人等不同的矛盾与冲突。企业家总是在各种矛盾与冲突中成长和发展。现代工商管理教育不但需要传授建立现代管理制度的基本原理和准则，同时也要培养一大批具有优秀管理技能的职业经理人。一个有效的组织既离不开良好的制度保证，同时也离不开有效的管理者，两者缺一不可。这是因为，一方面，企业家需要通过对管理原则、责任和实践进行研究，探索如何建立一个有效的管理机制和制度，而衡量一个管理制度是否有效的标准就在于该制度能否将管理者个人特征的影响降到最低限度；另一方面，一个再高明的制度，如果没有具有职业道德的员工和管理者的遵守，制度也会很容易土崩瓦解。换言之，一个再高效的组织，如果缺乏有效的管理者和员工，组织的效率也不可能得到实现。虽然德鲁克先生的大部分著作是有关企业管理的，但是我们可以看到自由、成长、创新、多样化、多元化的思想在其著作中是一以贯之的。正如德鲁克在《旁观者》一书的序言中所阐述的，"未来是'有机体'的时代，由任务、目的、策略、社会的和外在的环境所主导"。很多人喜欢德鲁克提出的概念，但是德鲁克却说，"人比任何概念都有趣多了"。德鲁克本人虽然只是管理的旁观者，但是他对企业家工作的理解、对管理本质的洞察、对人性复杂性的观察，鞭辟入里、入木三分，这也许就是企业家喜爱他的著作的原因吧！

德鲁克先生从研究营利组织开始，如《公司的概念》（1946年），到研究非营利组织，如《非营利组织的管理》（1990年），再到后来研究社会组织，如《功能社会》（2002年）。虽然德鲁克先生的大部分著作出版于20世纪六七十年代，然而其影响力却是历久弥新的。在他的著作中，读者很容易找到许多最新的管理思想的源头，同时也不难获悉许多在其他管理著作中无法找到的"真知灼见"，从组织的使命、组织的目标以及工商企业与服务机构的异同，到组织绩效、富有效率的员工、员工成就、员工福利和知识工作者，再到组织的社会影响与社会责任、企业与政府的关系、管理者的工作、管理工作的设计与内涵、管理人员的开发、目标管理与自我控制、中层管理者和知识型组织、有效决策、管理沟通、管理控制、面向未来的管理、组织的架构与设计、企业的合理规模、多角化经营、多国公司、企业成长和创新型组织等。

30多年前在美国读书期间，我就开始阅读先生的著作，学习先生的思想，并聆听先生的课堂教学。回国以后，我一直把他的著作放在案头。尔后，每隔一段时间，每每碰到新问题，就重新温故。令人惊奇的是，随着阅历的增长、知识的丰富，每次重温的时候，竟然会生出许多不同以往的想法和体会。仿佛这是一座挖不尽的宝藏，让人久久回味，有幸得以伴随终生。一本著作一旦诞生，就独立于作者、独立于时代而专属于每个读者，不同地理区域、不同文化背景、不同时代的人都能够从中得到启发、得到教育。这样的书是永恒的、跨越时空的。我想，德鲁克先生的著作就是如此。

　　特此作序，与大家共勉！

南京大学人文社会科学资深教授、商学院名誉院长

博士生导师

2018 年 10 月于南京大学商学院安中大楼

彼得·德鲁克与伊藤雅俊管理学院是因循彼得·德鲁克和伊藤雅俊命名的。德鲁克生前担任玛丽·兰金·克拉克社会科学与管理学教席教授长达三十余载，而伊藤雅俊则受到日本商业人士和企业家的高度评价。

彼得·德鲁克被称为"现代管理学之父"，他的作品涵盖了39本著作和无数篇文章。在德鲁克学院，我们将他的著述加以浓缩，称之为"德鲁克学说"，以撷取德鲁克著述在五个关键方面的精华。

我们用以下框架来呈现德鲁克著述的现实意义，并呈现他的管理理论对当今社会的深远影响。

这五个关键方面如下。

（1）**对功能社会重要性的信念**。一个功能社会需要各种可持续性的组织贯穿于所有部门，这些组织皆由品行端正和有责任感的经理人来运营，他们很在意自己为社会带来的影响以及所做的贡献。德鲁克有两本书堪称他在功能社会研究领域的奠基之作。第一本书是《经济人的末日》（1939年），"审视了法西斯主义的精神和社会根源"。然后，在接下来出版的《工业人的未来》（1942年）一书中，德鲁克阐述了自己对第二次世界大战后社会的展望。后来，因为对健康组织对功能社会的重要作用兴趣盎然，他的主要关注点转到了商业。

（2）**对人的关注**。德鲁克笃信管理是一门博雅艺术，即建立一种情境，使博雅艺术在其中得以践行。这种哲学的宗旨是：管理是一项人的活动。德鲁克笃信人的潜质和能力，而且认为卓有成效的管理者是通过人来做成事情的，因为工作会给人带来社会地位和归属感。德鲁克提醒经理人，他们的职责可不只是给大家发一份薪水那么简单。

对于如何看待客户，德鲁克也采取"以人为本"的思想。他有一句话人人知晓，即客户决定了你的生意是什么、这门生意出品什么以及这门生意日后能否繁荣，因为客户只会为他们认为有价值的东西买单。理解客户的现实以及客户崇尚的价值是"市场营销的全部所在"。

（3）**对绩效的关注**。经理人有责任使一个组织健康运营并且持续下去。考量经理人的凭据是成果，因此他们要为那些成果负责。德鲁克同样认为，成果负责制要渗透到组织的每一个层面，务求淋漓尽致。

制衡的问题在德鲁克有关绩效的论述中也有所反映。他深谙若想提高人的生产力，就必须让工作给他们带来社会地位和意义。同样，德鲁克还论述了在延续性和变化二者间保持平衡的必要性，他强调面向未来并且看到"一个已经发生的未来"是经理人无法回避的职责。经理人必须能够探寻复杂、模糊的问题，预测并迎接变化乃至更新所带来的挑战，要能看到事情目前的样貌以及可能呈现的样貌。

（4）**对自我管理的关注**。一个有责任心的工作者应该能驱动他自己，能设立较高的绩效标准，并且能控制、衡量并指导自己的绩效。但是首先，卓有成效的管理者必须能自如地掌控他们自己的想法、情绪和行动。换言之，内在意愿在先，外在成效在后。

（5）**基于实践的、跨学科的、终身的学习观念**。德鲁克崇尚终身学习，因为他相信经理人必须要与变化保持同步。但德鲁克曾经也有一句名言："不要告诉我你跟我有过一次精彩的会面，告诉我你下周一打算有哪些不同。"这句话的意思正如我们理解的，我们必须关注"周一早上的不同"。

这些就是"德鲁克学说"的五个支柱。如果你放眼当今各个商业领域，就会发现这五个支柱恰好代表了五个关键方面，它们始终贯穿交织在许多公司使命宣言传达的讯息中。我们有谁没听说过高管宣称要回馈他们的社区，要欣然采纳以人为本的管理方法和跨界协同呢？

彼得·德鲁克的远见卓识在于他将管理视为一门博雅艺术。他的理论鼓励经理人去应用"博雅艺术的智慧和操守课程来解答日常在工作、学校和社会中遇到的问题"。也就是说，经理人的目光要穿越学科边界来解决这世上最棘手的一些问题，并且坚持不懈地问自己："你下周一打算有哪些不同？"

彼得·德鲁克的影响不限于管理实践，还有管理教育。在德鲁克学院，我们用"德鲁克学说"的五个支柱来指导课程大纲设计，也就是说，我们按照从如何进行自我管理到组织如何介入社会这个次序来给学生开设课程。

德鲁克学院一直十分重视自己的毕业生在管理实践中发挥的作用。其实，我们的使命宣言就是：

> 通过培养改变世界的全球领导者，来提升世界各地的管理实践。

有意思的是，世界各地的管理教育机构也很重视它们的学生在实践中的表现。事实上，这已经成为国际精英商学院协会（AACSB）认证的主要标志之一。国际精英商学院协会"始终致力于增进商界、学者、机构以及学生之间的交融，从而使商业教育能够与商业实践的需求步调一致"。

最后我想谈谈德鲁克和管理教育，我的观点来自 2001 年 11 月 *BizEd* 杂志第 1 期对彼得·德鲁克所做的一次访谈，这本杂志由商学院协会出版，受众是商学院。在访谈中，德鲁克被问道：在诸多事项中，有哪三门课最重要，是当今商学院应该教给明日之管理者的？

德鲁克答道：

> 第一课，他们必须学会对自己负责。太多的人仍在指望人事部门来照顾他们，他们不知道自己的优势，不知道自己的归属何在，他们对自己毫不负责。
>
> 第二课也是最重要的，要向上看，而不是向下看。焦点仍然放在对下属的管理上，但应开始关注如何成为一名管理者。管理你的上司比管理下属更重要。所以你要问："我应该为组织贡献什么？"
>
> 最后一课是必须修习基本的素养。是的，你想让会计做好会计的事，但你也想让她了解组织的其他功能何在。这就是我说的组织的基本素养。这类素养不是学一些相关课程就行了，而是与实践经验有关。

凭我一己之见，德鲁克在 2001 年给出的这则忠告，放在今日仍然适用。卓有成效的管理者需要修习自我管理，需要向上管理，也需要了解一个组织的功能如何与整个组织契合。

彼得·德鲁克对管理实践的影响深刻而巨大。他涉猎广泛，他的一些早期著述，如《管理的实践》（1954 年）、《卓有成效的管理者》（1966 年）以及《创新与企业家精神》（1985 年），都是我时不时会翻阅研读的书籍，每当我作为一个商界领导者被诸多问题困扰时，我都会从这些书中寻求答案。

珍妮·达罗克

彼得·德鲁克与伊藤雅俊管理学院院长

亨利·黄市场营销和创新教授

美国加州克莱蒙特市

在翻译本书的过程中，德鲁克先生不幸去世（2005 年 11 月 11日）。我想，也许可以把本书的出版作为对他的一种纪念。

彼得·德鲁克是一位知名度极高的管理学大师，在中国的知名度几乎与竞争战略大师迈克尔·波特及营销学大师菲利普·科特勒比肩。他是现代经验主义管理流派的创立者，同时也是一位管理咨询大师，创办了德鲁克管理咨询公司。

理论界和实务界对其评价极高。

美国管理协会称："如果说 20 世纪最伟大的发明是管理的话，那么彼得·德鲁克无疑是最伟大的发明家。"

《福布斯》封面文章称德鲁克"依然是最年轻的头脑"。

《商业周刊》则称其为"当代最经久不衰的管理思想家"。

《哈佛商业评论》认为："只要一提到彼得·德鲁克的名字，在企业的丛林中就会有无数双耳朵竖起来倾听！"

《经济学人》评论道："在一个充斥着自大狂和江湖骗子的行业中，他是一个真正具有原创性的思想家。"

他被世人尊为"现代管理学之父""管理学巨擘""现代管理宗师"

和"大师中的大师"。在这样的背景下,机械工业出版社华章公司引入了本书,使我们再次聆听到大师的声音。

本书是一本论文集,体现了作者 20 世纪八九十年代的一些真知灼见。在 20 世纪 80 年代,德鲁克的研究重心是创新管理。这正是美国新经济兴起的时代,创业浪潮风起云涌。他敏锐地找到了新的理论增长点——创业企业和中小企业。德鲁克成功地将管理从大企业引向了中小企业,强调了管理在中小企业和创业企业成功中的重要性。在 20 世纪 90 年代,德鲁克的研究重点转向非营利组织管理问题,这是一个相当前沿的问题。德鲁克主要还是用管理企业的方法研究非营利组织的管理问题,特别是将目标管理引入非营利组织管理,强调客户理念和绩效意识。他预测非营利组织将走向专业化(而不是当前的志愿者模式)。这些最新的成果在本书中都有所体现。

本书得以完成,得到了许多朋友的无私支持。其中,张仓泉、赵金莎、陈杰、陆建新、齐会含、郭吉涛、金生亮、曹慧、张修明、夏雪、张一鹤、姚遥、刘丽艳、刘小宽、刘增光、何芬、张桂玲、肖黎、郭延红承担了部分文章的初稿翻译,我和邓宏图(南开大学经济学院副教授)以及王璐(南开大学经济学院讲师)负责了本书绝大部分内容的翻译和全书的审校工作。另外,在本书的出版过程中,还得到了机械工业出版社的大力帮助,特此表示衷心的谢意。

需要说明的是,本书的翻译得到了教育部哲学社会科学研究重大课题攻关项目"中国民营经济制度创新与发展问题研究"(03JZD0018)、天津市 2005 年度社科研究规划项目"民营企业公司治理框架与实证研究"(TJ05-GL003)和南开大学科研启动项目"民营企业公司治理实证研究"的资助,另外,还得到了南开大学亚洲研究中心的资助("中韩民营中小企业公司治理比较研究")。

  由于本书内容包罗万象，跨度很大，涉及企业管理、经济、历史、哲学的方方面面，为本书的翻译增加了不少难度。尽管译者始终谨慎动笔，仔细求证，但难免还会存在疏漏，恳请广大读者批评指正。译者联系方式：022-23368618，电子邮件：yhg@vip.sina.com 或 guoyanhong627@vip.163.com。

李 亚

　　我 1985 年的著作《管理前沿》（*The Frontiers of Management*）问世大约一年后，我收到了一封信："我是一家规模相当小但成长迅速的专用化学品公司的首席执行官。我每个周末都会阅读五六章你的大作，同时要求公司的高层也这样做。我每看完一章，都会写几个问题问自己：'这一章对于我这样的高管人员有什么意义？对于公司有什么意义？它向我、管理团队以及公司喻示着应该采取何种行动？它指出我们拥有什么机会？它告诉我们在公司目标、策略、政策和结构上应该做哪些调整？'接着，我们会在管理会议上讨论相关答案。半年后，我们会再次讨论这些问题，以比较我们实际做了什么，它们是否有用，重点讨论哪些是我们应该采取却并未落实的行动。当然，书中的很多章节不能直接应用于我们公司，但它引导我们去思考而不是行动。也有许多章节不断地激励我们采取某些行动或停止某些行为。其中最有价值的章节让我感叹：'当然，我一直都明白这些道理，但为什么实际上我没有照它去做呢？'"

　　本书所涵盖的主题非常宽泛，它们耗费了我五年的时间。各章并不是按照以前拟订的写作大纲来写的。但是每章从一开始就很明确：

专门解决经理人员身边的某个方面的问题，诸如经济、人、管理、组织等，这些都是经理人员经常遇到的企业内外的具体问题。

除此以外，每章从一开始就计划实现两个目标：其一，向天天忙于工作的企业管理者解释，如何看待他们所处的这个瞬息万变的世界，这会影响他们的工作和绩效；其二，激励他们采取有效行动并为他们提供相应工具。

在我的记忆里，管理者的世界一直是不稳定的——我在1929年全球经济危机前两年就开始工作了！虽然如此，过去几年——或者今后几年——却最为动荡。例如，短短的几年前，我们还在担心通货膨胀，担心各种新型金融巨头的兴起：全球性银行、跨国中介机构、垃圾债券大王、并购巨头，诸如此类。当然，现在通货膨胀也还是一种威胁，并且只要政府不断累积巨额赤字，这种威胁就将一直存在。但是20世纪90年代的经理人员更担心银根紧缩和信用危机，这是典型的通货紧缩"症状"。过去的金融巨头现在纷纷全线撤退，陷入丑闻之中难以自拔。1992年的世界经济几乎与1980年或1981年（当时日本还存在贸易赤字，欧洲经济共同体仅是空中楼阁，并且把给巴西军事高官放贷几十亿当作非常保守的事情）没有任何相似之处。因此，本书的每一章都试图说明未来将发生什么变化，以及这些变化对于经济、人、市场、管理和组织意味着什么。每一章都试图让管理者明白如何为将来而不是为过去进行管理。

但是，每章从一开始就希望能够激励人们采取行动，捕捉新的机遇；指出哪些领域（流程与产品、策略、市场和组织结构）需要有所改变；在哪些方面需要采取行动以及如何行动，在哪些方面需要停止行动。

在创作本书的5年间，世界发生了前所未有的政治剧变。本书最早的一章写于1986年8月，在同一周我完成了1989年初冬出版的《管理新现实》（*The New Realities*）一书第4章的初稿。在这篇文章中，我预言了戈尔巴乔夫经济政策的必然失败，同样必然的是苏联的解体。那一周我写了本书的第 21 章——题为"管理上司的艺术"。最后完成的一章是第 23 章，几乎正好是在 5 年之后，时间是 1991 年 8 月——反对戈尔巴乔夫的政变失败后的一周。但是，这一章的题目是"日本企业的新战略"。换句话说，这本书关注的是管理人员、他们的组织和他们的工作。"演出必须继续下去"是本书的座右铭——管理者的"演出"就是能够取得成果的有效行动。帮助管理者在混乱、危险、快速变化的经济、社会和科技环境中采取行动与创造成果，也就是帮助他们**取得绩效**，这正是本书的目的和使命。

彼得·德鲁克

加利福尼亚州克莱蒙特

1991 年感恩节

关注后商业社会

问：你曾经写到：当今政治和经济的不真实性有其深远意义。这是什么意思？

答：大部分我们原先当作公理的假定，已经不适应当今的现实了，使我们的工作和生活有了一种超现实主义的色彩。这个世界好像演变成了一系列新闻事件，它们或者超越现实，或者完全没有规律。这在政治领域中更是千真万确，在这里我们已经踏入了一个不熟悉的未知领域中。

今日的复杂局面源于1965～1973年的某个时期，当时我们经历了一个世纪性的"大分水岭"，放弃了指导政治领域一两个世纪的信条、责任和联盟。从最深层次讲，启蒙运动（the Enlightenment）所倡导的通过集体行动取得进步的信念——"社会拯救"⊖（这从18世纪开始就一直是政治领域中的统治力量）——已经被完全摧毁。追随美国"伟大社会"（Great Society）⊜

⊖ Salvation by society，也有人译为社会救赎。——译者注
⊜ 美国总统约翰逊于1964年提出的以社会福利计划为内容的施政纲领。——译者注

理想的民主党人不再是真正的信徒，而且，无论是法国总统密特朗，还是戈尔巴乔夫，都不再支持这一信念。当西方思想兴起并占据世界主导地位时，西方在机械、金融和武器上的优势地位，可能还不如社会拯救所带来的希望更为重要。现在这一切都不复存在了。

然而，唯一有效的、反对政治整合的非意识形态力量——利益集团最终也走到了尽头。这种例子有很多，如吉姆·赖特的下台⊖、日本自民党的派系危机和失败、欧洲经济的巨头——德国危如累卵的政治联合。

上一次这样的分水岭出现在一个世纪以前的1873年。那是一个自由主义的世纪，主导性的政治思想是**放任主义**（laissez-faire），它随着1776年亚当·斯密《国富论》的诞生而开始，随着1873年大肆宣扬维也纳股票市场会崩盘（实际未发生）以及巴黎、伦敦、法兰克福和纽约股票市场的短时间恐慌而终止。虽然西方经济在18个月后得以恢复，但政治方向已经永远改变了。人们希望寻求安全和保护，而不是工业革命时期的激烈变化。

在维也纳危机的10年间，德国首相俾斯麦已经开设了全国性的健康保险和强制性养老保险。美国在19世纪80年代也实施了转型，从不加控制的市场经济转向由州际商务委员会控制，开始实施铁路管制，制定反托拉斯法和第一批各州的证券监管法律。19世纪80年代，美国同时还发生了第一次"反商业"活动，民粹主义者（populist）⊜兴起并成功地使内布拉斯加州林肯市的地方电力公司实现"社会化"⊜——这是继维也纳之后第二个敢于这样做的西方城市。

在这些早期事件发生之后，政府控制经济和指导社会发展方向逐步变得普及。19世纪政治上最激烈的争论不是"福利问题"，而是没有限制的政府

⊖　1989年，议员吉姆·赖特（Jim Wright）因为道德问题受到谴责而下台。——译者注

⊜　美国人民党所提倡的主义，以主张保护农民为其政策。——译者注

⊜　译者的理解是将股东控制的电力公司逐步向社会公众下放权力，使大家可以参与决策。——译者注

权力，例如希特勒和墨索里尼，与之对应的则是我们在美国、日本和战后欧洲所看到的对于国家权力的民主与法律限制。

1968～1973 年的分水岭完全可以与 1873 年相媲美。1873 年意味着放任主义的结束，而 1973 年标志着政府作为一种进步力量（实现启蒙运动基本原则的载体工具）的时代结束了。遍及西方的石油危机、美元浮动汇率、学生抗议使我们逐步放弃了 19 世纪的生活状态。

可以确信，福利国家的口号还会坚持，但它不会转化为行动或成为激励因素。就如同柴郡猫⊖的笑容一样，留下的只是形式，其他的一切都将不复存在。

问："创造性破坏"的动荡一直伴随着工业革命，在此之后，一整套机制建立了起来，政府通过它们化解社会风险。随着政府逐步成为社会风险的保障者，人们将政府看作新一轮创新浪潮（即与生物工程、信息革命和经济全球化相关的"创业潮"⊜）的拦路虎。

是不是我们刚刚开始走向安全文化，现在又要抛弃它转而支持风险文化？这是 1973 年之后，里根、撒切尔夫人、戈尔巴乔夫时代的一般性趋势吗？

答：首先，让我们明确一点，政府仍然在不断扩张。罗纳德·里根总统扩大联邦预算的程度是史无前例的，超过了所有前任。尽管美国已经取消了航空管制，但是又开始实施强制性药品检测。对药品检测的干预要比航空管制严格得多。政府的力量并未消退。

风险和安全不是对立的，而是平行的。毕竟，社会保障是 19 世纪工业领域"创业潮"的产物。之所以建立这种制度，恰恰是因为出现了非常多的

⊖　英国作家刘易斯·卡罗（Lewis Carroll）在《爱丽丝漫游奇境》(*Alice Adventures in Wonderland*) 里，详细描写了公爵夫人家中的一只柴郡猫（Chesire cat）。——译者注

⊜　关于 entrepreneurship 有不同的译法，常见的还有企业家精神。——译者注

风险。此外，我相信，我们会创建新型的社会保障制度以应对当今创业时代的风险。

新的保障模式可能会是什么呢？在我看来，由于目前的经济巨变，20世纪末最明显的进展就是：工作被当作一种财产权利。这几年我们看到了一系列法庭判决，严格限制雇主随意解雇工人（这曾是他们的传统权力），即使双方没有签订合同。

变换工作的风险意味着一个员工在通用电气公司（GE）工作22年后，失去了他获得的职位安全保障。假定这个人是管理工程师，他知道只要他以前是制造蒸汽涡轮的，那么将来他还会继续制造它们。他知道GE控制了45%的市场份额，自己不用为了这份工作而那么拼命，通用电气公司总会有一份工作给他，并且有提升的可能。现在，这个人得知GE随时可能退出蒸汽涡轮市场，因为一个他从未听说过的年轻人在将来可能会完成一项小发明，足以使GE所占领的45%的市场份额化为乌有。

这个享有既得利益的员工非常愤怒，因为他的安全保障设想成为幻影。他已经把他的工作看成了一种权利，拥有这个职位是天经地义的。所以，他向法院起诉保留这份工作，试图把工作重新界定为他的"财产"。

在人类历史上，没有任何事情的影响大过财产权利的重新界定，它对社会秩序变革的影响是根本性的。在从放任主义到福利国家的转变过程中，最重要的财产是商人创造的商业财富，而不再是土地。

在很大程度上，将工作重新界定为一种财产权利是对当今创业大潮的反应。

问：在持续创新的"知识社会"（其特征是经济不稳定）中，难道教育不是一种既有灵活性，又有安全性的制度吗？这难道不是一种灵活的安全制度，即允许个人在不同职业和不同组织中流动吗？

答：适当的教育是一种新的安全保障模式。但是，我们的学校还没有真正认识到，在"知识社会"中，大多数人只能以雇员的身份谋生，他们所在的组织要求他们提供高效率的工作。但是，我们的教育体制正好走向了相反的方向。

"知识社会"由大型组织（包括政府和企业）组成，它们必须依赖信息的流动才能正常运作。从这个意义上说，西方所有发达社会已经进入了"后商业时代"。企业不再是社会发展的主要动力。各种职业越来越要求应聘者具备大学学士学位。现在的社会中心转向了知识工作者。但是，没有一家教育机构（甚至包括管理学院）尝试教给学生一些基本技能，以使他们在组织中能够高效地工作。这些技能包括：口头表达和写作能力，与人合作的能力，推进和指导自己的工作、贡献和职业生涯的能力。这种"受过教育的人"应该是后商业社会的主导力量。

问：什么样的最新经济现实使得我们的经济思想过时了？

答：当今新的经济架构使所有以前的分析范畴都落伍了。

这是历史上第一次，原材料经济与工业经济开始分离，不再匹配。至少原材料经济已经不那么重要了。

近10年来，原材料经济日益萧条，但是工业经济蒸蒸日上。在所有过去的经济周期中，食品和原材料经济衰退之后，18个月内必然伴随着工业经济危机。但是这一次有所不同。

我认为之所以出现这种不匹配，有以下几个原因。发展中国家农业的大规模发展导致了全球范围内的农产品过剩。尽管这种情况导致美国部分地区1984～1987年的农业收入下降了2/3，但是，它对于经济的总体消费能力影响较小，因为农业人口现在只占很小的比重，几乎可以忽略不计。

同样重要的是，与过去相比，工业制成品所含的原材料大大减少。例如，19世纪20年代的核心产品是汽车，原材料和能源占其成本的60%；现在的核心产品是芯片，其成本中只有不到2%是原材料和能源。日本在

1965～1985年工业生产增加了2.5倍，但是它的原材料和能源消耗量几乎没有增加！

制造业也变得与劳动力不相匹配了。1988年，如果要生产与1973年相同数量的商品，蓝领工人只需要用2/5的时间就可以完成了。

在过去，投资总是跟随贸易而变化。现在，投资企业可以把生产设备安装在全球市场的任何一个角落，而不是像从前那样在本国生产然后再出口。现在，它们可以很方便地在国外生产，然后向本国返销。它们在有研究人才的地方搞研究，在有设计师的地方做设计。例如，庞蒂亚克汽车（Pontiac Le Mans）⊖在德国设计，用日本的零件在韩国组装。本田（Honda）在美国生产汽车，并返销日本。

商品与服务的"实体"经济已与货币经济不相匹配了。每天，伦敦银行同业拆借市场（London Interbank Market）交易的货币量是全球贸易所需欧洲美元、欧洲日元和欧洲马克数量的15倍。90%.的跨国金融交易是非生产性的，可以说不具备"经济功能"。另外，每家跨国公司都有的一项重要工作就是管理内在不稳定的外汇交易问题。跨国货币经济不再像是一层"遮盖现实的面纱"，相反，商品和服务现在是从属于货币经济的。

互补性贸易和竞争性贸易已经被对抗性贸易所取代。在18世纪亚当·斯密时代，贸易是互补性的，英国将羊毛卖给葡萄牙以换回本国不能生产的酒；葡萄牙用酒换回它不能生产的羊毛。在19世纪中期，贸易变得富有竞争性，德国和美国相互竞争，向对方和全球其他国家出售化学制品。

互补性贸易寻求的是合作关系，竞争性贸易寻求的是客户，而对抗性贸易的目的则是占领整个市场。如果说竞争性贸易是在打一场战争，而对抗性贸易则是通过摧毁敌人的军队和战斗力来赢得战争。

⊖ 美国通用汽车公司的一个品牌。——译者注

贸易保护主义不能解决对抗性贸易问题。依我所见，只有互惠制（即每个国家享有进入他国市场的同等权利而没有其他附加条件）才是防止贸易恶化、避免贸易保护主义的唯一可行方法。此外我估计互惠制能够在区域联盟（欧洲经济共同体、日本及远东地区、北美地区）中发挥最大效用，这样，较小的经济体才能够拥有足够大的、能够维持其生存的市场去生产和销售。

问：让我们来谈谈经济理论。为什么将当前的经济运行状况进行理论抽象非常困难？

答：60 年来，西方主流的经济政策是以凯恩斯理论为基础的。现在，这种理论的前提假设已经不合时宜了。

在凯恩斯 19 世纪 40 年代末的晚年生活中，他没有看到全球经济的出现——这会动摇他的理论。事实上，凯恩斯在逝世之前，已经承认他的理论不再有效。但是太迟了，这时凯恩斯主义已经在全球占据了统治地位。

在凯恩斯主义的影响下，经济理论假定主权国家是经济生活的最重要单位，也是唯一有效的经济政策制定单位。

事实上，当今存在着四种经济形态，它们就像数学家所说的那样是"部分依赖变量"——它们相互依赖但彼此不能控制。第一种是**国家**经济形态，但是，国家的权力正在逐渐地转移给**区域**经济形态——北美地区、欧洲经济共同体和环日本远东地区；第二种是**货币、信用和投资流动所自发形成的世界经济形态**；第三种是**跨国公司**经济形态，它们将全世界视为一个市场。

伴随着 20 世纪 70 年代中期 OPEC 的出现和尼克松开始采用美元浮动汇率，世界经济从国际形态（international）转向跨国形态（transnational）[⊖]。

　　⊖　根据下面的内容，此处的国际形态是指商品和服务的全球经济，跨国形态是指金融货币
　　　意义上的全球经济。——译者注

货币的流动而非商品与服务的流动导致了跨国经济形态的出现；主权国家只能对全球资本市场的变化做出事后反应，而不能主导或者控制它。传统生产要素——土地、劳动和资本——变得非常富于流动性，因此不再是国家竞争优势的决定因素。相反，**管理**已经成为经济生产的决定性要素。对于在全球市场中运作的跨国公司来说，其管理的目标是**市场份额最大化**，而不是传统的企业短期"利润最大化"。

问：因此，凯恩斯理论有效的条件是：只有一种经济形态——国家经济，主权国家对国内事务具有一定的控制力，并且能够测算其政策对国际经济的影响。现在，这些已经不成立了，是吗？

答：只要在一定程度上国家还存在，凯恩斯的"理想气体"（perfect gas）⊖经济理论可能就有用。他认为，只要政府能够通过货币、信用和利率控制宏观经济环境的温度和压力，个人和公司（构成了微观经济）就会采取我们可以预见的行动。

但是，这种分析经济运行的理论无法解释最近 15 年来的任何一个重大经济事件。

20 世纪 70 年代中期，为了促进出口和创造就业机会，卡特总统调低了美元对日元的汇率，从 250 日元降到了 180 日元。结果是出口激增但失业率仍然在上升，这种情况应该会导致通货紧缩。但恰恰相反，通货膨胀率快速上升，高达 14%。

当里根总统上任之后，为了抑制通货膨胀，他提高了利率。里根成功了，但是美元对日元的汇率又回升到 250 日元，打击了美国的出口，并为日本商品创造了一个前所未有的巨大市场。依照当前所有可以利用

⊖ 理想气体，是物理性质符合压力、体积和温度之间的特殊理想化关系的气体。这种关系概括了一定量气体在特定情况和状态下与外部环境的关系。此处是指微观经济变化与宏观经济变化之间的关系就像理想气体一样是确定性的。——译者注

的经济理论，这应该导致更高的失业率，但是，在里根执政时期，失业率降到了几十年内的最低水平。1989 年，有些地区还出现了严重的劳动力短缺。

到了 1985 年秋天，当里根试图对美元进行"微调"时，出乎意料，美元对日元的汇率却直线下跌至 125。现有理论的预测是：在这种情况下，会出现大规模的"美元抛售"行为。结果是，几个大的美元持有者——日本、西德和加拿大（它们大量的外汇储备是以美元形式持有的美国债权$^{\ominus}$），事实上**增加**了它们对美国的借贷。

原材料价格的变化进一步证明了该理论的局限性，从丹麦的黄油到阿拉伯的石油（日本在购买时以美元支付）价格大幅下跌。这进一步拉低了全世界的商品价格。

除此之外，美元的贬值应该使日本商品在美国的价格有所提高。但是相反，日本公司的做法前所未闻，非常新鲜，它们为了维持在美国的原有市场份额，主动削减了 50% 的利润。为了弥补在美国的利润损失，日本公司大幅度提高了产品的国内价格。此举非但没有引起经济衰退，日本反而经历了有史以来最大规模的消费热潮。这大概是因为日本婴儿潮时期的那一代已经长大成人，他们在消费上不断攀比西方的同龄人，这与传统的理论观点（高价格会抑制消费，增加储蓄）也有出入。

到底发生了什么事情？首先，它证明微观经济（众多个人与企业的决策）颠覆了主权国家可以控制宏观经济的传统观点，现在仆人控制了主人。

比如，凯恩斯假定，"货币流通速度"（个人花钱的快慢）会长期保持不变，它是一种社会习惯。但是，每当我们用现实检验这一理论假定时，它都

$\ominus$　最经常见到的就是持有美国的国债。中国的大量外汇储备也采用这种处理方式。所以，有人说：美国用美元进口商品，但是用别国借给它的钱买的。——译者注

是不成立的。

事实上，个人控制消费速度的能力（而不是政府的控制能力）可以解释卡特总统政策失误的原因。消费者不会按照书本上教的那样去消费和就业，相反，他们把钱存了起来。在里根时期，美国消费者出现了一个快速的转变，开始增加消费，这解释了为什么在巨额贸易逆差的情况下，里根的扩张性经济政策仍然发挥了效用。

类似地，日本公司的行为也不利于贸易平衡，因为它们追求的是"市场份额最大化"，而不是"短期利润最大化"，这与当前经济理论对其行为的"合理"预测有很大的差异。在全球经济中，经济合理性的含义与它在国家经济中的含义有所不同。正如日本人所理解的，在世界市场上的"销售"是对长期投资的回报，重要的是在整个投资生命周期中的总回报，而这种动态化的回报取决于对市场份额的垄断程度。

当然，现代经济理论还没有开始考虑科技与创新问题。但是，创业、创造和创新可以在很短的时间内对经济产生重大深远的影响。

因此，个人和企业（尤其是跨国公司）的行为击败了各国的宏观经济政策，因为各个国家已不再拥有主权国家的全面控制经济的能力。新的经济现实宣告了凯恩斯理论的破产。

凯恩斯是最后一位伟大的经济思想集大成者。如果我们不能进行新的综合，提出新的模型，解释"四种经济形态"如何相互作用造就了新的经济现状，那么，经济理论可能就走到了尽头。没有经济理论就没有经济政策，政府对经济周期和经济环境的调控就失去了根基。

未来任何有价值的经济理论都必须把以货币、信用和利率为主的宏观经济，与以企业、个人如何投资与消费为主的微观经济融为一体。这样的理论还必须考虑创业和创新的动态变化影响。

我们基本上可以得出结论：新的经济现实意味着我们已经无法再控制经

济的衰退和繁荣周期、失业率、储蓄率和消费比例等经济"天气"，而只能控制"经济气候"[⊖]，防止贸易保护主义或者增加受教育的劳动人口，以此促进知识社会发展。总而言之，对于经济发展，有效的将是预防性药物，而不是短期的胡乱尝试。

［ 1989 ］

⊖　在英文中，天气指短期，气候指长期。参见下文。——译者注

1

经 济

MANAGING FOR
THE FUTURE

触手可及的未来

20 世纪 90 年代，社会经济环境的 5 个重要领域以及企业的战略、架构和管理将会出现深刻的变化。

第一，世界经济将会变得与商人、政治家、经济学家心目中想当然的那个世界经济显著不同。**互惠（reciprocity）将成为国际经济整合的核心原则**，这一趋势目前已经难以逆转了，无论你喜欢与否（我就不喜欢）。

经济关系将越来越多地体现为贸易集团之间的关系，而非国家之间的关系。确实如此，10 年内，围绕日本松散组织起来的东亚集团、欧洲经济共同体和北美经济体很有可能会出现三足鼎立的局面。这样一来，越来越多的国际贸易和投资行为将表现为这三家之间的双边关系或三边关系。

互惠政策很容易蜕变成最为恶劣的贸易保护主义（这就是我不喜欢它的原因），但是如果（并且只有在这种条件下）政府和企业家能够勇于行动并且富于想象力，互惠也能够成为扩大贸易和投资的有力工具。无论如何，互惠可能已经是大势所趋了。这是对历史上第一次出现非西方国家——日本崛起成为经济大国的反应。

过去每当出现一个新的经济大国，随后就会出现新的经济整合形式（例如在 19 世纪中期出现的跨国公司，就是对美国、德国两个经济大国崛起的反应，这与亚当·斯密和大卫·李嘉图的经济理论有很大的差异，到 1913 年，跨国公司控制的全球产量已经和现在一样多了，甚至可能比现在还要多一些）。无论好坏，互惠政策都是把现代而高傲的非西方国家（例如日本），融入西方主导的全球经济的基本方式。

西方再也不会容忍日本近几十年来的敌对性贸易方式，即在本国市场筑起壁垒以保护其社会结构和传统，同时坚决支持少数几类日本产业走出去占领世界统治地位。然而，西方的模式是一种自由竞争、自由价格的经济制度，经济合理性是其最终评判标准，这与一些社会格格不入，被其视为文化帝国主义（cultural imperialism）⊖。通过互惠政策，有可能在文化迥然不同的社会之间建立密切的经济合作关系。

加 入 联 盟

第二，**企业会通过联盟的方式将自己融入世界经济：**参股、合资、共同研发与营销、子公司或特定项目的合作、交叉授权（cross-licensing）⊖等。合作伙伴不仅包括其他企业，也包括像大学、健康保健机构、地方政府这样的非营利组织。无论如何，传统的经济融合方式——国际贸易和跨国公司还会继续发展。但是，经济发展的动力正在迅速转向联盟关系：它的基础既不是贸易关系中的商品，也不是跨国公司对权力的掌控。

⊖ 即文化侵略，用西方文化取代本民族的文化。——译者注
⊖ 主要是指在技术专利上，双方都允许对方在授权范围内使用自己的专利。——译者注

以下原因可以解释这种迅速发展的趋势：

- 很多中型企业甚至是小型企业，必然会积极参与全球经济。为了在发达国家的市场中保持自己的领导地位，企业越来越需要在全球所有发达国家的同类市场中都占有一席之地。但是中小企业很少拥有足够的财力或管理能力建立海外子公司或并购海外企业。

- 从财力上说，只有日本人还有能力建立跨国公司。其资本成本大概是 5% 左右。相反，欧洲或者美国的公司则需要付出高达 20% 的资本成本。无论是通过企业自身的有机增长还是通过兼并收购，很少有投资项目能够得到如此高的回报（除非是洛德·汉森（Lord Hanson）或沃伦·巴菲特（Warren Buffet）这类管理专家进行的并购，他们知道如何找到基本健康却又管理不善的企业，并使之咸鱼翻身）。对于跨国投资来说更是如此，因为它还要面对汇率波动以及不熟悉外国投资环境的风险。从财务上看，近期欧洲公司在美国进行的并购大部分是不合理的。如果说理由是现在美元疲软，因此这些并购很"便宜"，那么这种说法完全是无稽之谈，毕竟并购过来的这些公司在经营中挣的也是美元。只有非常大并且拥有充足现金的公司，才能够在今天走跨国公司这条路。

- 不过，联盟趋势背后的主要推动力还是技术和市场。在过去，技术很少重叠。做电子的人不需要知道太多的电气工程或者材料方面的知识，造纸商只需要知道造纸机械和造纸化工即可，电信产业过去是自成一家的，投资银行也是这样。然而，今天这种情况几乎已经不存在了。即便是大公司也无法只通过自己的实验室而获取自己所需的全部或大部分技术。相反，现在一个优秀实验室的研发领域往往非常广泛，可以超过任何一家大型多元化公司的经营范围。因此，

制药公司需要与基因专家联手，商业银行要与保险公司结盟，像
IBM 这样的硬件开发商要与小型软件公司合作。一项技术发展得越
快，对这类联盟的需求就越大。

同样，各种市场也在飞速地变动、合并、交错、重叠，它们也不再是相
互独立的了。

联盟虽然是必要的，但绝非易事。这需要企业对合作目标、策略、政
策、关系以及人员等方面前所未有地极其清楚，还要求对于联盟将在何时、
以何种方式结束有一个事先的协定。因为联盟越成功，就越容易出现各种问
题。有关这方面的最好分析并不是在管理学著作里，而是丘吉尔在其自传中
关于其祖先马尔巴罗（Marlborough）第一公爵[⊖]的描述。

公 司 重 组

第三，自从现代公司于 20 世纪 20 年代实际形成以来，与其他时期
相比，20 世纪 90 年代，**企业界将经历数量最多的、最为彻底的公司重
组**，仅仅在 5 年之前，当我指出以信息为基础的企业较之传统企业将设
置更少的管理层级时，还被视为很轰动的新闻。到现在为止，相当一批
或者说大多数美国大公司，都已经削减了 1/3 甚至更多的管理层级。但
是，大中型企业的公司重组（最终还将包括小型企业）实际上才刚刚
开始。

未来的企业将遵守两条法则：第一条，将工作移往人们居住的地方，而
不是把人们移到工作的地方；第二条，把那些不能提供高级管理职位和专业

⊖ 此人为英国首相丘吉尔的祖先，擅长合作，一路高升至第一公爵，在对法战争中，得到
了多个城市及多家大企业的财力支持，最终获胜，成为一代名将。——译者注

职位晋升机会的工作（如文秘工作、后勤工作、经纪公司的"后台"工作、大型建筑公司的制图工作、医院里的实验室）分离出来，让外部承包商去做。用股票市场的术语来说，公司是在进行分解（unbundled）⊖。

其中的一个原因是，20 世纪，我们已经掌握了低成本地快速传输思想和信息的能力。与此同时，19 世纪的伟大成就——运载人的能力，其缺点已经超过了其优点。证据就是：在大多数大城市中，每天的上下班是一件令人恐惧的事情，越来越拥挤的交通要道上空总是弥漫着一片久久不散的烟雾。把工作转移到人们聚集的地方已经成为一种热潮。很少有美国银行或者保险公司仍然在中心商业区的写字楼里做文书工作，大多已经转往城市郊区的卫星城或者更远的地方。纽约一家保险公司就每天晚上把它的索赔单据空运到爱尔兰处理。目前，几乎没有哪家航空公司在其总部甚至机场内提供订票服务。

要使这种潮流变成一股巨大的冲击波，可能我们还需要再经历一次能源危机。但是，大多数既不涉及决策又不需要与客户进行面对面接触的工作（这意味着所有的文书工作）将在 10 年内被转移出大城市，至少在西方国家中是这样，我估计东京和大阪要多花一点儿时间。

（顺便说一下，这对于 19 世纪交通革命的产物——大城市来说意味着什么呢？它们当中的大多数（巴黎、纽约、东京、法兰克福）已成功地在 20 世纪从制造中心转型成为办公中心。它们还能再次成功转型吗？新的转型是什么呢？世界范围内始于 18 世纪伦敦的大城市房地产热潮已经走到了尽头吗？）

"外包"的趋势也正在顺利发展，甚至连日本也是这样。现在，多数日本大医院的保洁工作是由服务于美国医院的同一家承包公司的日本分支机构

⊖　也有人译为分离或松绑。——译者注

承担的。隐藏在这种趋势背后的是对服务工作生产率日益提高的需求，而这种服务工作主要由文化或技术水平不高的员工所承担。这几乎肯定要求企业将此类工作外包给独立的、自身有职业晋升阶梯的外部公司，否则，这类工作将得不到足够的重视，进而人们在质量、培训、工作效率研究、工作流程和工具方面将不会尽心尽力。

最后，20 世纪末期，公司规模将会成为一种战略性决策。"大的更好"或者"小的更美"的说法没有多少实际意义。无论是大象、老鼠还是蝴蝶，从它们自身的角度来看，没有哪个是更好或者更美的。这正如苏格兰生物学家达西·温特沃斯·汤普森（D'Arcy Wentworth Thompson）在其 1917 年的著作《生长和形态》（*On Growth and Form*）⊖中所说的：生物体形的大小是由其功能决定的。

跨国汽车公司，例如福特汽车公司，必须规模庞大。但是劳斯莱斯这类针对细小利基（niche）市场的小型汽车公司也有其生存空间。另外，几十年来全球最成功的零售商玛莎百货（Marks & Spencer），一直是一家规模适中的企业而非大公司。东京的伊藤洋华堂（Ito-Yokado）也是如此，它被认为是过去 10 年间最成功的零售商。成功的高科技工程公司通常也是中型企业。相反，在另外一些行业中，中型企业并不成功，例如，成功的医药公司要么规模特别大，要么特别小。由于管理和信息现在变得非常容易获得，大规模的优势就不再明显了；由于要进行全球性思考甚至是全球性运营，小规模的优势也被抵消了。管理人员越来越需要选择合适的企业规模，这种规模必须要适合企业的技术、战略和市场。这是一个艰难的风险性决策，而且正确的企业规模往往与能够满足管理层心理需求的规模是不一致的。

⊖　中文译本于 2003 年出版，袁丽琴译，由上海科学技术出版社出版。——译者注

管理层面临的挑战

第四，公司治理方面也存在问题。形势分析师可能犯的最大错误（也是难以避免的错误）就是太过于超前了。最明显的例子就是我于 1976 年出版的《看不见的革命》（*The Unseen Revolution*）[⊖]。在那本书中，我分析了大型上市公司的所有权转给了公司雇员群体的代表，即养老基金和共同基金，这是所有权方面的根本性变革，因此，它将会产生深远的影响，尤其是在公司治理方面。首先，第二次世界大战之后形成的大公司**职业经理层学说遭到了挑战**；其次，大公司管理层的**责任与合法地位**也遭到了新的质疑。

《看不见的革命》可能是我写得最好的一本书，但是其中的观点太超前了，以至于没有人关注它。5 年之后，敌意并购开始出现。之所以能够出现敌意并购，主要是因为在法律责任、利益以及心态等方面，养老基金是"投资者"而非"所有者"。此外，敌意并购确实对公司管理层的职能、角色与合法地位提出了挑战。

公司并购者声称：企业管理层必须对公司绩效负责，而不是追求自身利益。这绝对是正确的。但是，他们将绩效界定为股东的短期收益就大错特错了。这将迫使公司所有其他成员（特别是管理人员和专业人员）只是去满足仅仅关注短期收益的人群的要求。

没有一个社会能够容忍这种状况持续下去。事实上，美国已经开始通过法院进行调整：逐渐把此类员工的工作视为一种"财产权利"。同时，美国一些大的养老基金（尤其服务于公职人员的那些规模最大的基金），开始从长期角度考虑自己对所投资企业的义务，即从所有者的角度考虑自己的义务。

但是，并购者的错误还体现为这些短期股东利益并不能实现财富创造最

⊖　此书后更名为《养老金革命》（The pension Fund Revolution），其中文版已由机械工业出版社出版。——译者注

大化，众多事实已经证明了这一点。这就要求在长期收益和短期收益之间取得平衡，而这正是管理层应该发挥作用的地方，也是我们向他们支付薪水的原因。此外，我们知道如何建立和保持这种平衡。

到目前为止，公司治理主要还是英语国家的重大问题，但它有可能很快成为日本和西德的重要问题。到目前为止，在这两个国家中，长期收益和短期收益之间的平衡是由控制着公司的大银行确定的。但是在这两个国家中，大公司正在逐渐脱离银行的束缚。此外，与美国一样，退休基金在日本大公司股权结构中所占的比重逐渐增大，很快就会达到与美国一样高的水平，并且它们同样只注重短期的股市收益。换句话说，公司治理很可能会成为所有发达国家的重大问题。

同样，大多数人认为还有很长的路要走，但我们实际上可能已经非常接近正确答案了。哈佛商学院的迈克尔·詹森教授（Michael C. Jansen）最近在《哈佛商业评论》上发表的一篇文章中指出，大公司，尤其是美国的大公司，正在逐渐"私有化"。它们的股权逐渐由少数几个大股东控制，这样，股份持有者就会将目光放在长期价值而非短期股市收益上。实际上，只是在日本，因为它有非常高的市盈率（price/earnings ratio）⊖，公开发行股票依然是大公司最佳的融资方法。

通过分解实现公司成本结构的灵活变动（从而能够让它维持短期收益和长期投资）也还需要很长一段时间。日本再次显示了它独到的方式。为了实现短期收益（以及工人的就业保障）和长期投资的均衡，日本的制造业大公司采用了"分包"（out-sourcing）制度。与西方同行的常规做法相比，它们从外部分包商那里采购的零部件要多得多。这样，在必要的时候，它们就可以通过将市场短期波动转嫁给外部供应商，快速且大幅度地降低

⊖　也有人译为本益比，指公司股价与每股收益的比率。——译者注

成本。

关于公司管理层的职能、责任与合法地位的基本决策（无论是由公司、市场、律师 / 法庭还是由立法确定），仍然是我们必须面对的重大问题。必须考虑这个问题不是因为公司资本主义失败了，而是因为它取得了成功，但这些问题使其更加充满争议。

政 治 至 上

第五，主导 20 世纪最后 10 年的将是**国际政治和政策**的迅速变化，而不是国内经济。因为自 20 世纪 40 年代以来，西方自由世界一直奉行的是牵制苏联的政策，但这种政策已经过时了，因为它已经取得了成功。最近几十年的另外一项基本政策——在世界范围内恢复市场经济，也取得了重大成功。但是，对于这些成功引发的一些问题，我们还没有明确的政策。这些问题包括苏联不可逆转的解体等。

另外，还出现了完全不同的新挑战：环境问题，恐怖主义，第三世界融入全球经济，控制与销毁核武器、化学武器和生物武器，控制全球军备竞赛所造成的污染。这些都需要步调一致的跨国行动，这方面已经有少量成功的先例了（我们能想到的有：打击贩卖奴隶、立法禁止盗版活动，红十字会的出现）。

过去的 40 年尽管存在对抗与危机，整体而言是政治稳定的 40 年。未来的 10 年将会是政治动荡的 10 年。如果不考虑美国在越南战争上的失误，从 1945 年以来，美国的政治生活主要是由国内经济问题主导，比如失业率、通货膨胀、国有化 / 私有化等。这些问题并不会消失，但是，国际政治问题和跨国政治问题将会逐步凌驾于国内问题之上。

有什么影响呢

　　我上面描述的问题并不是一种预言（预言对于我没有用，我也不喜欢它），而是一种结论。所有在此讨论的问题都已经发生了，只是它们的全部影响还没有充分表现出来罢了。我希望大部分读者能够产生共鸣，并且点头说："当然，是这样的。"但是我怀疑，很少会有人扪心自问："这些变化对我的工作和我所在的企业会有什么影响呢？"

[1989]

经济学的缺陷

是什么创造了财富？过去 450 年以来，经济学家要么忽略了这个问题，要么只想寻求简单的答案，或者轻视以前的看法。无论如何，我们从每种诠释中都可以学到一些东西。

第一代经济学家——"重商主义"认为：财富即购买力。其目的是通过积累黄金及实现贸易盈余增加货币财富。另一种理论认为：财富不是人类创造的，而是大自然创造的，即土地创造财富。

还有一派经济学家将财富和人联系起来，他们认为财富是人类通过劳动创造出来的。这种观点的出现标志着经济学开始成为一门独立的学科，因为它把财富与人类创造联系了起来。但是，这种观点也不能让人完全满意，因为我们无法用它预测或分析事情。

100 多年前，经济学一分为二。主流经济学索性放弃寻找创造财富问题的答案，成为纯分析性的理论，不再将经济学和人类行为联系起来，于是经济学成为一门研究商品的学科。分析能力是当代经济学的一种强大力量，但具有讽刺意味的是，这同时也使人民大众普遍对这门学科望而却步。由于经济学缺少财富与价值方面的基础，所以无法对大家解释什么。

两 难 选 择

马克思创造劳动价值论时，就认识到了纯分析性经济学的缺陷。"马克思主义经济学"这个词有强大的吸引力，这正是因为它的基础是价值理论，它将财富的创造定义为人和劳动。

因此，在过去的 100 年间，我们面临着一项选择：一方面是一套具有强大分析能力，却没有价值基础的经济学；另一方面是一套根本不是经济学，而是一套以人为基础的体系。今天，我们终于明白：这个两难问题是可以化解的，并且我们已经开始采用正确的方法，即便我们暂时还没有找到正确的答案。如今我们知道，财富的来源是某种人类独有的东西，也就是知识。假如将知识应用到我们已熟知的工作上，则称为"生产率"；假如将知识应用在新的工作上，则称之为创新。只有知识可以帮助我们达成这两项目标。

劳 动 传 统

但这并不总是正确的。两百多年前，当亚当·斯密撰写有关"劳动传统"的文章时，引用的例子是住在今日德国中部的人们，当时由于冬天漫长，经常下雪，那里的人们学会了做木匠活、制造钟表和小提琴。亚当·斯密说，除了少数案例之外，当逃难者或移民将手艺带到某一地区时，这一手艺需要 200 年的时间才能为当地人所掌握。

当美国赢得独立时，情形的确如此。当时，每位美国领事的手边都有一笔数额不限的"行贿基金"（可能是 180 美元），以便邀请英国技术工人，并为他们伪造文件，然后让他们赴美国传授如何制造纺织机和印染机的技术。这段历史发生在 1810 年左右，这也是新英格兰崛起并成为工业重镇的原因所在。

然而在 19 世纪，德国人发明的学徒制将 200 年缩短为 5 年；在 20 世纪，美国人发明的培训制度，又将 5 年缩短为 6 个月甚至 3 个月。美国之所以在第二次世界大战期间发明了培训方式，是因为美国没有劳动传统。第二次世界大战后，美国的发明传播到了全世界，这也是各个国家无法再依靠劳动传统进行竞争的原因之一。

学习和知识

就在不久以前，任何一位住在发达国家的人，过上体面生活的捷径就是成为掌握一些技术的机器操作工。工作 6 周以后，他的收入也许比副教授的收入还高，更甭提教学助理了。可惜这都过去了，如今只有通过学习和掌握知识，才有望过上中产阶级的生活。

试想在 30 年前，整个韩国找不出一个掌握某项技术或工艺的人，这只是因为 50 年来，日本不允许这个邻国掌握任何技能。如今受培训的影响，韩国几乎可以完成发达国家能做的任何事情。

当然，认识到知识是财富的源泉会对经济学造成重大影响，而经济学现在正处于困境之中。在过去，经济学是一门令人喜爱的学科，因为它并不重要。要是有人在 1925 年请教经济学家一个问题，得到的会是一个值得尊敬的答案"我不知道"（至少是个谦虚的答案）。接着他会说："因为我们不知道，所以最聪明的做法就是少干预，然后祈祷。尽可能地减税，少消费，然后祈祷。"

新 哲 学

然而现在，跟我同一时代的经济学家变得骄傲起来，这主要是因为在第一次世界大战期间文职官员令人难以置信的优异表现。从军方的角度看，第一次世界大战是个低潮期，然而文职官员的表现却很惊人。各个国家在1914年12月前实际上都破产了，根据传统的游戏规则，战争应该停止了，但是各国又继续战斗了4年，这是因为文职官员的能力极强，这种能力改变了局势，给予众人以伟大的假象。

1929年大萧条后，突然出现一种奇怪的观念，即认为政府应该能为经济做一些事情。这种信念在过去是前所未闻的，但在当时流行了起来，其逻辑类似于如下观点："你都能够把一个人送上月球，为什么不能对艾滋病想想办法？"于是，一种"知道各种答案"的经济学开始发展起来。

凯恩斯提供了答案：不管出现什么问题，只要创造更多的购买力就行了。另一位经济学家弗里德曼（也许是我们这一代中活着的最后一位大师）修正了凯恩斯的说法："你甚至无须如此费事，只要确保货币供给增长即可。"对于供给学派来说，答案甚至更加简单：只要减税即可。还会有什么答案比这更美好、更吸引人呢？

快乐时代的终结

在19世纪，人们习惯称经济学为"悲观的科学"，因为经济学总是逼迫我们做选择，而我们不得不放弃某些东西。突然间，在过去的50年中，经济学成了一门乐观的科学。但是现在这一切都过去了。

经济学开始行不通。每当我们应用经济学时，它总是不灵验。更关键的是，现代经济学的基本假设既不合理，也不现实。所有的经济理论都假设：

主权国家在这个世界上能够独立生存，自己掌握自己的命运。假如各个主要的工业国愿意将经济政策的决策权交给一位沙皇、一位高官或是一个公共机构的话，经济理论是可以行得通的，然而出现这种情况的可能性极小。两相比较，在拉斯维加斯玩老虎机赢取 100 万美元的机会要更大一些。

多数经济学家也都假设，货币流通速度是一种社会习惯，是一个常数，但所有证据都证明这是错误的。当美国在 1935 年首次测试这个理论，给美国人更多收入时，人们并未去消费，而是把钱存起来。结果，美国经济在第二年崩溃了，比 1930 年或 1931 年的情形还要糟糕，因为美国大众使这项经济政策失效了。同样的情形也发生在卡特总统及里根总统执政时期。货币流通的速度就像青少年时装一样变化无常，甚至更难预测。

站不住脚的理论

从本质上看，宏观经济理论不再是制定经济政策的基础，因为没有人知道未来将会发生**什么事情**。里根总统上台时曾许诺削减财政预算，然而在他执政期间，政府支出的增长速度超过了历史上的任何一个国家。里根没有背弃人民的信任，因为在政治上他别无选择。政治领袖没有一套可以信赖的经济理论，这是许多企业家并不知道的事实。

未来的经济学必须要能够做到现在的经济学家做不到的事情：把国内经济及全球经济融为一体（请注意，我在这里使用的词是**全球经济**，而不是**国际经济**。国际经济表示不包含本国的外部经济，全球经济则包含本国经济）。

未来的经济学还要能够回答下列问题：我们如何把企业经营方式和企业绩效联系起来？什么是企业绩效？传统的答案是利润，这是一个不可靠的答案。如果相信利润理论，我们就不能把短期及长期联系起来，而如何在这两者之间达到平衡恰恰是管理层所面临的重大考验。

两 项 指 标

我们必须以生产率和创新这两座灯塔为指标。假如获得利润的代价是降低生产率或者没有创新，那么这些利润就不是真正的利润，而是在破坏资本。反之，假如不断改善所有关键资源的生产率并提高我们的创新水平，最终将会创造利润。我不是说现在就要采用这种观点，但它是未来的方向。当我们把能够应用于工作的知识看作财富的源泉时，同时也可以看出经济组织的功能是什么。

历史上我们第一次找到一种方法，把经济学变成与人相关的学科，并将它与人的价值联系起来。这种理论能够给企业家提供一个标杆：可以用它检验企业的行动方向正确与否以及企业的成果是否可靠。我们正处在从经济学转向后经济学的关键转折点上，其基础是我们已经知道和理解了财富的产生机理。

[1987]

跨 国 经 济

　　不论规模大小，一家公司要想在某个发达国家保持霸主地位，都越来越需要在全球所有发达国家取得和保持领先地位。它必须要有能力做到在各个发达国家进行市场调查、产品设计开发以及生产制造，并且能从某个国家向任何其他国家进行出口。这就是跨国经营。

　　这在很大程度上可以解释为什么会出现全球范围内的跨国直接投资热潮。最早进行跨国投资的是英国人，从 1983 年开始，英国公司至少花了250 亿美元并购美国企业，这是英国自维多利亚女王时代以来，在进军全球经济方面最大规模的行动。德国人紧随其后，然而，与英国人有所区别的是，他们专注于购买小规模的、股权集中的公司。不过，令大多数人意外的是，许多美国跨国公司正在欧洲和日本攻城略地，而不是步步退却。

　　中小企业也是一股推动跨国经济发展的力量。它们跨国经营的方式不是并购或进行金融交易，而是德国所谓的"利益共同体"：合资、共同研发、联合营销或交叉授权协定。

美国中西部地区有一家专业化的小企业，它在单缸汽油发动机的某个部件上处于全球领导地位。7 年前，它只是在美国有工厂。但是，目前它在日本拥有 3 家工厂，直接给日本的摩托车生产企业供货。另外，这家公司也与一家日本的专业化小企业在美国中西部成立了一家合资企业。这家日本企业的强项是生产汽缸上的另外一个部件。在合资企业中，日本人提供资金和技术，而美国企业负责管理和营销。

联 合 起 来

有四家股权非常集中的小型公司，分别是美国的、荷兰的、日本的和德国的，它们分别在化学溶剂行业某个产品线上处于领导地位，这四家企业将各自的实验室与一个专攻化学溶剂研究的美国大学实验室进行了合并。仅仅是通过联合这一项，它们的共同销售额总计就达到了 2 亿美元，从而能够在本领域技术变化非常快的情况下提供足够的研究经费预算。

还有一家比利时的肉类加工企业，它在欧共体市场中是老大，但每年只有 6000 万美元收入。1987 年早些时候，这家企业和西班牙另一家规模更小的肉类加工企业结成联盟，两家公司仍然保持独立，但西班牙企业负责两家企业所需的全部劳动密集型生产环节，而比利时的企业则负责技术研发、产品更新和市场营销。

这种合作绝不仅限于中小型公司，两家全球最大的公司——通用汽车和丰田汽车也结成了同盟。加利福尼亚弗里蒙特（Fremont）的工厂是通用公司的，但是由丰田公司管理，并让它同时生产两家公司的汽车。

世界上最大的重工企业（年销售额高达 150 亿美元）将在 1988 年 1 月正式运营，它由两家电气设备企业——瑞典 ASEA 公司和瑞士的 Brown

Boveri 公司合并而成⊖。这两家历史悠久的大型企业都在重要的欧洲市场上拥有领导地位。但是，只有通过合资的形式合二为一，它们才有希望在北美和远东市场上占据重要地位。

从事跨国经营并不局限于制造企业，这已成为所有想在成熟市场上取得领导地位的企业的迫切需求。当然，也有一些例外，比如一些受自然和地域限制的行业：医院、学校、公墓、发电厂以及政府垄断产业。

自从 20 世纪 60 年代纽约的大银行走向全球以来，银行业与金融业正在变得日益国际化。现在大型保险公司（比如德国的安联保险集团（Allianz）就是其中的重要一员），已经侵略性地把市场边界扩展到本国以及本大洲以外。英国、德国与荷兰的出版公司已经收购了不少美国大型出版公司，而美国的出版公司也在毫不示弱地攻占英国的出版业。

当然，大量的国际化拓展并不是由大公司进行的，它们的基础是利益共同体。举例来说，美国一家高度专业化的中型资产管理公司，和日本一家实力相当的资产管理公司以及英国伦敦一家规模稍大的财务公司最近结成了合作联盟。每家企业继续保持独立，但美国企业负责管理这三家在美国的所有投资，日本企业负责在日本的所有投资，英国企业负责在欧洲的所有投资。

凡是想在某个发达国家成为该行业第一的企业，越来越需要在全球所有发达国家都成为领导者，原因之一就是技术的发展。现在所有的发达国家都有能力制造任何东西，而且生产得又快又好。此外，所有发达国家都能共享实时的最新信息。因此，只要公司具有明显的价格优势，它们就可以在任何地方进行竞争。在当前汇率波动十分剧烈的情况下，领导性厂商必须要能够在全球各个地方进行创新、生产和销售，否则，一旦汇率急剧波动，企业在

⊖　合并后的企业即 ABB，取两家企业的首字母。——译者注

竞争中就会非常被动。

引发当前跨国经营热潮的原因是 20 世纪 80 年代对美元价值的高估。这表明：即使是最强大的公司，汇率波动也是一个重要的威胁因素。但同时它也指出了一个有效的防御措施：横跨多个货币区域建立全球性领导地位。

近年来美元价值被高估导致美国出口急剧下降，进口迅猛上升，美国的任何一个主要产业都无法抵抗汇率将近 50% 的波动。然而，美国产品的全球市场份额有所下降的产业只有钢铁、汽车、消费电子、机械工具以及少数半导体产品。

总体而言，自 20 世纪 60 年代以来，美国本土公司生产的产品在世界市场上的份额稳定在 20%～22%。但是它掩盖了一个事实：由于原材料价格暴跌[⊖]，美国原先的重要客户——拉丁美洲的发展中国家几乎丧失了购买力，因此在同一时期，美国的产品在发达国家的市场份额有了重大提升。另外，美国公司在西欧的合资企业在计算机软件、医药、精细化工、通信设备和金融服务产业中取得了重大市场突破。在日本，许多美国公司更是收购了与自己合资的日本合作伙伴。

这种前所未有的优异表现可以在很大程度上解释为什么在美元被高估后，虽然对美国的出口和外贸平衡造成重创，但美国经济并未因此而走向衰退。因为美国公司的产品在世界市场上的份额保持稳定，美国公司及其海外分支机制依然利润良好，现金流充足，从而能够继续进行技术研发和产品开发，并保持其创新能力与增长能力。

所以，尽管美元被高估使美国出口遭受重创，但对于美国企业的海外分支机构而言是一个福音。在那个时期，用其美国母公司的货币可以多买

⊖　这些发展中国家以卖初级产品为生，如矿产、木材等。——译者注

50% 的东西：新厂房和设备、技术研发、产品开发、市场营销、促销、服务以及利润与现金流。在美国企业购买日本合作伙伴时，从价格上看，用日元计算，日本企业可以得到理想的利润，而用美元计算，美国企业则是做了一笔很合算的买卖。

然而，所有这些利益的获取都是以跨国经营为基础的。例如，美国的机械工具产业就没有从中获利。10 年前，美国曾是全球该产业的霸主，但美国该产业的公司几乎全部都在美国本土运营。因此，当美元开始被高估的时候，该产业的出口能力受到重创，同时也没有办法与进口产品展开竞争，因此，也无法获得进行新产品研发所需的利润和现金流。

福特公司与通用公司

汽车业还有一个类似的例子。20 世纪 80 年代，当日本汽车疯狂进入美国市场时，福特遭受了最为沉重的打击。最终拯救福特汽车的是它在欧洲市场上所占据的霸主地位。这种地位给福特带来了利润和资金流，使得福特挺过了最艰难的岁月。由于这段时间美元在欧洲的购买力非常强，福特可以在欧洲为美国市场开发新车型，这使福特能够获取高额利润，现在，它有望重新夺回 60 年前曾经拥有的美国汽车市场上的领导地位。而通用汽车公司的规模虽然是福特的两倍，但它实际上仍然是家只在单一国家（美国）经营的企业，所以还在苦苦挣扎。

成功的跨国经营战略很可能不是多元化战略，相反，它需要把企业所有的力量进行聚焦。一个很好的例子就是通用电气公司最近放弃了自己的消费电子业务，因为它们觉得不可能在这个行业中做到世界领先。取而代之的是医疗电子产业，通用电气力争在欧洲市场上取得较高的市场份额。在这个领域中，它们很有希望成为全球的领头羊。

　　换言之，跨国经营战略并不是一个能够轻易成功的战略。除非企业相信奇迹会发生——不幸的是，由于政府在早期曾经恢复使用固定汇率制，很多公司对此还存有幻想——如果企业想在成熟市场上的任何一个地方取得领导地位，不管是大规模市场还是小规模的利基市场，走国际化道路可能是唯一一个理智的战略选择。

[1987]

从国际贸易到国际投资

在过去 10 年的大多数时间里，国际贸易的增长逐步放缓，但国际投资空前繁荣。现在，国际投资已成为全球经济的主导因素。当然，大部分是证券投资，不过，对制造业和金融服务业的固定投资正在不断增长，现在的比例已达 1/3 以上。

按照传统，投资会跟着贸易走，但是现在，贸易则越来越依赖投资。

如果美国公司的欧洲子公司和美国在日本的合资企业不再继续从美国购买机器设备、化工产品及零部件，在美元被高估的那些年份中，美国的出口可能会更少。然而，在这惨淡的 10 年中，美国金融机构（如大银行）的海外子公司的收入却大致占到美国服务收入的 1/2。现在，日本为了保护其出口业务，反过来却对其美国及西欧的制造工厂大量投资。甚至韩国也仿效日本扩大了在北美制造工厂的投资——尤其是投资于美国与墨西哥边境位于墨西哥一侧的制造工厂，其目的是向北美出口建立长期可靠的客户。

跨国公司的竞争

迄今为止，美国的制造业厂商将大约 1/5 的总资本投向了国外。另外，近似比例的美国制造业产品也是在海外生产的，其中 3/4 在海外销售，1/4 返销美国（或者直接返销，或者是零部件组装成产品后返销）。美国的大型商业银行和经纪公司也将大致比例的资产投资海外，而外国部门的收入占总营业额的比例甚至还要更大一些。

虽然在海外投资方面，西德正在紧追美国，但是世界上还没有任何一个国家能像美国的跨国公司那样遍布全球。不过，几年之内，每个重要贸易国在海外所生产产品的比例都会和美国一样高，或者更高。1983 年日本海外制造业的产量只占其总产量的 2%，到了 1986 年，这一比例已经提高到了5%，海外产出的总量当然也大多了。到 1992 年左右，日本海外产品的比例很可能会达到美国的比例（1/5），而且大部分的产量增加将会集中在北美和西班牙（销往欧洲市场）。

目前，在制造业的国际贸易方面，至少有 1/3 发生在跨国公司内部。譬如，索尼公司在墨西哥边界的工厂将产品卖给索尼在美国圣迭戈的最终装配厂；再如，福特汽车公司美国的发动机工厂将产品卖给福特在欧洲或巴西的工厂。

贸易保护主义或对贸易保护主义的恐惧只是促成国际投资发展的一个次要原因。美国跨国公司对欧洲的扩张始于 30 年前或更早一些，那时，对贸易保护主义的恐惧还远远没有出现。西德和英国最没有贸易保护主义的危险，因此美国公司在这两个国家的扩张也最快。同样，日本对其美国工厂的投资也远远早于贸易保护主义的威胁。比起贸易保护主义压力，营销压力才是更重要的动力。

作为生产厂商，如果不能在当地生产，那么它就不能在重要的市场领域中保持领先的市场地位，进而很快就会丧失对当地市场的"感觉"。能够证明这种观点的最新案例就是大众汽车公司在美国的经历。

就在 20 年前，即 1969～1970 年，大众汽车还占有美国汽车市场 10% 的份额，后来德国工会否决了公司在美国设立工厂的计划，因为工会无法容忍"出口德国的工作岗位"。几年后，也就是第一次石油危机后，美国汽车市场发生了重要变化，大众公司失去了对这个市场的"感觉"，把过去所占领的美国市场拱手让给了日本企业。

工资差异也不是国际投资发展的主要原因。当然，美国与墨西哥边界为美国市场提供劳动密集型产品与零部件的工厂，以及新加坡的电子装配工厂，其生存皆依赖工资差异。然而在制造业中，蓝领工人工资所占的比例越来越小。近年来，劳工工资占总成本的比例超过 8% 的产业已经几乎没有了，即使是像纺织、汽车、电子装配、钢铁等产业，劳动力成本的下降速度也很快，以至于通过向国外"外包"取得工资成本优势的行为将会成为一种短期现象，不大可能持续到 21 世纪。

推动国际投资发展的主要力量是人力资源。本国生产后出口主要是能够为蓝领工人创造就业机会。到国外投资设立子公司则可以为本国受过教育的人们（如工程师、化学师、会计师、经理人及质量管控人员等）创造工作机会。当发达国家争先恐后地将其新工人的供给从半熟练或不熟练的机器操作员，转变为经过多年教育的知识型员工时，对国外投资就可以实现人力资源的优化利用，同时也可以为发达国家创造当前需要的新型就业机会。

因此，我们可以预言，只要不发生世界性的经济萧条或世界大战，全球投资将会持续增长，很可能比国际贸易的增长还要快。然而，我们几乎没有关于跨国投资的统计数字，更重要的是，我们还没有建立一套基于国际投资而非国际贸易的国际经济理论。因此，我们并不了解国际经济，自然无法预测其行为和趋势。

我们也缺少适用于新型国际经济的法律。任何一个国家都不会对外国投资毫无限制，但是也没有任何一个国家认真考虑过这方面的规则。例如，美国大概是世界上对外国投资限制最少的国家，但是，当美国一家主要的半导体制造商仙童公司（Fairchild），将其股权从一家法国公司转给一家日本公司时，美国政府却深感不快（尽管这家公司在现有股权结构下靠自己是无法生存下去的）。不仅是美国，其他国家也存在这种独断专行及前后不一致的情形。

第二次世界大战后，全球最大的成就之一便是缔结了关贸总协定（GATT），这就确定了国际贸易的规则。虽然也有不少违反 GATT 规定的国家，但是它仍然成为国际贸易的基本规范。由于 GATT 成效卓著，各国正在努力扩展 GATT 的范围，以便将服务与信息方面的国际贸易也纳入其中。但是迄今为止，尚未有人谈及为国际投资缔结国际协定与设定规则。我们目前能看到的只是一些初步的规定：当东道国征用外国投资企业时，给予一定的补偿。但是，当出现这种情况时，它满足哪些前提条件我们才应补偿呢？

战后复苏计划

另外一项当务之急是制定国际法，规范在出现战争时的国际投资问题。目前，我们所知道的是：在战争爆发时，保护外国投资影响着每一个国家的利益。纵使经历最具毁灭性及极为残酷的战争，幸存下来的国家仍必须生活在这个狭小拥挤的星球上。幸存的国家如果要获得新生，必须要以最快的速度恢复经济上的相互合作关系。在 19 世纪人们就知道，纵使是最残酷的战争，终究也会结束，但 20 世纪的人们却忘了这一点：至今仍没有任何一部法律规范战争时期的外国投资问题。

　　在未来，推动国际经济发展的力量将逐步转为国际投资，而非国际贸易。汇率、税收及法规将会变得比工资及关税还要重要。这是国际经济的重大变化之一，而且，不管是政府、经济学家或企业家，目前都未对这种变化给予足够的重视。

[1987]

美国出口额剧增的背后

对于世界经济而言，19 世纪 80 年代最大的变化就是美国制造业出口业务的剧增。在 1986~1991 年的短短 5 年内，制造业出口双倍增长，相对于主要竞争对手日本和德国来说，在销售方面有了很大的增长。

这些变化给商人、经济学家和政府经济预测家带来莫大的惊喜。当美元的升值（特别是相对于日元来说）在 1985 年被纠正后，每个人都坚信对美国的进口会大幅下降。然而美元却在稳固回升，主要归功于我们对汽油的迫切需求和美国汽车工业的持续下降。但是出口呢？没有人认为出口除了保持原有的规模，能再有什么发展。

在美国历史上和经济上，其出口的增长是空前的。从来没有哪个发达国家在商品制造出口方面增长得如此快。当然，美国已经是世界上首屈一指的出口大国。对于美国制造业最佳的消费者——拉美而言，美国的出色表现依旧令人印象深刻。直到最近两年，墨西哥才在世界出口业中复苏，在里根总统连任期间，出口的迅速增长也拉动了美国经济的持续增长。自从美国经济以加倍的失业率进入全面衰退期以来，就一直处于不景气状态。在这样的情况下，除非世界经济衰退，否则美国的制造业将一直处于优势地位。但是从现实状况来看，美国飞速增长的速度出现急剧的下降，出口额的剧增也会有明显的顶峰。这给美国的经济和世界经济的教训究竟是什么呢？

乍看之下，各种贸易之间似乎没有固定的模式。许多高科技产品，诸如喷气发动机、心脏瓣膜以及为造纸机和工程站编程的精密软件等，在出口贸易额上都有很显著的增长。不仅如此，一些日常用品，即所谓的低端产品，诸如电影、磁带、跑鞋、牛仔装以及办公室家具等的出口贸易额也有不小的增长。总而言之，这种发展涵盖了高端的、低端的以及介乎其间的所有商品。企业界的"明星"规模各异：商业巨人例如销售飞机的波音公司、销售CT扫描仪和航天用具的通用电气集团；所有的中型企业；令人惊讶的还有一些小型甚至微型的企业也在其中，例如为一些制药公司制造专门仪器的只有35名员工的机械制造厂，或是一些为医院制造传呼系统的同样规模的小企业。这些明星企业中大多都是在世界经济中活跃很长时间的企业，包括那些长期以来有跨国业务的企业，当然也包括一些从来没有国外业务的极少数的企业。

尽管它们有诸多不同，这些优势产品和厂商在一定程度上总有些相似之处，也正是这些共性才是它们的成功之道。确实，在当代世界经济中，这些共性是成功的关键。

所有成功的出口商品都有明显的商品特征，它们相互之间是有区别的，没有哪一种商品是一般的普通产品。它们的定价方式非常具有竞争力，但是却不全是以价格取胜。所有的成功商品都具备极高的商品附加值，其附加值主要体现为高科技或者至少体现为技巧性。例如3M公司的"Post-its"粘贴标签。

多数出口产品都有明确的目标市场以及明确的目标群体。"在此之前我从来没有做过出口的生意。"一个制造用于出口的机器设备的制造商说。其实对顾客而言他们是新朋友，但是如果作为普通人群的话他们就不是"外国人"，而是我们的老朋友。波音公司知道世界上任何一条航线，正如好莱坞知道世界各地的电影发行商一样。在日本购买美国的文字处理软件的工程师以及在德国购买美国摇滚音乐磁带的年轻人，自然都不会认识美国的制造商，但是他们也一样不是"外国人"。他们与美国的工程师和年轻人拥有相同的品位、相同的价值观、相同的购物习惯。"我不是将产品出售给国际市场"，一个 Heart-Value 制造商说，"而是将产品出售给治疗心脏病的专家们。"

这应该是出口额剧增的最大收获：国际市场只有在商业统计数据中才有"国外"的意义。如果在国际市场上经营，至少会熟悉知识密集型产品，它们是国际制造业市场的主导产品。

我们从中得到的其他收获还有：除去世界市场的成功前提不说（正如我们 30 年前所相信的以及日本至今还深信不疑的），规模大并不是一件绝对好的事。无论是制片厂还是心脏器械的设计，在既定的领域里成功的公司都是一些中型企业。这些公司在当时是高度集中、高度受关注的。它们生产的都是单一的产品或者是采用单一的技术。例如波音公司非常庞大，但是它生产的全是飞机。通用电气和许多不同的企业都有合作，但是它们生产的是单一的医疗电子设备，它们的喷气发动机也只是为飞机的发动机服务。国际市场不会为金融界时兴的技术或是正在研究的成果支付什么代价，更好的经营方式是采取单一的生产模式以抵消开发新技术和新产品所需的资金。

还有一种说法是，在当今的国际市场上要取得成果需要一项附加的技能——熟知外汇市场并且能够减少外汇的漏损。在卡特和里根总统执政期间，美国的外汇流失严重，欧洲与日本的出口也存在这样的问题。对于美国公司而言，这种漏损是由于币值波动造成的。相比之下，在欧洲市场（尤其是德国）上，美国的税务还是微不足道的。极少数出口商能够了解在美国法律下怎样节省大量的税务（一般情况下，这些都要经过专家指点）。但是现在，即使是小型的美国出口公司都知道如何将出口漏损减至最小。这一技巧成为当前美国出口市场的主要竞争手段。

从美国出口额的增长来看，出口和国外的制造业两个行业相辅相成。一旦一个知识密集型产业拥有大量的国外市场份额时，它必须拥有国外的制造商，否则它就是为当地的竞争者制造了机会。这即使对于小的出口商而言也是真理。一旦拥有欧洲和日本市场的 35% 份额，医院传呼系统的制造商一定会开始远离美国当地运作。制造业为美国有效缓解了就业压力。在两年内，那个医院传呼系统制造公司必须为其海外的运作继续雇用 15% 的美国人。

最后，美国出口额的剧增为哈佛经济学家罗伯特·赖克（Robert Reich）提供了强有力的支持，（在他最近的书里）他强调在当前迅速发展的世界经济中，知识远比国界更为重要。但是他同时也支持一个相反的观点，强调各国经济以及国内市场结构的重要性。这个观点是由另外一个哈佛的经济学家迈克尔·波特（Michael Porter）在他写的《国家竞争优势》里提出的：美国的制造业之所以能如此迅速和成功地对由 1985 年美元贬值导致的出口契机做出反应，是源于美国自身经济结构的优势，在此基础上以市场驱动或是机会驱动进行强有力的竞争。

[1991]

低工资：不再是竞争利器

在世界竞争中，蓝领工人的工资水平正逐渐变得微不足道。生产率却依然重要，甚至是越来越重要。质量、设计、服务、创新、营销的重要性也正在与日俱增。但是作为直接成本的蓝领工人的工资迅速变成了次要因素。

原因在于蓝领工人的工资在总成本中所占的比例下降了，以至于低工资不再能够给企业提供足够的竞争优势。一条久经验证的规则指出，海外生产的成本至少要比本国生产低 5%，很可能是 7.5%，才能弥补距离产生的巨大成本，比如运输、通信、差旅、保险、资金等方面的成本。如果工资成本下降至总成本的 15% 以下，那么在同样的劳动生产率水平下，两者要有 50% 的工资差距才能抵消距离产生的成本。而实际上，发达国家之间是不可能出现这么大的工资差异的。

在美国制造业中，蓝领工人的成本占总成本的比例是 18%，这一数字在几年前还是 23%。随着生产率的迅速上升，蓝领工人的成本急剧下降⊖。

⊖ 如果一个工人能生产更多产品，那么成本就是在降低，即使工资略有上涨，实际上成本还是在降低。——译者注

如今，一个行业或公司的蓝领劳动成本比例如果超过了 15%，那么它就已
经落伍了。通用汽车仍有近 30% 的蓝领劳动成本，部分原因是受到了工会
合同中限制性条款的约束。而丰田汽车和本田汽车的美国工厂虽然支付相同
的工资水平，但劳动成本的比例低于 20%，而且有希望在 10 年内使之降到
15%，美国的福特汽车也是这样。

竞争肉搏战

美国大型钢铁厂的蓝领劳动成本比例仍有 25%。但是"小型钢铁厂"的
蓝领劳动成本比例只有 10% 或者更低，它们的产量却占了美国钢铁产量的
1/5，并且未来 10 年中它们的产量有可能占到美国钢铁产量的半数以上。美
国纺织业宣称它们被低工资国家的进口商品击垮了，但实际上，该行业约
半数的厂商在成本方面完全可以与全球任何地方（例如马来西亚、印度尼西
亚）的低工资厂商一较高低。美国的此类公司大多是大型公司，它们已经把
劳动成本占总成本的比例降到了 10% 或 12%，不仅在生产布料这类商品方
面如此，而且在生产牛仔裤和家常服装之类的成品方面也是如此。

在这场结构重组中，美国和日本竞争激烈，不过蓝领工资已不再是关键
竞争要素，甚至可以忽略不计。日本在诸如汽车、轮胎等传统产业中的劳动
成本比例很低，原因在于它们几乎没有受到工会的阻挠。而在制药、专业化
工、生物科技、通信、计算机等新兴的高成长产业以及造纸、涡轮等部分传
统产业，美国则保持领先地位。整体而言，欧洲的结构重组基本上还没有启
动，但它们正在苏醒。

此次重组的一个后果是，美国制造业正在缓慢地将海外生产移回国内。
之所以出现这种情况，恰恰是因为 10 年前它们将生产转移到海外时所减少
的本国蓝领工作不会再恢复原状了。重组还产生了另外一个有些自相矛盾的

结果：与工会宣称的相反，美国制造业的就业并没有下降。原因在于单位劳动成本稳步下降，使得美国制造业能够快速扩大总产出，从而维持蓝领就业的绝对数字不下降。这种状况与西欧形成了鲜明对比，西欧制造业的蓝领就业比 10 年前减少了大约 500 万，只比日本的就业减少数字略微少一点。当今社会正在发生变化，从以前以工资成本为重的产业（汽车、钢铁等）转向未来以知识员工成本为重的产业（电信、制药等）。

蓝领成本在竞争中的重要性下降，促进了制造业加速向各个发达国家的市场进行转移。美国产业界在 20 世纪六七十年代完成了这种转变，一方面是通过跨国公司收购欧洲企业或在欧洲建厂；另一方面是通过与日本建立合资企业。虽然如此（目前美元的海外购买力大幅下降），但美国制造商仍在不断增加海外的直接投资，而且出乎所有人意料的是，外国企业几乎以同样的速度增加在美国的直接投资。

今天，欧洲与日本企业正在把生产向其他发达国家迁移，其目的是为了贴近市场，欧洲企业主要移往美国；日本企业主要移往美国和西欧。日本对在美国设立或并购工厂的公开解释是"害怕贸易保护主义"。这种说法主要是说给日本国内消费者听的。其实，真正的原因是蓝领工资在竞争要素中逐渐变得无关紧要，而市场距离的成本却在日益增加。

这些趋势导致了发达国家厂商之间的竞争加剧。这种竞争的基础不再是工资差异，而是管理能力的差别，如知识工作和资金使用的效率、流程管理、外汇风险管理、质量、设计、创新、服务、营销等方面。随着企业越来越强调对自身技术、市场和顾客的了解，我们越来越需要的是专业化而不是合并或多元化。

在发达国家中，这些趋势将会大大强化现在已经发展了一段时间的整合浪潮，这股整合浪潮至少从 30 年前美国企业走向"跨国公司"时就开始了。但是对发展中国家来说，这些趋势威胁到了它们快速发展经济的主要道路——以低工资、高生产率的劳动力为基础，以出口为导向的发展模式。

第二次世界大战后，一些国家（特别是巴西）以 19 世纪的美国为榜样，采用了当时的经典发展模式——向发达国家卖粮食和原料、以出口为导向的发展模式。19 世纪的美国就是靠向欧洲出口猪肉、猪油、牛肉、棉花、玉米、烟草和铜而发展起来的。

但是，战后更令人惊叹的发展却是日本以及紧随其后的东南亚"四小龙"——韩国、中国台湾、中国香港、新加坡（泰国不久将成为第五条小龙）。这些地区创新性地采用了美国在第二次世界大战期间的一项"发明"——培训，培训曾在第二次世界大战时期使美国得以将工业革命前不掌握技术的人员转化为有效率、高生产率的工人。这些地区通过培训，把不掌握技术、低工资的人们快速转变成高效率的工人（但工资仍很低），因此它们的产品在发达国家的市场上就具有竞争力。

将来，以上两种发展路线可能都会行不通，因为现在的粮食进口国已经很少了。在发达国家中，除了日本仍有粮食短缺外，其他所有国家均粮食过剩。另外，工业生产也变得不再非常依赖原料，20 世纪 20 年代的典型产品是汽车，它的原料含量几乎占了 60%，而 20 世纪 80 年代的典型产品是半导体，它的原料含量只有 1%。一条光纤电缆的原料和能源含量约为 12%，而原先使用的铜线电缆则包含近 50% 的原料和能源。这样的例子还有很多。

19 世纪发展模式的绝唱

因此，巴西可能是最后一个采用 19 世纪发展模式——以粮食和原料换取发展资金的国家。今天巴西的经济危机很大程度上也是原料和粮食的世界价格体系崩溃导致的结果，而价格体系的崩溃恰恰源自全球粮食短缺向粮食过剩的转变，以及制造业由原料密集型向知识密集型的转变。

当工资不再是总成本的主要因素时，依赖低成本劳动力的出口经济发展模式可能就行不通了。这时，管理成为关键因素，而贫穷的发展中国家恰恰在这方面处于落后地位。对于发达国家的厂商而言，这种变化意味着更多的需求，以及在这些领域中它们应该表现得很出色。但是，第三世界就必须寻找新的发展战略了，也许应该关注国内市场，给农民和本地的（逃避税收的）小型企业提供经营自由和市场动力。意大利的北部地区可能会取代日本，成为明天的主流发展模式。

[1988]

20 世纪 90 年代欧洲的生存之道

对欧洲企业家来说，以下问题已经不再是问题：是否会出现一个真正的欧洲共同市场（European Common Market）？问题在于，我们应当怎样做才能让未来的欧洲实现繁荣？

共同市场的各国政府已经保证：在 1992 年年底之前，拆除各国之间人员、货币、商品及服务的流动障碍。如果它们信守承诺，欧洲的内部障碍将会比美国还少（所有的州一级和市一级的法规全算上）。

但这是欧洲各国政府的真实想法吗？当法国必须向西班牙开放水果、蔬菜市场的时候，却发现西班牙人在向法国走私毒品，难道这只是巧合吗？到目前为止任何毒品都没有被找到，但西班牙的水果、蔬菜运货车必须在边境上等很长时间，以至于蔬菜不再新鲜。西德通过了一项议案，使得中型家族企业跨国转让产权或跨国合并的成本将变得非常高昂。尽管欧洲统一货币和欧洲中央银行的建立将使伦敦的银行家与经纪商明显受益，但英国首相撒切尔夫人坚决反对这一趋势。

企 业 先 行

但政府做什么或不做什么已经不那么重要了。各类企业之间已经变得唇齿相依，它们已经开始采取行动了。一家中型化工企业的首席执行官说："我们都知道，我们现在必须像共同市场已经成立了那样去行动。"

联合利华是一家生产食品、香皂、清洁剂的跨国公司，最近要求它的欧洲经理到汉堡创立一家新企业，并实施针对真正统一的大欧洲的新战略。假定另一个跨国巨头飞利浦现在已经在1993年欧洲共同市场的基础上重组了电子消费部门。这取代了飞利浦60年来分布在各国的公司（荷兰飞利浦、德国飞利浦等）完全自主经营的管理架构，新的架构是让一家公司（例如电视接收器公司）满足全欧洲的市场需求。

最近，5家分别来自德国、法国、西班牙、意大利、丹麦的家族式中型食品经销商组成了"利益共同体"。每个家族拥有本国企业51%的股权和其他4家企业各9.8%的股权。这5家企业共同向制造商订货，共同向各国的超市供货。意大利的全权谈判代表说："根据我们对政治的了解，可以预期各国政府之间的全部障碍只会再存在4年。它们不再是市场的主导因素，而将成为令人讨厌的东西和额外的成本。这也是我们今天制定欧洲战略的唯一基础。"

但这也是一个不稳定的基础，这意味着将企业建立在风险非常高的假设上。

例如，投资机构对欧洲股票市场的未来持什么看法？毫无疑问伦敦是当前欧洲的交易中心。但相比纽约证券交易所在美国的地位，它的地位有很大的不同。对欧洲绝大多数企业来说，本国的交易所是它们唯一进行本国公司股票买卖和能够发行公司股票的地方。

这种本国交易所的垄断地位使国内银行受益颇多，因此欧洲国家支持这种方式的存在并不奇怪。但这种方式能够持续吗？机构投资者尤其是养老基金迅速成为欧洲占支配地位的投资主体，正如 10～15 年前它们在美国的发展一样。本国股票市场不能提供它们需要的流动性，而且它们对在当前的垄断制度下饱受高成本之苦颇为不满。或许这些交易所只能作为正式登记交易价格的地方而存在，而实际交易行为则由跨国经纪公司（尤其是为机构投资者服务的）在场外进行。

从目前的形势来看，类似的例子是日本股市的定位，比如野村证券（Nomura）。而美国大公司和大部分瑞士公司则持有更为激进的观点：现有的欧洲股票交易所已经不再重要，对大型的机构投资者来说尤其如此，它们实际上会被横跨欧洲的柜台交易市场（over-the-counter）⊖所取代。

欧洲商业银行的未来结构是另外一个充满不确定性的重要领域。传统上，欧洲银行面对的竞争仅局限于本国国内。但几年前三大瑞士银行进入法兰克福开展德国业务的行为震惊了全世界。德意志银行这家欧洲最大的银行紧接着进入意大利开展银行业务。这是未来的发展趋势吗？欧洲毕竟不像美国，长时间以来一直是全国性银行用多个总部管辖着多家分行。或者，最近四家西班牙银行合并为两家专注于国内业务的大银行，这预示着欧洲银行的未来方向吗？那些在小国家里控制着大量工业，但在全球舞台上只能跑龙套的小巨人型欧洲银行，其前途又将如何呢？这些银行能在统一的欧洲共同市场中生存下去吗？它们是否必须与欧洲大国（甚至是美国或日本）的银行结盟？或者它们应该自己组成一个跨国的"中产阶级"银行联盟？

中等规模的私营企业则面临着更重大的也许是更具风险性的决策。与美国相比，欧洲这类企业在数量和重要性上都不突出。但从社会、心理和政治角度上看，它们的影响力要大得多。大多数观察家认为：如果这类企业不做

⊖　简称 OTC，也称场外交易市场，是指在证券交易所之外进行的各种证券交易活动，通常没有一个固定的交易场所，各方协商确定价格。——译者注

改变，它们很难在真正统一的欧洲共同市场中生存下去。

但在这三种可能的战略中，企业应该选择哪一种呢？前面提到的化工企业正在大举进攻，在全欧洲宣传其产品，甚至在多个国家进行生产。但要让这种行为成为正确的战略选择，企业必须要有与众不同的产品或技术以及丰富的营销经验。企业还要有融资渠道——与美国不同，欧洲中型企业的融资渠道非常有限。最重要的是，此类企业必须要有足够的管理人才，而欧洲的家族企业恰恰始终难以吸引和留住人才。

另外一种战略是前面提到的5家食品经销商的选择：通过跨国合并或联合建立一家欧洲公司。但许多欧洲私营公司选择了一种看上去不会成功的道路：将其国内企业（及国外企业）与本国其他的国内企业（或国外企业）进行合并或联合，从而形成一个本国的小型企业共同体。另外一些企业则放弃经营，转而寻求将自己的企业出售给本国上市公司的途径。

欧洲私营企业还存在纠缠不清的两代人之间的"代沟"⊖问题，这使其决策变得加倍困难且高度情绪化。第二次世界大战后创业的企业家已近退休，他们只拥有在国内经营的经验。即将从他们手中接掌企业的一代则是"欧洲人"。尽管其他人将欧洲经济一体化视为挑战，年轻一代则将其视为机遇。

总而言之，欧洲企业（同时也包括在欧洲进行运营的美国跨国公司）要做的最重要的决策就是：欧洲共同市场将会变成主要是"国内"经济竞争的市场，还是欧洲公司竞争的市场。

例如，德意志银行将欧洲金融市场视为各家银行相互竞争的统一市场。实际上，它曾经宣布：希望在主要的欧洲国家中占有一席之地。但是，与德意志银行关系密切的那些产业公司则明确表示，它们认为会出现另外一个欧

⊖ 指下一代人继承上一代人的事业，但在许多方面（观念、管理等）存在差异。——译者注

洲市场：规模庞大的纯国内企业相互竞争的场所。

欧 洲 祖 国

　　同样，法国官方政策将法国企业推向戴高乐将军曾说过的"欧洲祖国"（Europe of Fatherlands），即建立法国的超级大公司。对于现存的"欧洲公司"（最重要的是美国跨国公司的分公司，还包括总部设在欧洲小国家的大型欧洲公司，像荷兰的飞利浦、联合利华，瑞士的医药巨头，瑞典的爱立信和伊莱克斯），跨越国界的统一的欧洲经济体是唯一有意义的选择，这也是唯一有可能成功的选择。这也是新兴国家日本和韩国的看法。尽管从经济上看这是合理的，但是在政治上它有可能行不通，或者会遇到很大的阻力。

　　几乎可以肯定的是，未来的欧洲既有"国内"经济的竞争，也有欧洲公司的竞争，在这方面它和美国的"共同市场"有很大的不同。但是，具体的某个产业、某个市场到底会走哪条道路呢？欧洲有两个电信制造业巨头：一个是德国的西门子，它希望各国的电信市场保持本国控制局面；另一个巨头是瑞典的爱立信，它则确信德国邮政公司（Bundspost）与法国 PTT 公司这样的大客户将来会在全欧洲进行采购。究竟谁是对的？国内零售巨头（例如英国的玛莎百货）将来会在全欧洲采购还是仍然只在英国采购呢？

　　在我最近出席的一个欧洲高级经理会议上，出席者对这个问题持不同的意见（持两种观点的人各占一半）。但他们都认为任何一家欧洲企业（不光是大公司）都要在未来一两年内做出决策：在这两条道路中选择其一。

[1988]

美日贸易需要反思

对日贸易谈判，是美国新任政府的当务之急。但是，如果美国不能正视一些不受欢迎的现实问题，这些谈判不会有什么效果。

（1）美国要求日本方面在贸易上做出的让步，并不符合大多数人（包括政府及国会成员）的利益。所涉及的产品并非制造业和农业产品，撤除制造业产品的进口壁垒不可能会带来明显的销售增长。即使能做到这一点，它对美国就业和外贸平衡的影响也很可能是负面的，因为日本目前已经是美国产品的最大进口国了。

美国产品在日本市场上的人均占有率，大约是日本产品在美国市场上占有率的二倍。日本产品在美国市场上能够占据领导地位的主要是汽车、消费电子产品和照相机。美国产品在日本市场上能够占据领导地位的主要是电脑与软件、软饮料、糖果、分析仪器与临床设备以及药品。

但是，在日本销售的大部分美国产品是在日本制造的，而不是从美国进口的。它们是由美国公司的日本子公司（大多是全资子公司而非合资企业）

生产的，这些子公司从美国购买机器设备，因此创造了高附加值的美国出口，同时也创造了待遇不菲的美国工作岗位。如果撤除了日本进口美国产品的各种壁垒，最可能导致的结果就是将在日本生产的美国产品变为直接从美国向日本出口，比如 IBM 电脑、火星牌巧克力或者默克牌抗生素。这既不会增加美国的工作岗位，也不会减少美国的贸易赤字。

（2）美国对日贸易政策的重点应当是农产品的出口。到目前为止，日本是美国农产品的最大买主，而且在所有大买主中是唯一一个用现金支付全款的国家。然而，日本买的这些美国产品都可以从其他国家以相同甚至更低的价格买到，日本之所以这么做，是为了保护日本对美国的产品出口。但是，在未来几年内，日本将会以农产品采购为条件，和欧盟讨价还价，而欧盟正在为农产品过剩感到焦头烂额，它绝对愿意对农产品的出口进行政府补贴。

对于美国而言，要求日本撤除针对美国牛肉和饲料的贸易壁垒是明智之举，因为美国在这些产品上居于领导地位并且日本有大量的需求。但是，如果美国将力量用在次要的产品（比如菠萝或柑橘）上以及要求日本从美国进口大米，那么，对美国将不会产生多少效果。实际上，日本禁止进口大米以及维持国内大米的高价格是非常符合美国的经济利益的。日本人喜欢吃大米，不喜欢吃其他谷物。正是较高的大米价格使得东京的主妇转而购买美国的小麦。另外，日本国内的大米已经过剩了，因为高价格实际上是政府垄断所导致的。

（3）压迫日本在服务业开放上做出让步并不明智。尽管日本对外国产品及服务的进入设置了重重障碍，但是对美国服务业（如银行业）进入日本则没设多少壁垒。凡是日本允许美国进入的服务领域，比如外汇交易、快餐、债券承销、保险、大规模的建筑维修、临时服务等，美国公司都有优异的表现并且极大地提高了服务标准和质量。此外，日本在信息业、建筑业、交通业等领域基本上还没有开放，对美国而言这里有大量的机遇。但是，公众和媒体对服务业国际化并不关注，因此政府也没有给予足够的重视。

（4）对日贸易政策的方法和内容都需要重要调整。日本人的对外政策是由其政治问题决定的。日本经济中的高度保护领域，比如零售流通业、农业、金融服务业，都是成本高昂、区域分割的，而且落后于时代发展的需要。这也是政府产业保护通常的弊病所在。但是，与美国的类似行业（科罗拉多州的烟草和甘蔗种植者）相比，日本受保护的产业拥有更大的政治影响力。他们向日渐腐败的政党提供资金捐助，从当前的日本证券丑闻中我们就可以略见一斑。日本的政府官员不喜欢外国人，这只是因为他们无法轻易地操控这些外国人。

不过，日本需要外部压力以对现有的政治利益群体进行调整。但谈判是做不到这一点的，需要压迫他们，他们必须有理由申辩：我们被欺负了。此外，他们不可能频繁地让步，一年能够让步一次，至多两次。

美国必须通盘考虑其对日策略，而不是根据美国产业界的每一次抱怨采取外交行动。1989年，我们真正想从日本得到的最重要的经济让步是什么？为了让日本能够体面地做出这种让步，我们应当提出哪几项要求？如果美国产业界的要求会削弱我们对日本的谈判地位，我们应当采取何种方式对这些企业说"不"？日本人正在用外国要求开放大米市场的呼声督促减少政府控制和过多的农业补贴（当然，他们根本无意进口美国大米），美国应当如何应对以防止自己的行动反被日本利用？

（5）最后，未来几年美国贸易政策的主要问题不是日本，而是欧盟。我们必须设法阻止欧盟变成一个"欧洲堡垒"。然而，这恰恰是许多欧洲政府官员和企业家的追求。他们将欧洲经济的统一视为通向戴高乐将军所谓的"没有美国的欧洲"的重要途径。

欧洲普遍对日本心存疑惧：如果允许市场自由进入，日本的汽车和消费电子产品将会占领欧洲市场的很大一块份额，比在美国占的还要多。但是，存在一种危险：欧洲可能利用这种心理排挤美国的产品、服务及投资。实际上，未来几年我们同欧洲经济委员会（European Economic Committee）所确定的外贸关系将会决定我们同日本的外贸关系，因为未来国际经济关系的新规则将由美国与欧洲之间的贸易谈判（而非美国与日本之间的贸易谈判）决定。

在互惠（这个词在欧洲非常流行）原则下，美国将会拥有优势地位。因为整体而言，美国的产品、服务、投资市场要比许多欧洲国家开放得多。一旦互惠原则能够确立，美国也将在与日本的关系中处于明显的优势地位，而这对于美国的经济利益和经济原则都是有利的。

[1989]

日本战后的强大竞争武器

"什么因素让日本如此成功？"是当今最热门的讨论话题。但很少有人提到日本的资本成本（capital cost）[⊖]问题。

美国和其他西方国家的公司为资本支付 10%～15% 的成本，不论这些资本是短期借款、长期固定借款还是证券形式，而日本大企业最多支付 5%，这种相差两三倍的优势是几乎不可战胜的。日本较低的资金成本背后并不是"文化"或"组织结构"——这两点经常被用来解释日本的成功，实际上是美国 40 年前对日本的占领导致了这种局面。

众所周知，日本的储蓄率是美国的两倍，实际上也是发达国家中最高的。但只有少数历史学家注意到，第二次世界大战前在主要国家中，日本是储蓄率最低的国家之一。日本战败后，储蓄率更是骤然下降，实际上已经是负储蓄率。同时伴随着通货膨胀和严重的劳工斗争，这很快就耗尽了那些逃

⊖ 财务管理术语，指使用资本所需要支付的成本，包括使用成本（如利息）和融资成本（如上市费用）两部分。——译者注

过了战争期间没收性的高税收和巨大破坏的所有储蓄。

由于城市和工厂在战争中几乎被夷为平地，日本需要大量的资本投入，但是无法向国外借款，也不能像欧洲那样得到马歇尔计划的支援。在危机中，美国人派来了底特律的银行家约瑟夫·道奇（Joseph Dodge）作为美军占领时期的经济顾问。道奇认为，日本只有激进地转向投资推动型经济（investment-driven economy），才能摆脱困境。他提议，大幅度提高所得税率，甚至包括对低收入者征收的所得税税率。直到今天，日本的税率，尤其是高收入者的边际税率，依然要远远地高于美国。但同时他也提议：对每个储户 300 万日元内的邮政储蓄存款，免除所有利息税。

专家的反对

1950 年，300 万日元只相当于 8000 美元多一点，但在当时的日本，这是一个天文数字：它是普通日本人平均收入的 25 倍，只有占总人口 2% 的高收入者一年才可以挣这么多钱。

所有的专家都大声反对该提案：日本专家反对是因为可怕的税收减少，当时的国库已经因为赤字而接近崩溃了，美国专家（尤其是华盛顿的“自由主义”经济学家和政治家）反对是因为这会使富人大大受益。但道奇成功地说服年轻的日本新任财政大臣池田勇人（Hayato Ikeda，10 年后成为日本首相）接受了他的计划。经过努力，池田勇人促使该计划通过了持怀疑态度的内阁以及公开表示反对的众议院的审议。

几周之内，通货膨胀消失了。6 个月后，储蓄率开始回升并且持续提高。税收收入几乎同时开始提高。当利息税豁免政策在完成了它的历史使命，最终在 1988 年被废除时，几乎每个日本人，不管是穷人、中产阶级还是富人，都拥有一个免税账户（tax-exempt accounts，有的人甚至拥有多达 20 个此类账户，每人一个的限制条件并没有被认真执行）。而免税账户主要集中在低收入群体中。

这些储蓄为日本经济和出口的爆炸性增长提供了足够的资本。这就可以解释为什么会出现日本这种史无前例的经济奇观：高增长的日本居然可以做到不向国外借款。当然，这些免税储蓄也可以解释日本较低的资本成本和它所带来的强大竞争优势。

日本的投资推动型经济产生了效果，英美的消费推动型经济（consumption-driven economy）却没有实现预期的投资增加和降低资本成本的效果。可是，消费推动型经济仍然主导着英美两国的经济理论和经济政策。

尽管存在差异，但是凯恩斯主义、货币主义和供给学派都接受一些凯恩斯的基本观点："过度储蓄"永远是危险的，它会导致消费不足和经济衰退，因此储蓄不应当受到鼓励，甚至要受到适当惩罚。如果由消费主导经济，那么必要的生产性投资就会自动地得到满足。需求增长要求企业提供新增产能，这是能创造利润的，是投资的"乘数"。因此，鼓励和促进消费会自动地导致收入提高与更多的资本投资。

这一理论存在的严重错误立即被20世纪30年代中期的一些杰出经济学家（伦敦经济学院的莱昂内尔·罗宾斯和哈佛大学的约瑟夫·熊彼特）发现了。

他们表示，历史上从来没有出现过过度储蓄。也没有证据能够证明约翰·梅纳德·凯恩斯的观点：过度储蓄导致了20世纪30年代的大萧条。另外，凯恩斯自己的理论也将消费推动型经济所依赖的乘数效应排除在外，因为凯恩斯的基本假设是：企业家只有在有信心的情况下才会投资，而在凯恩斯的理论中，信心是低利率和低资本成本的一个结果。减少储蓄（且不说去打击储蓄），肯定会推高利率，从而破坏企业家的信心。

消费推动型经济取得了成功（尽管主要是在讲英语的国家中），因为它非常适合战后时期的政治需要。惩罚储蓄相当于打击富人，提高储蓄相当于散播财富。在政治上，凯恩斯非常像现在我们所说的"新保守派"（当时叫作"自由派"）。他非常蔑视改良主义者和假装支持改革的人。非常具有讽刺意味的是，正是改良主义者接受了他的理论并使之成为主流理论。这些理论成为他们政治主张的重要基础。

现在我们已经知道，无论怎样提高储蓄都不会使富人受益，任何免除利息税或延期缴纳利息税的国家都会经历和日本同样的事情：中低收入者从中获益最多。例如，在历史上，美国实施任何一项对储蓄进行延期缴纳税款的政策（例如个人退休金账户和基奥计划⊖），都会出现上述情况。

同样，我们也知道，消费推动型经济并不会散播财富。在投资推动型的日本，其收入分配要比消费推动型的英美更加公平。另外，尽管美国国税局不愿意承认，但以下说法是一个事实：在政府鼓励储蓄的年份里，税收收入会更高。

自从道奇运用这一政策以来，40 年间，发达国家的任何一项政策都比不上税收减免合法化有效。道奇的免税账户让日本企业只用支付令人吃惊的低利息——从未超过每年 2%，而且日本的资本还用不完。美国个人退休金账户和基奥计划的存款通常是名义值大于实际值，但它们总是受到热烈欢迎。律师和会计师也可以证明：只是为了对付税收征管人员，人们就纷纷对并不十分可靠的"避税工具"趋之若鹜。

征 税 范 围

换言之，我们知道如何托起美国低迷的储蓄率和降低高不可攀的资本成

⊖　Keogh plans，又译为基欧计划，是针对自由职业者或自营业主的退休金计划，可以实现节税。——译者注

本。关键不是税收水平，而是税收范围，这是经济学家对合法减税的另外一种说法。此外，我们知道，高资本成本会打击信心和抑制投资的凯恩斯理论是正确的。很少有投资项目可以获取足够的利润去支付15%的资本成本，但很多投资项目可以轻易支付5%的资本成本，这正是日本企业支付的资本成本。

日本社会和西方社会（特别是美国）有很大的不同。作为一个整体，美国和其他西方国家对这些差异毫无办法。但是，美国可以采取措施消除或者减少日本从美国奇高的资本成本中得到的巨大竞争优势。这不是"结构"问题，主要是由我们不适当的利率所导致的，而这又是因为我们坚信消费推动型经济，尽管所有的实践经验和证据都不支持这种经济。

［1990］

对日本及日本人的误解

近 40 年来，我一直在向美国朋友说明我们误解了日本，但是，没有多少人相信我。第一个难题就是让美国人明白所有日本官员都早已熟知的一个事实：尽管日本在第二次世界大战后取得了经济奇迹，但日本政府并没有实施真正的经济政策，它只有社会政策。

我在 20 世纪 50 年代初期首次与日本政府和日本企业合作，当时，日本是一个饱受战争蹂躏的国度，而且整个社会极为脆弱。日本一半的人口从事农业，还有许多小店铺经营者以及许多小工厂，每家工厂只雇用几十个人，所用的机器设备都是第一次世界大战之前的。

当时，日本政府所采用的政策是避免任何社会风险，全力保护国内社会稳定，特别是保护国内的就业，同时扶植少数几个产业，并设法寻求出口机会。当时，没有人相信日本的出口能够挣回足够的外汇，以支付这个岛国必不可少的进口食品和原材料。

今天，日本依然是全球最大的食品和一般商品进口国。但是，在过去

40 年间，日本的社会基础、人口基础、经济基础都有了很大的变化。今天，在日本数以万计的店铺中，大部分都是巨型连锁厂商（如 7-11 和肯德基）的特许加盟店，只剩大约 5% 的人口还在从事农业。

新兴的人口群体（尽管它还不是最大的人口群体）在 1954 年之前根本就不存在，即受过良好教育、拥有固定收入的中产阶级。他们在政治上的影响力与日俱增。在最近的一次选举中，他们支持自由民主党，这并不是因为自由民主党对他们有什么用处，而是因为另外一个竞选党派的可信度更低。在未来 10～20 年，日本所面临的最大政治和经济挑战就是寻求新的共识。保护日本社会的政策已经过时了，实际上，消费者越来越对这些政策感到不满，因为新的强势群体并不需要被保护。日本现在需要的是真正的经济政策。

如果不了解这些正在改变日本的根本性变化，美国就不可能解决巨额对日贸易赤字，也不可能知道日本是不是像某些华盛顿政治家所说的那样：正在对美国构成某种威胁。

媒体上关于日本贸易盈余的报道很多，但在我接触的日本官员和日本学者中，没有一个相信这些报道。出口盈余只是一种海市蜃楼，只存在于纸面上，并没有实际意义。

当然，美国的许多产业都已经落后于日本了。但是，美国对日的贸易赤字几乎和制造业毫无关系，尽管日本的制造业也很强大。日本的贸易盈余主要源于日本进口的原材料和食品的价格走低。

近 10 年来，石油供应充足，这正是日本所乐见的，日本的所有石油都要靠进口。在发达国家中，过去 40 年的农业生产率急剧提升。同时，食品消费并没有同步提升。随着人们变得更加富裕，他们并没有选择多吃东西。实际上，他们购买杂志来学习怎么吃得更少。

日本也从中获益了，因为食品和普通商品价格低廉，而且是以美元为单位进行交易的。从 1985 年开始，美元对日元就一直在贬值，几乎贬了一半。由于这些因素的作用，日本购买原材料和普通商品时只需要支付其"合理"价值的 1/3 左右。

然而，从日本的角度来看，如果这些价格上升了，日本将很难获得足够的外汇支撑从他国的产品进口。未来几年内（只是一段时期，不是永远），全球食品的价格很可能急速上升。东欧的食品短缺问题相当严重，而且日趋恶化，我们怎么才能满足这种巨量需求呢？

在未来几年，由于我们要向日趋衰落的东欧提供食品，发达国家的食品过剩将会迅速消失。日本人已经看出了这一点，希望制定一套能够维持现有贸易盈余的经济政策。也许食品价格依然会维持在低位；也许石油的供应会依然充足。但如果不是这样呢？这正是日本人挥之不去的恐慌。

尽管这听起来很荒谬，但是我常把美日贸易谈判看作一场"潘趣和朱迪"滑稽戏表演（Punch-and-Judy shows）⊖。凡是认为日本人不买外国货的人，只要到东京的商店中看一看就可以了解事实真相——商店里充斥着外国名牌，只不过都是在日本当地生产的。IBM 的日本公司控制着日本 40% 的市场份额，而且是 IBM 最盈利的子公司之一，在这种情况下，还会有人真的认为有必要将电脑出口到日本吗？或者可口可乐有必要将饮料运到日本卖吗？

因此，我认为日本不存在巨大的、尚未开发的潜在市场。当我认真地思考与计算日本（对美贸易盈余是 500 亿美元）还可以再买多少美国货时，答案是最多 50 亿美元。

我们过于关注日本的外贸盈余问题，以至于我们忽视了日本对美国的极度依赖。在经济史上，如果某个国家对另外一个外国市场的依赖度达到

⊖　一种英国传统的滑稽木偶戏。——译者注

25% 左右，在政治上和经济上就很危险了。日本对美国市场的依赖度已经超过了这个数字，因为日本 40% 的产品是卖给美国的。

现在，如果你有 500 亿外贸盈余，你可能只会将很少一部分以产品的形式运回国内。那么，其他盈余怎么处理——倒进大海吗？你必须要投资。

由于日本人知道购买美国的不动产（电影公司、曼哈顿的标志性建筑等）有很大的政治风险，美国国债几乎是他们能够考虑的唯一选择。这使得日本坐上了火药桶。如果日本人撤出资金（许多人担心这一点），市场上将出现抛售现象，美元会迅速贬值，可能低至 1 美元兑 100 日元，而这将使日本遭受重惩[⊖]。

美国对此也许不会感到有什么影响，对于日本则是灭顶之灾。正如一句老话所说：如果你欠银行 10 000 美元，银行能够控制你；如果你欠银行 100 万美元，你就能够控制银行。从这个意义上讲，美国能够控制日本。或者至少可以这么说，日本对美国的依赖程度远远超过了它希望保有的程度。

去年，索尼的董事长盛田昭夫（Akio Morita）和前内阁大臣兼民族主义者石原慎太郎（Shintaro Ishihara）合写了一本书《日本可以说不》（*The Japan That Can Say No*），这本书激怒了很多美国人。此书的前提假定是：日本的技术优势已经使美国开始依赖日本。

其中传播甚广的一个例子是，如果日本停止向美国供应某个特殊的芯片，美国的一种主要战略导弹就将停产。事实上，此种导弹的大部分芯片都是在美国生产的，如果日本切断芯片来源的话，美国只需要用六周的时间，就可以生产出这些芯片。美国知道如何生产芯片，之所以向日本采购，是因为日本的价格便宜，而不是日本的技术优越。

还是这位日本政治家石原慎太郎，在 20 世纪 60 年代就认识到了依赖单

⊖ 日本出口到美国的产品价格将急剧上升，需求将急剧减少，这对以外贸立国的日本将是重大打击。——译者注

一市场的危险性，并且建议：实际上日本应当用另外一种力量平衡过于依赖的美国力量。他首先在日本倡导要向中国投资，然而这种投资是一个巨大的失败，并非政治原因，而是经济原因。

美国有人试图告诉日本：发展中国家并不是发达国家相关产品的理想市场。第一个在这方面吃到苦头的是英国，它曾在 19 世纪进军印度。石原慎太郎听不进这些话，但事实证明这些话是对的。例如，1989 年丰田公司向中国出口了 6032 辆汽车，而它每周向美国出口的汽车是这个数字的两倍还要多。

日本又将目光转向欧洲，却碰到了许多重大障碍。日本最强大的产业恰恰是欧洲产能过剩、劳动力过剩的产业。即使不算东欧，欧洲钢铁业就有大约 100 万的过剩劳动力。汽车业和消费电子业同样存在严重的产能过剩。此外，目前欧洲经济正在快速整合，它将日本视为巨大的外部威胁。

那么，日本应当如何将自己融入国际经济体系中呢？由于日本内部的政治变革和外部力量的影响，日本已经不能再使用过去 40 年的惯用策略了。日本已经不需要再保护本国社会了，实际上，这种做法遭到了日本进口商的强烈抵制。向西方国家出口更多的商品也不再可行了。

是否有必要组建一个东亚经济联合体？在各个东亚国家社会和经济发展水平如此参差不齐（例如日本和泰国）的情况下，又应当如何组建呢？东南亚国家是否愿意依赖日本呢？毕竟中国、韩国、印度尼西亚、泰国都对 20 世纪 30 年代日本的侵略记忆犹新。

我们有可能看到以日本为核心的东亚经济联合体。考虑到不同文化以及不同民族之间的紧张关系，做到这一点并不容易。但我想，石原慎太郎的中国牌最后还是会打出来的。

日本可以采用的一条激进路线是 180 度大转弯，成为"相对自由"贸易的领导者，我没有说自由贸易，因为自由贸易只存在于教科书上。同时，日本还要联手美国设法防止欧洲走向贸易保护主义。日本社会是可以适应这种转变的。

　　基本上这就要求日本放弃以往 40 年防范社会风险的基本政策，或者将日本受保护的产业置于竞争之中。如果你是一家已经在国际市场上证明了自己能力的企业，例如索尼或丰田，你就愿意接受这种政策变动的风险，这可能是保护你在美国市场上的地位以及进入欧洲市场的唯一方法。

　　有一件事情你可以指望日本人：日本的政策是缓步推进，一次前进一步，在此背后，则是认真、严谨的思考。全世界没有别的民族比日本人更善于制定决策了。

[1990]

拯救拉美，拯救美国

　　谁需要拉丁美洲？"不，我们不需要。"大多数美国商人都会这么认为，然而这是错误的。因为解决美国贸易赤字的关键并不在于日本，而在于拉美。

　　无论美国产业出现了什么问题（事实上确实出现了不少问题），绝对不会是"缺乏国际竞争力"。因为自从 5 年前美元的汇率高估问题被修正以来，美国工业一直表现良好，尤其是在对西欧国家和日本的出口方面。虽然韩国、巴西、新加坡等国家登上了世界贸易的舞台，并扮演了举足轻重的角色，但美国夺回了美元汇率被高估之前的产品市场份额，在历史上，现在的份额仅次于第二次世界大战刚结束的那个时期。

　　但同时也不能把贸易赤字怪罪于"过度的进口"。制造品的进口只占美国 GNP 的 9%，比除了日本以外的其他发达国家都低。此外，日本目前从国外采购制造品的比例⊖正在迅速增加，很可能四五年内日本制造品进口在

　　　⊖　由于日本大量对海外投资设厂，因此本国也要从国外进口制造品。——译者注

GNP 中所占的份额将赶上美国。

那究竟什么才是美国巨额贸易赤字的罪魁祸首呢？主要还是由于过去
10 年间食物和原材料经济的崩溃。

全球最大的生产商

美国是农产品和林产品生产与出口的第一大国。大约有 1/3 的贸易赤字
直接与林农产品价格与需求的急剧下降有关。还有 1/3 是由于原材料经济的
萧条造成的，它使美国制造品传统的最佳外国客户——拉美国家的经济受到
了严重影响。传统上，美国制造品占大部分拉美国家全部制造品进口的一半
以上（顺便说一下，日本的大量出口盈余主要是原材料价格萧条导致的，而
不是因为它的产业能力强大。日本是最大的原材料进口国，因此是最大的受
益者）。

增加对西欧和日本的制造品出口对于弥补美国的贸易赤字并无太大助
益。事实上，如果日本取消所有针对进口美国产品的贸易限制，美国的出口
量至多会增加 50 亿美元。而美国对日本的贸易逆差是 500 亿美元。在今后
的几年里，由于全球制造业的竞争会进一步加剧，各个发达国家将会大力压
迫美国维持当前的出口规模而不要增加。

到目前为止，我们仍很难准确估计粮食出口何时才能反弹。不过在短期
内可能会因为以苏联为首的几个国家必将出现饥荒现象，而使美国粮食出口
急剧增加，但是，大规模的粮食救援毕竟维持不了几年。我们也不能承受美
国贸易赤字的无限期延续，甚至根本就承受不了几年。

美国外债所产生的利息费用已经大大超过它通过服务赚取的别国外汇，
而外国的债权人却可以将他们的债务转化为美国的资产，比如购买美国的企
业或房地产。绝大多数经济学家认为这是无害的甚至是有益的。不过显然，

美国在政治上是无法容忍"购买美国"现象长期持续下去的。

消除贸易赤字实际上只有两种方法。传统的同时也是错误的方法是用严重的经济萧条抑制国内消费，使其降低 10% 左右。而另外一种方法则是复兴拉美经济，使其增加对美国制造品的进口量。

和振兴东欧国家（目前全世界都在密切关注的地区）相比，振兴拉美国家要容易很多。拉丁美洲有 3 亿人口，几乎和苏联集团（Soviet Bloc）⊖各国总人口相当。与苏联集团形成鲜明对比的是，拉美国家在轻松养活自己的同时，还能富余大量的食物和原材料，而且在比较大一点的国家里还有大量受过良好训练的工程师、企业家、会计师、经济学家和律师。他们也不需要出卖自己的道德来接受教育或者得到一份体面的工作。

拉美的知识分子也不需要进行"再教育"便能适应市场经济环境。在遭遇原材料价格打击之前，拉美国家的市场经济运行相当有效，并且取得了快速的经济增长。同时该地区还存在对于各类产品的巨大的潜在需求。

最后，拉美地区与苏联集团不同，它有着充足的资本供给。事实上，拉美国家的资本至少是其外债的 3 倍以上，只是存在一个问题：这些资本并不在拉美，而是被其政府相关政策有系统地甚至常常是有目的地逐出本国。

但是，如果这些目前在迈阿密、纽约、苏黎世、日内瓦的资本（以及藏在拉美国家几乎所有家庭（除了赤贫家庭）的床垫中的资金）能够被吸引回本国进行有价值的投资，每一个拉美国家（除了最小的或最穷的）都会拥有经济快速发展所需要的全部资本。其实只要政府能够停止使用苛捐杂税和通货膨胀侵占民众的储蓄和投资，以及停止给予政府企业和军队企业垄断权力（这会打击民间投资），拉美资本的所有者自然会很情愿甚至很急迫地把自己的钱投向国内。也正是由于上述政策，使得即便是布宜诺斯艾利斯和圣保罗

⊖　通常是指以苏联为首的几个东欧国家，包括波兰、匈牙利等。——译者注

擦鞋的小男孩也要求顾客用美元付账。

其实需要采取的对策很明显：减少财政支出以防止通货膨胀；裁减人员以消除机构臃肿，并且打破政府或军队无效率的垄断（特别是在巴西和阿根廷）以及政府官员亲属的垄断现象（特别是在墨西哥）；削减那些打击诚信企业的过高的名义税率，同时增加实际税收。

这些都是可以在不引发大的政治动荡的情况下便能做到的。两个小国家——民主国家玻利维亚和皮诺切特（Augusto Pinochet）独裁统治的智利成功地证明了这一点，这使得呼吁拉美国家恢复理性的声音更加强烈了。

墨西哥已经朝着正确的方向迈出了相当大的步伐，尤其是在取消政府对垄断产业的保护方面，而很快收到的结果也是十分惊人的（从美国的进口增加了两倍多）。上周就职的巴西新政府则首先考虑卖掉上百家无效率、机构臃肿、亏损累累的政府企业。由于原材料衰退而使拉美国家负担的巨额债务也基本得到了偿还，只是在一些法律文件上还没有偿还完⊖。

换句话说，拉美的复兴已不再是一个经济问题，更多的是一个政治选择问题。首先，它需要的是勇于面对而不是逃避，就像阿根廷和巴西在1988年和1989年所做的那样，刚开始，强大的利益群体（如工会和军队）进行了抗议，但政府没有让步。这些行为在初期一定是使人痛苦的和不受欢迎的，可是在一年之内它们就会取得成果并赢得广泛的支持。

同时美国也有至关重要的角色要去扮演：停止40年来那些表面上很有道理、实际上却具有破坏作用的政策法规。拉美也许只需要少量的短期贷款帮助缓解转型过程中的阵痛。但是40年来的这些友好"援助"政策，如政府援助、军事援助和世界银行贷款，不能再继续实施了，因为在很大程度上它们正是造成当前拉美危机的根源。

⊖ 其中部分外债是被其他国家免除了，但法律文件的调整可能比较慢。——译者注

反企业家倾向

这些政策鼓励了政府支出，使它们将这些钱用于臃肿的官僚机构和军队建设。在许多国家，即便没有国外威胁，其军队开支占总支出的比例也是美国的四五倍。它们还会不考虑国内市场状况贸然把资本从有价值的投资项目上转到某些"形象工程"上，例如钢铁厂。就其本身来说，这无异于计划经济的怪胎。总的来说，这些政策都有严重的反商业、反企业家倾向。如果让它们继续下去，无异于抱薪救火，薪不尽，火不灭。

拉美真正需要的是与美国的贸易，而不是什么援助。它们需要的是美国提供政治支持，帮助制定鼓励竞争、抑制垄断和保护主义的政策；鼓励储蓄而不是消费的政策；促进经济增长而不是官僚机构增长的政策。

另外，之所以需要这些政策，也恰恰是因为美国需要拉美。

［1990］

墨西哥的杰作

如果问美国的企业家，谁是美国的主要贸易伙伴，很少有人会想到墨西哥。但是，去年墨西哥排名第三，仅次于加拿大和日本。墨西哥的经济正在日益与美国经济融为一体。在强大的民意支持下，墨西哥政府决定加快这种经济一体化进程，使之成为一种不可逆转的潮流。它提议签署美国和墨西哥的自由贸易协定，从而创建加拿大、美国、墨西哥三国之间的北美经济共同体，这个共同体的总人口比欧共体的人口还要多，在总产量和国民生产总值方面略逊于欧共体。

这是苏联及东欧事件之后，最令人吃惊的政策剧变。130 年以来，墨西哥一直坚持一项至高无上的政治目标：使自己与北部那个规模巨大的、令人不安的、富于侵略性的邻国尽可能地保持距离。古老的墨西哥谚语就曾说："最好格兰德河（Rio Grande）⊖能像大西洋一样深、一样宽。"首次将墨西

⊖ 格兰德河是流经美国与墨西哥的一条国际河流，发源于美国科罗拉多州圣胡安县境内的洛基山山麓，由北向南流过美国新墨西哥州，到达埃尔帕索（墨西哥一侧为华雷斯城）转向东南，成为美国与墨西哥的界河（墨西哥称此河段为北布拉沃河），在布朗斯维尔（墨西哥一侧为马塔莫罗斯）注入墨西哥湾。——译者注

哥统一起来的总统贝尼托·华雷斯（Benito Juarez）在任期间（美国南北战争期间）试图通过建立一个自给自足的、以印第安农民为主的国家，把美国拒之门外。他的继任者波菲里奥·迪亚兹（Porfirio Diaz）则引进了欧洲的银行家和企业家，并把他们当作制衡力量，希望实现同一个政治目标。

失败的政策

在迪亚兹总统被罢免之后，墨西哥出现了 20 年的血腥内战，此后，在 20 世纪 30 年代初，宪政革命党（Institutional Revolutionary Party）开始执政，并且一直执政至今。它迅速制定了政策：通过创建能够自给的产业（政府所有或政府控制）创建经济独立的墨西哥，这些产业只为受到严格保护的墨西哥国内市场服务。

所有这些政策最终都失败了，它们只是让墨西哥变得更穷困，在食品、金融、机械、技术等方面更加依赖美国。因此，宪政革命党最后不得不改变立场：如果无法躲开美国，最好与它合作。

但是，如果不是出现了墨西哥的一项经济成就——工业园区（maqui-laldoras），这种 180 度的大转弯是根本不可能的。工业园区在墨西哥只有 25 年的历史，现在遍布于美国与墨西哥的边境线上，从大西洋的蒂华纳直到格兰德河流入墨西哥湾的雷诺萨和马塔莫罗斯。

直到今年为止，墨西哥都在禁止或严格限制外国人拥有本国企业的所有权。但是，外国人可以拥有工业园区中某个企业 100% 的股权。向墨西哥出口工业品需要支付很高的关税以及面临官僚机构无休止的折磨。但是，工业园区工厂所需要的零部件和供应品可以零关税进入墨西哥。相应地，这些工厂的产品出口到美国时，也只是按照产品在墨西哥工厂中的增值部分征收关税。

实际上，在过去 10 年间，墨西哥创造的所有新的工作岗位都来自工业园区的工厂，这些工厂现在雇用着近 50 万人。墨西哥 4/5 的制造业出口和 2/5 的对美国（墨西哥最大的出口国）的出口均来自工业园区的工厂。这些工厂为墨西哥创造了大量的外汇收入。

刚开始的时候，这些工厂大多生产零部件，现在则越来越多地生产制成品。例如，与美国得克萨斯州埃尔帕索隔河相望的墨西哥华雷斯市的工业园区中的工厂，今年就生产了 900 万台电视机。工业园区的工人现在是全墨西哥技术最熟练的劳动力。这些园区也为墨西哥培训了大量的技术人员、工程师、会计师和中层管理人员。9 年前，墨西哥和其他拉丁美洲国家一起经历了货币、外贸与经济危机，但只有墨西哥恢复了元气，主要原因（也许是唯一的原因）就在于它拥有大量的工业园区。

这些工业园区对美国也大有好处。如果没有它们，许多美国中小企业将会在国外低工资的竞争下被迫退出市场。这些企业将非技术性的工作交由墨西哥的工厂去做，美国本土只保留技术工人和知识员工，这使得它们能够生存下来。如果没有这些工业园区，相关企业中的 50 万墨西哥员工以及 250 万～300 万直接依赖这些员工的人（如家庭成员）将会越过边境，成为美国的非法移民。

但是，这些工业园区被看作墨西哥的丑小鸭而非白天鹅。工业园区在墨西哥城㊀不受欢迎是可以理解的。这种做法与知识分子奉为神圣的所有东西都是相互抵触的，比如民族主义信念以及对美国人根深蒂固的不信任。但是，令人惊奇的是，这些园区在美国也没受到多少重视。在美国和墨西哥，也没有人对工业园区取得惊人成就背后的驱动因素表示惊奇。

当墨西哥首次改变法律允许工业园区的存在时，工业园区并不是什么新鲜事物。它们已经有了 200 年的历史，相关的法律也存在很长时间了。实

㊀　墨西哥的首都。——译者注

际上，我们在全球各处都可以看到类似的工业园区。但是，除了墨西哥的工业园区之外，没有一个工业园区取得过如此重大的成功，对国家经济如此重要。

这是因为墨西哥的工业园区代表着一项看似微小实则重要的管理创新。别的工业园区做的它也做：按照客户的要求建造工厂，建造和维护道路、下水道以及电子线路等基础设施。但是，墨西哥的工业园区也协助进行管理，它负责招聘、培训、付薪给各类墨西哥劳动力，包括主管、工程师、会计师，通常还包括中层管理人员；它还负责处理园区工厂与当地社区、当地政府、当地税务部门等之间的关系。在墨西哥的工业园区中，管理工作分为两大块：外国人负责业务管理部分，包括设计、流程、技术、质量、定价、营销等；其他的社会事务则由园区负责。

尽管有一些大型跨国公司（例如，通用电气、索尼、三菱、松下）让园区工厂为其美国市场供货，但大型的跨国公司也许并不需要工业园区的帮助。不过，对于来自国外的中小企业而言，墨西哥的工业园区可能是唯一一种在不同文化下经商的方法。

此外，工业园区承诺：可以为墨西哥带来外国投资、外国技术，使其接触国际市场，使其产品的价格具有竞争力等一系列好处，同时还可以在墨西哥的文化与外国的价值观及行为方式之间建立一个缓冲带（实际上，墨西哥将美国拒之门的传统政策，更多是基于对美国文化而非美国经济强势地位的巨大恐惧）。在当今世界上，经济增长越来越依赖现代技术和现代管理在不同国家及文化之间的转移，因此，墨西哥工业园区的管理创新是至关重要的。

当然，工业园区并非完美无缺。事实上，恰恰是因为工业园区非常成功，反而使得传统的工业园区过时了。在美国和墨西哥边境的城市中，人口异常拥挤，空气污染严重，水、学校、医院、道路和排水设施都供不应求。

在美国和墨西哥的边境上，工业园区已经没有多少扩张空间了。但是，墨西哥政府已经调整了法律，允许将工业园区建在内陆地区。在按照此法律建立的工业园区中，最大的一家工厂是福特汽车公司的新工厂，主要生产护卫舰（Escort）车型，它位于美墨边境地南大约 175 英里处的埃莫西约。

工业园区的工厂过去只能为美国市场生产。但是墨西哥太大，不能完全依靠出口取得经济增长，它需要发展国内市场。尽管遭到了那些过去垄断国内市场的政府企业的极力反对，墨西哥还是调整了法律，允许这些工厂向所有市场（包括国内市场）出售它的产品。

诚然，如果仅仅依靠这些工厂所代表的国外投资，墨西哥不可能获得增长。在以往政府腐败时期，墨西哥资本外流达几十亿美元，墨西哥政府必须设法把它们重新吸引回来。

在恢复投资者信心方面，墨西哥政府比任何一个其他拉丁美洲国家都要领先，其基本做法是私有化、市场自由化、解除对外汇的严格管制。通过与美国签署自由贸易协议而实现对外开放，可能会使墨西哥成为西半球增长最快的经济体，同时也是全球经济增长最快的国家之一。但是，要想让大部分墨西哥人把他们的钱从瑞士和美国迈阿密的银行取出并投向国内，政府还要做大量的说服工作。

尚未解决的分割问题

然而，对于墨西哥来讲，最严重的问题并不是经济问题，而是政治问题和社会问题。尽管目前民众对政府的政策非常支持，但是将来的反对力量会逐步增加，诸如保守的官僚机构、独裁和腐败的工会、传统的制造商、墨西哥知识阶层传统的反美主义。在墨西哥北部和南部之间依然存在尚未解决的分割现象。北部有 2/3 的人口，尽管比较贫困，但逐步成为"北美洲"的一部分。墨西哥南部有 1/3 的人口，许多人（在有些地方达到了 1/3）甚至不懂西班牙语，他们仍然在讲自己的印第安语，这个地区是"中美洲"的一部分。

此外，墨西哥的政治转型也存在很大问题。60 年来，垄断了政治权力的宪政革命党（秘密的、几近独裁的一党统治，同时允许几乎毫无限制的个人自由和思想自由）正在迅速崩溃。它已经不再受到接受过教育的中产阶级和专业人员阶层的支持，而这些阶层正是在该党执政期间发展起来的。但是，新的政治整合与转型尚未开始，一旦发生严重的政治动乱，目前的墨西哥经济自由化以及北美市场一体化相关政策将是第一个牺牲品。

但是，如果墨西哥能够成功，我们必须在很大程度上将其归功于那只没人喜爱的丑小鸭——工业园区的管理创新。

［1990］

2

第二部分

人

MANAGING FOR
THE FUTURE

生产率的新挑战

在未来几十年中，劳动力中新出现的核心群体——知识工作者（knowledge worker）和服务工作者（service worker）的生产率问题，将会成为发达国家公司管理者所要面对的最大、最严峻的挑战。企业界也是才刚刚开始涉及这一难题。

在过去的 125 年中，制造业、农业、矿业、建筑业和运输业等基础产业的复合生产率以每年 3%~4% 的速度增长：发达国家的总体生产率增长了45 倍。生产率的快速提升带来了发达国家人民群众生活水准和生活质量的提高。人们的可支配收入与购买力也有了巨大增长。但是，在生产率提高带来的成果中，有 1/3 到 1/2 左右表现为人们的闲暇。要知道，在 1914 年以前，只有贵族和无所事事的富人才有权利享受闲暇，其他的人每年至少要工作 3000 个小时（现在日本人一年工作不到 2000 个小时，美国大约 1800 个小时，西德 1650 个小时）。生产率的爆炸性增长也使教育水平提高了 10 倍，医疗保健水平提高得还要更多一些。生产率已经成为"国民财富"⊖。

⊖ Wealth of Nations，直译是国民财富。但作者此处有双关之意，因为这同时还是经济学家亚当·斯密著作《国富论》的书名。——译者注

生产率前所未有的提高已经无法用任何语言进行描述了。就像所有其他
19世纪的经济学家一样，卡尔·马克思认为工人的产出增加只能通过增加
劳动强度或延长劳动时间实现，而马克思也正是以此为基础构建了自己的理
论。19世纪80年代初，弗雷德里克·温斯洛·泰勒（1856—1915）通过对
生产率（他自己当时根本不知道这个术语）的研究否定了这一公理。1883
年，泰勒取得了第一批重要成果。直到第二次世界大战，这种理论才得到了
广泛应用——刚开始时只是应用于美国。1950年版的权威英语辞典——《牛
津简明英语辞典》，在其词条中也没有列出"生产率"现在的意思。到了现
在，所有人都知道生产率是真正的竞争优势。

生产率的爆炸性增长可称得上是过去100年间最重要的社会事件，同
时也是第一次出现。世界上永远都会存在富人与穷人，但是，19世纪50年
代，中国的穷人和伦敦或格拉斯哥贫民窟里的那些人差不多一样穷；1910
年，最富有国家的平均收入顶多是最贫困国家的3倍，而现在，即使不考
虑闲暇、教育和医疗保健差异，这个比率也已经变成了20~40倍。在生产
率爆炸性增长之前，一个国家发展成发达国家至少需要50年时间。韩国在
1955年还是世界上的落后国家之一，只用了20年时间就完成了这种跨越过
程。这种对传统标准的彻底颠覆，完全是源于1870年或1880年左右美国
引发的生产率革命。

制造业与运输业的生产率每年依然按照一个相同的比例提升。与一般看
法有所不同的是，日本或西德的生产率提升水平与美国旗鼓相当。实际上，
美国农业生产率每年的提升幅度为4.5%~5%，是各国历史上最高的。美国
制造业在20世纪80年代的生产率提升幅度为每年3.9%，从具体增加数值
（而不是提升比例）上看，要高于日本和德国的制造业，因为美国制造业生
产率的基数比较大。

但是，发达国家的生产率革命已经结束了。现在，制造业与运输业

雇用的人相当少，从而使其生产率提升没有足够的影响力。在发达国家中，这些产业的人数仅占全部劳动力的 1/5，仅仅在 30 年前，这个数字还是 50% 左右。知识工作者与服务工作者是对生产率有重大影响的人群，他们的生产率却没有增长。在某些领域中，其生产率甚至是下降的。发达国家百货商场的销售人员，现在只能达到 1929 年销售额（经过了通货膨胀调整）的 2/3。我想，没有人会说教师在 1991 年的生产率比 1901 年更高。

知识工作者和服务工作者的范围极广，既包括科研人员、心脏外科医生，也包括手工艺人、商店经理，还包括那些利用节假日打零工，在汽车餐馆⊖负责送餐的青年学生，甚至包括大量的机器操作工人，比如餐馆里的洗碗工、医院里的擦地工人、保险公司理赔部门的电脑输入人员。尽管知识工作者和服务工作者多种多样，但是在生产率提升方面难有作为是他们的显著共性。然而，不论这些人在知识、能力、社会地位和薪酬上有多大的差异，能够提升其生产率的主要因素也同样具有显著共性。

I⊖

首先，在知识和服务领域中，资本无法替代劳动（比如说人），这是一个令人震惊的结论。同样，在这两个领域中，新技术本身也不能提升生产率。在制造与运输业中，用经济学术语来说，资本和技术都是生产要素。在知识与服务领域中，它们只是生产工具。它们是否有利于生产率提升则取决于使用者、具体用途或使用者的技术。30 年以前，我们确信，计算机的发展将导致办公人员的大幅度减少。现在，公司对数据处理技术的投资（大部

　　⊖　drive-in，免下车餐馆（顾客可坐在自己的车上购物、进餐等）。——译者注
　　⊖　原文此处是 II 没有 I，为适合中文的阅读习惯在此做了修改。——译者注

分投资于服务），与对物质处理技术（传统的机械设备）的投资不相上下。实际上，引入了信息技术之后，办公人员的扩充反而加快了。此外，服务工作的生产率几乎没有增长。

最值得一提的例子是医院。当我第一次研究它们时，即 20 世纪 40 年代末期，它们完全是劳动密集型的。除了砖、泥和病床之外，几乎没有资本投资。相当一部分著名的医院都没有购买当时可以获得的、有点过时的技术设备。它们没有 X 光部门、临床实验室或理疗部门。今天的医院里到处都是资本密集型设备，它们将很大一部分投资用于采购超声波设备、CT 扫描仪、核磁共振成像设备、血液及组织分析设备、病房保洁设备及其他一些新技术。每一个设备都要求增加新的、成本更高的专业人员，现有人员却一个都不会减少。实际上，全球性的医疗成本增加，很大程度上是由于医院已经成为经济动物。根据经济学家的定义，高度劳动密集型与高度资本密集型共存于一个组织中，在经济上是不可取的。但是，医院至少显著地提高了自身的医疗水平。在另外一些知识与服务领域中，我们只看到了更高的成本、更多的投资和人员。

只有医院生产率的巨大提升才能遏止医疗成本的暴涨，而这种提升只能来自"工作智慧"（working smarter）。

经济学家或技术专家都不认为"工作智慧"是生产率剧增的关键。经济学家认为资本很重要，而技术学家认为技术很重要。但是"工作智慧"，或者称为科学管理、工业工程、人际关系、效率管理、任务分析（这是泰勒非常喜欢的一个用语），已经成为推动生产率暴增的主要力量。资本投资与技术在工业革命后的 100 年里（即泰勒之前的那个世纪）与 20 世纪同样充裕。但只是在"工作智慧"产生了一定的影响后，制造业与运输业的生产率才开始迅速提高。此外，在制造业与运输业中，"工作智慧"只不过是提高生产率的一个关键因素。在服务与知识领域中，它是唯一的关键因素。

然而，与制造业和运输业相比，"工作智慧"在知识和服务领域中有着完全不同的含义。

II

当泰勒通过分析铲沙开始研究后来被称之为"科学管理"的一套理论时，他永远都不会问："工作任务是什么？为什么要做它？"他只会问："怎么完成它？"大约过了 50 年，哈佛大学的埃尔顿·梅奥（1880—1949）开始推翻科学管理，取而代之的是后来被称之为"人际关系"（Human Relations）的理论。但是，与泰勒一样，梅奥从来不问："工作任务是什么？为什么要做它？"在他著名的西屋电气公司霍桑（工厂）实验中，他只问："电话机的线路焊接怎样才能做到最好？"在制造业和运输业中，工作任务被认为是众所周知的。

但是，在知识与服务领域中，提升生产率的首要问题就是："任务是什么？我们要达到什么目标？为什么要这么做？"在提升生产率方面，最简单但也是最重要的方法是重新界定工作，特别是撤掉那些不必要的工作。[⊖]

最古老、最经典的例子是早期西尔斯公司（Sears Roebuck）的邮购业务。1906～1908 年，西尔斯公司取消了收到订单后的那个非常浪费时间的数钱环节。在那个年代，既没有纸币也没有支票，只有硬币。因此，西尔斯公司对新来的装钱袋子进行自动称重。如果硬币重量符合订单中货款的数量（允许一个小的误差），那个袋子就不用打开了。类似地，西尔斯公司还取消了更加浪费时间的新订单登记环节，而改为依据邮件的重量处理订单和发

<hr>

⊖ 参见第 26 章 "不断降低成本" 的有关内容。——原注

货，方法是按照每磅 40 个订单计算。在两年之内，这两项措施使整个邮购业务的生产率提高了 10 倍。[⊖]

一家大型保险公司最近把索赔处理的生产率大约提高了 5 倍，即把平均每件索赔的处理时间从 15 分钟减少到 3 分钟。其方法是减少索赔（巨额赔款除外）的细节核查时间。过去需要验证 30 个细项，现在只用检查 4 项就可以了[⊖]：保险单是否还在有效期内；保险金额与索赔金额是否一致；投保人与死亡证明书上的姓名是否一致；索赔人与保单上的受益人姓名是否一致。生产率能够提升的原因就是问了一个这样的问题："工作任务是什么？"答案也相当简单："尽可能迅速地、以尽量低的成本处理死亡索赔。"为了控制理赔过程，现在只需要进行一个小样本分析，即在传统理赔过程中每 50 个抽查 1 个。

少数医院已经取消了大部分耗费人力且成本高昂的挂号过程。现在，它们的接待方式就像过去接待那些不省人事的或流血不止的病人（这些人可没法儿去为你填写一大堆表格）一样。他们会问："工作任务是什么？"答案是确认病人的姓名、性别、年龄、住址和付款方式。然而，我们发现，几乎所有病人都会携带医疗保险证明，这些信息上面全有。

还有一个例子：一所著名的私立大学成功地将奖学金办公室从 11 名全职人员减少为一两个每年只工作几周的人员。与其他大学一样，大学在接受合格的申请者时，不考虑他们的支付能力，而由奖学金办公室决定每个申请者可以获得的学费减免程度。以前就是这样做的，而且大多数学校现在仍然这么做。办公室必须辛苦地阅读每个申请者提交的详细、冗长的表格。但是，95% 的学生的奖学金申请实际上只需要考虑少数几个因素。只要输入

⊖ 鲍里斯·埃米特、约翰·约伊克：《西尔斯公司的历史》，芝加哥大学出版社，1950 年。——原注

⊖ 原文这里注明为 5 项，但实际后面只列出了 4 项。——译者注

家庭收入、家庭房产价值、是否有其他收入来源（比如说信托基金）、是否有兄弟姐妹也正在上大学，计算机几秒钟之内就可以算出他可以得到多少奖学金。只有那 5% 的特殊申请才需要动用两位兼职人员，例如申请者是明星运动员或者全国奖学金获得者。这些是很好处理的，招生办主任与一个小规模的教授委员会用几个下午的时间就能处理完。

这些都是服务方面的例子。然而，在知识领域中，工作任务界定和撤除不必要的工作更加重要，也能够创造更大的成效。

我知道一个重要的例子：一家著名的跨国公司重新界定了它们的战略规划方法。多年来，一个由 45 名精英组成的规划小组会仔细制定战略规划，并分解为非常详细的操作细节。每个人都承认，规划很出色，引人入胜。但是，它对实际运营的影响非常小。一个新任 CEO 问："这些人的工作任务是什么？"答案是："这项工作不是为了预测未来，而是要制定企业的发展方向和目标，并提出实现这些目标的战略。"做一次战略规划很不容易，需要花 4 年时间，中间还会有几次反复。但是现在，这些规划人员（仍然是 45 名）只需要为公司的各项业务解决 3 个问题：为了保持领导地位，公司需要什么样的市场地位？为了保持这种市场地位，公司需要什么样的创新做法？为了补偿资本成本，公司至少需要达到的回报率是多少？然后，这些规划人员与每项业务的主管经理一起，在综合考虑不同经济条件的前提下，拟订针对这些目标的基本战略指导方针。与以前的战略规划相比，新的规划非常简单，没有那么"出色"，也不怎么漂亮。但它是真正的"航路图"，能够指导公司业务和相关主管的工作。

然而，除了这家公司，就我所知，在知识领域中，再也没有任何一家企业问过"工作任务是什么？为什么要这样做？"之类的问题。

III

在制造业与运输业中，人们一次只做一项工作。泰勒的铲沙工人，并不同时为火炉添燃料；在梅奥的工作车间里，妇女并不一边焊接电线，一边检查电话机的质量；在艾奥瓦州，正在种玉米的农民不会从拖拉机上下来去参加会议。在知识与服务行业中，专注的重要性并非无人知晓。外科医生不会在手术室里接电话；同样，律师也不会在为客户咨询时接电话。但是在企业（大多数知识工作者与服务工作者的工作场所）中，出现了越来越多"一人身兼数职"（splintering）的现象。企业中职位非常高的人，有时可以做到专注，虽然这也很少见。但是那些在组织中实际从事大量知识工作与服务工作的人员（一般而言包括工程师、教师、销售员、护士、中层管理者等），承担的工作越来越多，他们越来越忙，而这些新添加的工作对企业的贡献很少，甚至没有贡献，与这些人的专业也没多少关系，甚至毫无关系。

最糟糕的例子恐怕是美国医院的护士。我们经常听说护士短缺。但是我们怎样才能有足够的护士呢？很多年来，毕业后从事这一职业的护士数量一直在稳步增长。同时，住院病人的数量也有大幅度的下降。这是一个矛盾，原因就在于：现在，护士只花一半的时间进行护理。另一半的时间则是做那些不需要护理技术与知识的事情，这些事情不涉及医疗保健，也不提供经济价值，与照顾病人和帮助病人康复几乎无关。它们主要指日益增多的文书工作，如处理与医疗保障、医疗补助、保险公司、财务部门、防范医疗事故被患者起诉等相关的事情。

这种情况在高等院校中也差不多。许多研究都表明，大学教师花在各种委员会的会议上的时间稳步增加，而不是去上课、指导学生或做研究。但这些委员会通常还不能不参加。如果委员会只有 3 个而不是 7 个成员的话，他们就能用更短的时间完成更出色的工作。

同样，销售人员也是身兼两职。目前在百货公司中，他们每天花在电脑上的时间非常多，以至于只有很少的时间为顾客服务。这种生产率的下降可能是厂商销售额和销售利润下降的主要原因。现场销售代表每天花 1/3 的时间完成各种报告而不是为顾客服务。而当工程师应该在工作站忙碌时，他们却坐在那里参加一个接一个的会议。

这不是工作内容变丰富了，而是工作的恶化。它破坏了生产率，打击了员工的积极性和士气。每项员工态度调查都表明，护士对不能做自己愿意从事的和学习过的护理工作（在病床边照顾病人），感到极度气愤。可以理解的是，她们感到实际待遇远远低于自己的能力。同样，医院领导认为，她们实际在从事不需要任何技术的文职工作，付给她们的工资已经太高了。

在大多数情况下，这个问题不难解决。部分医院已经把护士的文书工作转交给楼层服务员，她们专门负责接听病人的朋友或亲属的电话，并将他们订的鲜花送到病人手里。于是突然之间，这些医院的护士就过剩了。护士对病人的护理水平与护理时间也有了大幅度的提升。然后，医院把护士数量减少了 1/4 或 1/3，这样，就可以做到在不增加薪酬总额的情况下提高护士的薪酬。

为了做到这一点，对于知识和服务工作，我们就要问这样的问题："我们支付薪水是为了得到什么？这项工作能增加何种价值？"答案并非总是显而易见或没有争议的。一家百货公司问一线销售人员，得到的答案是"销售额"。另一家类似的百货公司（客户群几乎一样），得到的回答是"客户服务"。不同的答案导致了不同的销售工作重组。但是，在两家百货公司中，单个销售人员和整个部门的销售收入都迅速地大幅度提高了，也就是说，生产率和利润率都提高了。

IV

尽管泰勒和他的科学管理在全球影响巨大,但是在学术界并不十分受欢迎。一个原因(可能是主要原因)是在 20 世纪初美国工会发动的反对泰勒和科学管理的长期运动。在军工厂和海军造船厂中,工会实际上成功地禁止了任何形式的工作分析(work study)⊖那时候,美国的全部国防产品实际上都是在这两类企业中生产的。

1911 年,工会反对泰勒并不是因为他支持管理或反对工人(实际上这两者都不成立)。他"不可饶恕的罪行"在于宣称制造业与运输业中没有技术这回事儿。泰勒坚持认为,所有工作都是一样的。所有工作都能被一步步地分解成一系列无技术的操作环节,然后可以把它们组合成任何一项工作。任何愿意学习这些操作环节的人都可以成为"一流的工人",应该付给他们"一流的薪酬"。这样的人能够从事最复杂的技术工作并把它做到最好。

但是,泰勒时代的工会,特别是那些有着很高声望、非常强大的军工厂和海军造船厂的工会,实际上是被技术工人控制的。他们的权威基础是对徒弟 5~7 年的控制。通常,只有自己的亲戚才能成为徒弟。他们认为自己的手艺是一个"秘密",任何人都不能对外泄露。在军工厂和海军造船厂中,有技能的工人可以获得非常高的薪水,比当时大多数医生都要高,是泰勒心目中"一流的工人"工资的 3 倍。怪不得泰勒对手艺和技术的否定激怒了这些"工人贵族",他们视泰勒理论为异端邪说。

80 年前,大多数同时代的人都支持工会。甚至在 30 年后,对于手艺和技术的神秘信仰仍然存在,并且认为徒弟需要经过多年的学习才能掌握它们。例如,希特勒坚信美国至少要 5 年时间才能培养出一个光学技工,而现代战争需要精确的光学仪器,因此,希特勒确信美国在欧洲建立精锐的陆军

⊖ 泰勒的科学管理理论的基础。——译者注

和空军还需要很多年的时间。这种自信使得他在日本进攻珍珠港后正式对美国宣战。

现在我们知道泰勒是正确的。1941 年，美国确实几乎没有光学技工，而现代战争确实需要大量精确的光学仪器。但是，通过应用泰勒的科学管理理论，美国在短短几个月内就训练出了比较熟练的工人，能够生产出精度比德国还要高的光学仪器，并且实现了生产线制造。此外，在这个时期，泰勒理论中"一流的工人"的高生产率也创造出了任何 1911 年的技工都不可想象的财富。

最终，知识与服务工作会像制造与运输工作一样，用一句科学管理的老口号来讲，"只是工作"。至少，泰勒思想的继承者，即人工智能理论的坚定拥护者，赞同这种观点。但是目前，知识工作和服务工作还不能只是被看成"工作"来对待，它们不是同质的。知识工作和服务工作必须划分为几个不同的类别——可能是三类，每一类都有不同的分解与组织方式。在运输与制造业中，提升生产率的关键是"**工作**"；在知识与服务领域中，关键则在于"**绩效**"。

具体地说，对于某些知识工作和服务工作，绩效等同于质量。例子之一就是研发实验室，与质量相比，数量（成果的件数）只是第二位的。一种新药物可能会创造 5 亿美元的年销售额，并且占领市场近 10 年，它绝对要优于 20 种每年 2000 万或 3000 万美元销售额的"仿制型"药物。这一点同样也适用于基本战略和重大决策。此外，它也适用于一些细致的工作，比如内科医生的诊断、商品的包装设计和杂志稿件的编辑。

大量的知识工作与服务工作是质量和数量并重，它们共同构成了工作绩效。百货公司销售员的绩效就是一个例子。一个"满意的顾客"可以反映质量状况，但实际上很难界定。同样重要的是销售额或销售量。在建筑设计上，质量在很大程度上决定着绩效。对于艺术家而言，作品质量是其绩效的一个内在组成部分，但是数量也很重要。这同样适用于工程师、本地证券公司的销售代表、医疗技术专家、区域性银行的分行经理、记者、护士以及汽车保险公司的理赔员——实际上，适用于非常多的知识工作和服务工作。对这些人而言，绩效总是既包括数量也包括质量。因此，要想提升这一类工作的生产率，就要在这两方面下功夫。

最后，还有很多种工作，例如整理档案、处理人寿保险的死亡赔付、医院病床管理等，其绩效类似于制造业与运输业的绩效，质量只是条件和约束。与绩效相比，质量只是一个外部因素，质量控制必须融入相关流程。但是，一旦这样做了，绩效就主要由数量决定，比如按照事先的规定要求铺好一张病床所要花的时间。这些工作实际上是"生产性"工作，尽管它们既不制造东西也不运输东西。

因此，知识工作与服务工作的生产率提高，要求按照具体工作所属的绩效类别进行。只有这样，我们才知道我们应该着重做什么。只有这样，我们才能确定需要分析什么、需要改进什么以及需要改变什么。也只有这样，我们才能知道生产率在一项具体的知识工作或服务工作中意味着什么。

V

提高知识与服务工作的生产率，仅仅界定工作任务、专注于任务和界定绩效是不够的。我们还不知道如何分析质量居于主导地位的工作流程。我们需要问这样一个问题："什么因素在发挥作用？"对于那些绩效同时意味着质量与数量的工作，我们则做两项工作，一项是问：什么因素在起作用，另外一项是一步步地、一个环节一个环节地分解工作流程。在生产流程中，我们需要确定质量标准，然后在流程中进行质量控制。而后，进一步的生产率提高来自比较古老的工业工程，即把任务分解成一系列单个的、简单的操作，最后再合成为一项完整的"工作"。

上面说的三步法本身就可以极大地促进生产率提高——这可能在所有生产率提高中占了一大部分。他们需要一遍又一遍地做这三项工作，可能每三五年做一次。在我们改变工作任务或组织结构时也需要做一次。这样，根据我们的经验，即使生产率提升没有超过工业工程、科学管理或人际关系理论在制造与运输业中所实现的生产率提升，也会与之基本相等。换句话讲，三步法自身就会带来我们在知识与服务领域中所需要的生产率革命。

但是有一个前提条件，即我们要切实应用第二次世界大战后所学到的制造与运输业的生产率提升方法：这项工作必须得到从事知识工作和服务工作的人员的密切配合，因为正是这些人需要提升生产率。生产率提升和绩效提升必须成为每一项知识工作与服务工作（不论其水平、难度和技巧如何）的责任要求。

泰勒经常因为不问他所分析的是哪个工人的工作而受到批评。泰勒自己告诉工人谁来做。梅奥也不问，他也是告诉工人谁来做。也没有记录表明：弗洛伊德曾经向他的病人询问对于自己病情的看法。第一次世界大战或第二次世界大战的最高指挥官也不会向前线的一般军官或士兵问关于武器、军服甚至食物的问题（在美国军队中，直到越南战争时军队食物问题才统一起来）。泰勒只是参考同时代专家的智慧与看法，他认为工人和经理都是"大笨牛"。40年后，梅奥开始重视经理人员。但是，他认为工人是"不成熟的"且"心理失调"，他们需要得到心理医生的专业指导。

然而，第二次世界大战来了，我们别无选择，必须向工人询问。在工厂里，我们见不到工程师、心理医生和主管——他们都去服兵役了。当我们向工人询问时，我还记得我们大吃一惊：工人既不是大笨牛也不是不成熟或心理失调，他们对于自己从事的工作有着很深的理解，包括它的逻辑和流程、工具、质量等。向他们询问是提高生产率和质量的第一步[⊖]。一开始只有少数企业接受了这种创新性建议——IBM 可能是第一家，并且在很长的时间里只有这一家。然后，在 20 世纪 50 年代末 60 年代初，这种方法被日本人掌握了。他们早期的想法是恢复战前的独裁统治，但在流血罢工和内战中失败了。现在，虽然离广泛接受还有一段距离，但是，至少在理论上大家已经普遍接受了以下观点：工人的工作知识是提高生产率、质量和绩效的出发点。

在制造业和运输业中，虽然与负责任的工人合作仅仅是**最佳选择（而不是唯一选择）**，但是泰勒可以告诉工人如何做好工作，并且成效显著。在知识工作与服务工作中，与负责任的工人合作是**唯一选择**，其他方法都不会起到作用。

还有两个泰勒和梅奥都不知道的经验：提高生产率需要持续不断的学习。只是进行工作的重新设计以及将新的工作方法传授给工人（这正是泰勒的做法）是不够的。这只是学习的开始，但学习是没有尽头的。的确，就像日本人告诉我们的那样（源于他们古老的禅宗学习方法），最大的培训收益并不在于学习新的东西。它能够让我们把已经做得很好的事情做得更出色。同样重要的是最近几年的新发现：当知识工作者与服务工作者教授别人时，他们能够学到最多的东西。让明星销售员在销售会议上讲"我成功的秘诀"是提高其生产率的最佳方法；让外科医生在本地医药协会做一次演讲，则是提升其绩效的最佳方法；让护士提升绩效的最佳方法则是让她去教自己的同事。我们经常说：在信息时代中，每家企业都要成为一个学习型组织。同样重要的是，它也要成为一个传授知识的组织。

⊖ 我第一次得出这个结论是在我早期的两本书中——《工业人的未来》（*The Future of Industrlal Man*，1942）和《新社会》（*The New Society*，1950）。在这两本书中，我认为负责任的工人是管理的一部分。通过战争时期的经历，戴明和朱兰分别创立了大家现在所熟知的"质量环"和"全面质量管理"理论。最后，道格拉斯·麦格雷戈在 1960 年出版的《企业的人性层面》（*The Human Side of Enterprise*）中提出了"X 理论"和"Y 理论"，也有力地印证了这一观点。——原注

结　　论

发达国家如果不能提高知识工作与服务工作的生产率，将会面临经济滞胀现象。即使在日本这样一个仍然以制造业为主的国家，也无法再依靠制造业与运输业的生产率提升保持经济的增长。即便在日本，大多数劳动人口也已经是知识工作者与服务工作者了，他们的生产率与任何其他发达国家一样低。在美国、日本与大部分西欧国家，农民的数量只占劳动人口的 3%，因此，农民生产率的提高（美国农民的生产率每年有 4%～5% 的增加）对全国的总体生产率、财富或竞争力实际上并没有多少帮助。

对于发达国家而言，提高知识与服务工作的生产率是一件**经济**上的大事。第一个做到这一点的国家将在 21 世纪居于经济领导地位。关键是提高各个层次的**知识**工作的生产率。

但是，**服务**工作生产率的提升需求更为强烈。这是发达国家的一件**社会**大事。如果做不到这一点，发达国家将面临社会对抗增加、两极分化加剧以及极端行为增加的局面，可能会出现一次新的阶级斗争（class war）。

在知识社会里，职业机会与晋升机会只限于那些毕业于高等院校、符合知识工作要求的人们。但是这一类人毕竟只是少数，大部分人都只能从事那些并不需要太多技术的服务工作。这些人的社会地位可以比作多年前的无产阶级：没有受过良好教育、没有技能的群众，涌向快速发展的工业城市并成为工厂的工人。

19 世纪 80 年代，也就是泰勒开始研究制造业与运输业的生产率问题时，无产阶级和资产阶级之间的斗争在各个发达国家风起云涌，虽然这是现实，但它造成的恐慌更为严重。这种恐慌促使泰勒开始了他的研究工作。只有左派坚信阶级斗争必然会到来。泰勒的上一代人、19 世纪中后期的英国保守党领袖本杰明·迪斯雷利（Benjamin Disraeli）已经预测到了这一点。

亨利·詹姆斯（Henry James）主要编写历史著作以分析美国财富与欧洲贵族的发展过程，出于对阶级斗争的担忧，编写了一本以此为核心的、很有影响力的小说《卡萨玛西玛公主》（*The Princess Casamassima*）。这本书在 1885 年出版，即泰勒开始研究铲沙工作生产率的 4 年之后。

如果服务工作的生产率不能实现迅速增长，这个人数众多的阶级（类似于以前制造业与服务业顶峰时期的人数）的社会和经济地位一定会逐步下滑。在任何一个时期，实际收入一定不会高于生产率。服务工人可以凭人数众多的优势获得比自己的经济贡献更多的收入。但这只能使全社会变得更加贫穷，每个人的实际收入都会下降，失业率会上升。另外一种可能是，无技能的服务工人工资下降，知识工作者收入稳步增加，这样会增大两个阶层的收入差距，导致两极分化加剧。在这两种情况下，服务工人都会被社会所抛弃，其生活会越来越差，成为一个**孤立的阶级**。同样，"逃生之门"（制造与运输业中没受过良好教育、没有技能的工人可以从事的高生产率、收入理想的工作）也迅速关闭了。20 世纪末，发达国家中此类工作的数量最多只有 40 年前顶峰时期的 2/5。

相比 100 年前的先辈，我们所处的环境要好多了，我们知道他们所不知道的事实：**生产率是可以提高的**，我们同样知道**具体的提高方法**，而且也知道哪些领域的生产率提升是社会最需要的：不需要技术或技术性不强的服务工作（工厂、学校、医院和政府机关的后勤工作；餐馆和超市；一般文职工作）。正像我们所说的，这些是"生产性"工作。在过去 100 多年里，我们掌握了很多有关提高生产率的知识，在这一类工作中不需做大的改变就可以应用。

的确，在这类工作中，生产率已经有了实质性的增长。美国与欧洲的一些跨国性后勤服务公司已经在低技术的服务工作中系统地应用了这里所介绍的方法，它们对工作任务进行界定，专注于工作，界定绩效标准，让雇员参与生产率提升活动并把他们当作最重要的创意源泉。每个雇员以及每个工作团队都要进行持续性的学习和培训。它们明显地提高了生产率，在有些企业中提高了一倍，这使得它们可以给工人提高工资，也极大地提高了工人的自尊心与自豪感。

与此相关但绝非巧合的是，这类生产率的提升都是由外包商创造的，而不是在服务工作实际发生的组织内，比如医院。为了在"生产性"服务工作中提高生产率，通常需要将这类工作外包给那些没有其他业务，但了解和重视这种工作，能够为低技术服务工作者提供晋升机会（比如提升为地区经理或区域经理）的公司。在这类工作实际发生的组织中，比如医院（整理病床）、大学（学生膳食），它们既不了解这种工作（不论组织为此支付多少钱），也不重视它，不会为它投入足够的时间与艰苦的劳动。

我们已经讨论了生产率问题，并且知道它是可以提高的，但是，形势还是非常紧迫的。政府行动或政治行为根本不可能提高服务工作的生产率。这项任务只能由企业里的经理人或非营利组织里的管理者完成。事实上，这也是知识社会里管理层的**首要社会责任**。

[1991]

企业领袖的神秘色彩

为什么媒体、商学院以及企业自身都对企业伦理有巨大的兴趣？这不是因为企业行为发生了巨大的变化，而是因为在工业化国家中，企业及其领导有了新的意味，因此这个问题突然变得**非常重要**了。

一些大公司的领导者以及为数不多的"企业巨头"（tycoon）已经被视为"社会领袖"，并且期望他们能够树立榜样作用。他们的行为应当与我们有所不同，应当像我们"应该"表现的模范行为那样。我们越是对以前的领导群体（包括政治家、说教者、医生、律师等）感到失望，就越是对商界及其领导人的美德抱以厚望。

没人能够解释这是怎么发生的。毕竟，20 世纪 60 年代末发生在美国、日本、法国以及西德的学生运动（他们公开反对企业及其资产阶级价值观），距今只有短短 20 年时间。现在全反过来了。企业和它的领导者是"社会原型"⊖（社会学术语）这种观点，在西欧与日本的影响要远远超过美国，这

⊖ social archetype，指其他社会群体都应向其学习的那种类型。——译者注

种现象更值得重视。因为这一类欧洲国家（比如英国、法国和德国）过去认为在某种程度上企业很"脏"，是二等"公民"，总的来说是有失身份的地方。

此外，发生这种逆转的原因也同样神秘。如果我们能够把它归因于企业和企业领袖的业绩，当然是很好的。实际上，在 20 世纪里商界取得的成绩的确是引人注目的。但是，企业领袖经常抱怨：公众根本不知道这些，并且认为这是理所应当的。

除了少数几位社会历史学家之外，几乎没有人关注 80 年以前一般群众（保姆、农民、女售货员以及手工艺人）的物质生活条件，以及之后的改变情况。此外，就是这些少数的历史学家也没有注意到，最大的改变并不是物质条件的改善。在 20 世纪商品产量及生产力爆炸性增长（由企业及其领导人创造）所带来的成果中，一半以上（很可能高达 2/3）体现为休闲、教育、平均寿命、医疗保险以及（最重要的）为个人提供的机会。

与此同时，在 20 世纪，企业及其领导者实际上失去了权力和财富——这是领袖地位的两大根基。

现在，世界各地的任何一名企业家都不可能拥有 80 年前摩根、洛克菲勒、克虏伯（Alfried Krupp）⊖以及第一次世界大战前组建英格兰银行法庭的 10 或 12 位私人银行家（他们的权力几乎是无限的）所拥有权力的一个零头。当前的权力拥有者（工会、政府机关以及权力最大的大学）要么敌视，要么严厉批评商界。80 年前，大学不过是社会的点缀，现在，它在发达国家中拥有了以前所有机构都没有获得过的巨大权力：它有权决定你的生活和职业，因为它垄断了（几乎不受限制）非常重要的大学学位授予权。

今天的企业财富，无论是绝对值还是相对值，都是 1900 年所远远不及的。但是，即便是今天最富有的亿万富翁，其财富（经过税收和通货膨胀调

⊖　克虏伯（1812—1887），德国军火制造商。——译者注

整）也远远不及 80 年前的富豪。对于整体经济而言，这些亿万富翁实际上是微不足道的。

80 年前，不论是在美国、德国、爱德华时代的英国或者法兰西第三共和国，任何一个商业巨头都能够（并且也确实做到了）凭一己之力为一个重要的产业提供需要的全部资金。今天，美国前 1000 名富豪的财产加起来，也只能够满足美国一周的资金需求。在发达国家中，真正的"资本家"是那些工薪阶层，他们投资的养老基金和共同基金在资本市场上影响很大。

在既没有重要权力也没有足够财富的情况下，企业家的社会领袖地位能否维持我们还要拭目以待。专门研究领导学的著名社会学家马基雅维利（Machiavelli）⊖对此表示怀疑。此外，企业家是作为一个群体成为社会领袖的，这与以前的领导群体成员有所不同。现在，企业家个体并不知名，甚至像个"隐身人"。

有多少美国人知道《财富》500 强首席执行官的名字？此外，尽管大公司的 CEO 在他六七年的任期内是个大人物，拥有私人飞机、多个秘书、一群公关人员和一个私人餐厅，但是在他退休一天之后，他就什么都不是了，即便出入本公司也要向门卫出示自己的证件。

毫无疑问，这样的领导地位对于企业及其领导人是有好处的。至少，美国著名经济学家米尔顿·弗里德曼认为：企业应当只关注自身绩效，即实现利润最大化，这样就可以提高生活水平、创造更多的资本以及为明天提供更多、更好的就业机会，否则，企业就是不负社会责任的，对经济整体也是有害的。

但是，不管这种现象如何短暂、不合逻辑、不合理甚至让人反感，事实是，企业及其领导人已经成为当今发达国家的领袖群体之一。

还有第二个同样重要的事实——企业高管已经不可避免地成为公司领

⊖ 马基雅维利，意大利新兴资产阶级思想政治家、历史学家。——译者注

袖[⊖]，就像我们所看到的、理解的以及推断的那样。

英国学校里流传着一首儿歌："猴子爬得越高，红屁股就暴露得越明显。"整个企业会仔细地观察和分析高管人员的所作所为、他的信念与价值观、他的激励方式以及激励对象。如果高管人员台上说的和台下希望同事做的有所不同，很快就会被人们发现。

最近，我和日本一位元老级政治家讨论，东京东芝的一家下属公司违反了美国战略性产品的进出口禁令。东芝的高管层主动承担责任，为此事引咎辞职。我对此发表了自己的观点：事实上，这家下属公司几乎不受东芝控制（东芝仅持有该公司 50.1% 的股份），此事完全由该公司的独立决策，并且违反了公司章程。

我的朋友说过："我们不认为这是'主动承担责任'，而是认为'这是他们的错'。如果一家公司的经理人员在强化公司市场地位或提高利润的时候犯了错误，我们认为这是高层管理者希望他们做的并且进行了暗示。"

日本人意识到，对于领导实际上只有两方面的要求：一是要明白，职位等级并不等于领导特权，而是意味着责任；另一是企业领导需要言行一致，公开宣称的信仰与价值观也要与行动相一致，即所谓的"个人诚信"。

［1987］

　⊖　此处意指以前有的公司中股东是领袖，然而现在变了。——译者注

领导艺术：少说多做

"领导能力"（leadership）这个词现在越来越流行了。"希望你能为我们讲一下如何获得领导的魅力。"一家大银行的人力资源副总裁打电话告诉我——而且态度非常诚恳。有关领导能力和领导素质的书籍、文章和会议现在到处都是。似乎每位 CEO 都必须看上去像一个耀武扬威的骑兵上将，或者董事会上的猫王艾尔维斯·普莱斯利（Elvis Presley）。

当然，领导能力确实很重要。但是，它与我们现在所理解的领导能力不是一回事儿。它与领导素质关系不大，与领导魅力更是没什么联系。它是平淡的，并不浪漫而且有点儿枯燥。领导能力的本质是一种工作行为（performance）。

首先，单就领导能力而言，并没有好坏之分。领导能力是一种手段。因此，领导能力要服务于什么目标是最关键的问题。在历史上，希特勒是 20世纪最有号召力的领导者之一，而他错误的领导也给人类带来了有史以来最大的磨难和痛苦。

领导者的误区

但是，有效的领导并不依赖于魅力。艾森豪威尔、马歇尔和杜鲁门都是非凡的领导者，但是他们并无什么特别的魅力。同样，第二次世界大战后重建西德的总理康拉德·阿登纳（Konrad Adenauer）也没有什么魅力。没有人比出身贫寒的 1860 年的美国总统林肯拥有更少的魅力了，他骨瘦如柴、举止不雅。第二次世界大战期间的丘吉尔一副十分痛苦、遭受打击、濒临崩溃的形象，谈不上有魅力，但战争的最后结局证明他是对的。

事实上，魅力是一个误区。它会使人们变得顽固，深信自己永远正确，拒绝变革。在古代历史上，这种例子比比皆是，但是亚历山大大帝是一个例外，因为他很早就去世了。

实际上，魅力本身并不能保证领导的有效性。在入主白宫的总统中，肯尼迪总统可能是最有魅力的人，但是他的成就可能是最小的。

同样，也不存在所谓的"领导素质"或"领导个性"。罗斯福、丘吉尔、马歇尔、艾森豪威尔、蒙哥马利、麦克阿瑟都是第二次世界大战中高瞻远瞩的著名领导者。但是在他们中间，几乎没有人拥有共同的"个性特征"或"素质"。

既然领导能力不是魅力和领导素质，那么，什么是领导能力呢？首先一项要求，它是一种工作——那些最有成就的领导者对此强调了一遍又一遍，比如凯撒大帝、麦克阿瑟将军或者蒙哥马利将军，企业界中的一个例子则是 1920～1955 年领导通用汽车公司的阿尔弗雷德·斯隆。

有效领导的基础是对组织使命进行全面思考，并且清晰、准确地界定和建立组织使命。领导者树立目标，明确重点，确定并保持标准，当然，他也要进行妥协。实际上，成功的领导者总是能够痛苦地认识到，他们无法控制一切。但是在妥协之前，有效的领导者必然已经思考过什么是对的，什么是值得做的。领导者的首要任务就是大力宣传正确的观点。

目标是区分正确领导与错误领导的试金石。他在现实约束条件下做出的协调（包括政治、经济、财务或者人的约束因素）是否与他的使命或目标相一致，就决定了他是不是一个有效的领导者。另外，他是否坚持一些基本标准（并身体力行）或者自己可以违反这些"标准"，则决定了这个领导者身边是否拥有忠实的跟随者，或者只有虚伪的趋炎附势者。

第二个要求是领导者将领导视为一种责任而非职位和特权。有效的领导者从不纵容下属，但是，当发生问题时，他们通常不会责怪别人。如果说丘吉尔在清晰地界定使命和目标方面为我们树立了领导的榜样，那么，第二次世界大战期间美国军队总司令马歇尔则是通过承担责任进行领导的典范。杜鲁门的名言"问题的责任到我这里为止"仍然是对领导的最好解释之一。

然而，正是因为有效的领导者知道他（而不是任何其他人）要承担最终的责任，所以他不怕同事和下属能力出众。而那些"错误"的领导者则经常发动清洗行动。一个有效的领导者希望自己的同事有能力，他鼓励他们、督促他们并且赞美他们。由于他要为同事和下属的失误最终负责，所以他将同事和下属的胜利视为自己的胜利而不是威胁。也许领导者很自负——麦克阿瑟将军几乎自负到了病态的程度，也许他很谦逊——林肯和杜鲁门几乎有点儿自卑情结，但是他们都希望身边有能力出众、独立、自信的人才；他们鼓励同事和下属，表扬与提升他们。同样，艾森豪威尔将军在担任欧洲战区最高指挥官时也是这样做的。

当然，有效的领导者知道这么做也有风险：有能力的人通常都有野心。但他也知道，与领导一群庸才相比，这种风险要小得多。他还知道，对于一个领导者而言，最大的失败是在他刚去世或离职时，整个组织一下子就垮了。很多公司也出现过这种情况。有效的领导者知道：领导者最重要的任务是开发人的能力与远见。

必须赢得信任

对于有效领导者的最后一点要求是赢得信任，否则就不会有追随者。此外，领导者的唯一定义就是拥有跟随者的人。信任一个领导者并不一定意味着喜欢他，也不一定总是与他意见一致。信任是坚信领导者言行如一。我们所信任的东西已经有很长的历史了，它就是诚信。领导者的行为和公开宣称的信仰必须是一致的，至少是相互协调的。很久以前我们就知道，有效的领导者不一定聪明过人，但他必定言行一致。

当我通过电话在把这些告诉银行的人力资源副总裁后，她沉默了很久，最后说："但是，这和我们多年来所了解的对有效经理人的要求并没什么两样啊？"的确如此。

[1998]

人员、工作与城市的未来

20 年之后，日本的办公室工作人员仍然有可能挤车去市中心的高楼大厦上班。但是，其他发达国家不会出现这种情况。办公室的工作（而不是办公人员）会"搬迁"。未来的大城市将不再是办公中心。

这种转移过程已经开始了。花旗银行在北达科他州办理信用卡业务，在纽约北部和新泽西州进行支票结算，并且正在把数据处理工作迁往哈得孙河对岸的新泽西州郊区。开拓管理集团——一家以波士顿为基地的大型共同基金，已经把它全国性的客户服务与财务业务移至丹佛郊区。很多保险公司也已经快速地将其劳动密集型的业务——索赔处理、客户信件处理、记录存档等移往大都市的郊区。现在，办公园区（特别是那些针对后台办公业务的）在郊区发展迅猛，就好像 20 世纪六七十年代大型购物广场在郊区的迅速发展一样。

使 用 轮 子

现代大城市是 19 世纪人类出行能力增强的产物。在狄更斯时代的伦敦，除了那些住在店铺或账房的小老板之外，每个人都是走着去工作的。但是从 19 世纪中期开始，人们开始使用轮子——首先是火车，然后是公共汽车和有轨电车（当然，前几十年都是用马来拉的）、地铁与轻轨、汽车以及自行车。突然一下子，很多人可以从很远的地方赶往工作地点。正是这种出行能力的提升造就了大型组织、大企业、大医院、政府机关和大学。

到了 1914 年，能够把人们集中到大城市的写字楼以及能让办公人员住在城市外围的各种交通工具都已经出现了。但是，直到第二次世界大战后，这些工具的影响力才完全体现出来。此前，只有两个城市有摩天大楼——纽约和芝加哥。现在，世界上每一个中等规模的城市都可以炫耀自己的高楼大厦。此外，即使在中等规模的城市，人们也都是往返很远上下班。

很明显，这种趋势已经发展到了尽头，实际上已经发展得过头。东京的办公人员早上乘火车要花两个多小时才能到达工作地点。在洛杉矶，除了周末外，每天早上 6：00，各条道路都是堵塞严重——人们都想在 8：30 或 9：00 到单位上班。在波士顿、纽约或费城，情况也好不到哪儿去。伦敦的皮卡迪利广场全天都是混乱不堪。那些 19 世纪的城市规划杰作（如巴黎的林荫大道）也是如此。罗马和马德里的情况还要更糟。

全世界大城市的办公人员一天的工作时间不是 8 个小时，而是 12 个小时。在过去 30 年间，我们投入巨资，试图缓解交通堵塞问题，但这些努力无一成功。

但是，现在没有必要这么做了；实际上，长途出行上班已经过时了。现在，比起 19 世纪的人们，我们可以简单、低成本、快捷地做到：把信息及相应的办公工作转移到人们的居住地。这类工具有：电话、双向视讯、电子邮件、传真、个人电脑、调制解调器等。人们对此也乐于接受：过去 18 个月间传真机的兴起就是明证。

我们已经知道未来办公室的工作方式。与未来学家 25 年前的预测有所不同，将来不会出现个人在家中办公的情形。人们还是非常喜欢和别人在一起工作。但是，即使在日本（他们比西方人更重视群体工作和同事关系），数据处理之类的文职工作也开始从中心区向外转移了。

但是，同样重要的是，文职工作渐渐地开始分离出来，就像以前的体力型办公工作一样（像保洁、设备维护、自助食堂等）。越来越多的文职人员不再是单位的雇员，而是独立的专业化外包商的雇员。此类工作也越来越多地交由临时服务公司的人员完成，公司负责这些人员的雇用、培训、安置及薪酬。这类临时服务人员的增加实际上减少了客户公司全职的长期岗位。很多的新型办公园区提供训练有素的文职人员并且有专人进行指导。它们提供办公服务而不是办公场所。此外，根据一些相关报告，这方面确实有需求。

在发达国家大城市中，负责文职工作和维护工作的办公人员是最大的人员群体。他们差不多占工作人口的 1/2。那么，如果未来的城市不再是办公中心，它会是什么样子呢？能够确定的是，它将会成为总部中心。

25 年前，一些美国大公司像通用食品、IBM、通用电气等从曼哈顿移至郊区。那时候，我们还不知道信息也是可以移动的。因此，为了让办公人员免除奔波之苦，公司把高级管理层和专业人员"隔离"，并且经常让他们到城市参加商务会议。

几乎可以肯定的是，未来的大公司还会把管理人才（至少是高级管理层）留在城市。政府机构和其他大的机构也是如此。但是，这也意味着大城市还需要那些拥有特殊知识和技能的人才或公司，比如律师、会计师事务所、建筑设计师、咨询公司、广告代理机构、投资银行家、财务分析师等。

不过，即使是这些机构也可以把它们的办公工作移到城市之外。

一家非常大的律师事务所制订了一个计划：只在郊区设立一家法律图书馆。通过计算机网络（辅之以传真机和双向视讯）为美国及海外的 10 个分支机构提供资料服务。现在各地的事务所有 10 个图书馆，每个都占两层楼。在两三年内，事务所希望能够腾出图书馆现在所占用的空间。

我们可能处于写字楼建设和出租高峰的末期。拿破仑三世把 1860 年的巴黎建成了现代城市的雏形，这是写字楼发展的起源。而在过去 20 年间，所有发达国家的城市都在狂热地发展写字楼（我非常理解为什么日本人在美国商业区买了许多大型商用建筑）。未来的大城市将会更像工业化之前那个时代的城市，而不是 19 世纪的城市，虽然后者至今仍然在影响着纽约和巴黎的城市发展。

但是，那些在总部工作的公司高层会住在城市内吗？这一大批人（特别是管理者和专业人员）会在哪里安置自己的家呢？

在欧洲大陆，中层经理和专业人员仍然喜欢住在城市里。城市从办公中心变为总部中心的发展趋势很可能会阻止他们向城外搬迁。但是，在美国、英国或日本，到郊区居住的趋势是否会逆转或者急剧减速，还是一件值得怀疑的事情。在这些国家中，中产阶级已经带着孩子搬出了城市中心区。另外，能够确定的是，比起办公中心，总部中心只能为贫穷且没有技能的人们提供更少的工作机会。这在美国可能会成为一个严重的问题，因为高福利已经让很多没有技能、没有学历的人搬到高楼林立的城市中心居住。

那么，城市变为总部中心后，税收会有什么变化？它还是商业中心吗？奢侈品商店不会受到办公人员变化的影响。但是大多数其他商店，特别是一些百货公司会受到影响。日本是个例外：不在城市里工作的人经常去城市里购物。餐馆和旅店又会如何变化呢？戏院和歌剧院会变成通过录像带和有线电视手段传播演出的机构，而人们再也不去了吗？大城市的医院会变成郊区医院（将来的病人会去那里看病）的培训、信息和诊断中心吗？

万 人 讲 座

规模较大的大学又会怎样呢？在发达国家里，高等教育的费用就像医疗费用一样失去了控制。唯一的解决方法可能是把大学变成一个知识流向学生居住地的机构——英国的开放大学$^\ominus$（Open University）就是这样做的，而且做得很成功。

每年我都有若干次向万人或更多的学生做讲座的机会，然而教室里只有不到 100 个人，其余的学生都是通过 100 多个卫星信号接收器听我讲课，并且通过电话向我提问题。

最近有很多人谈论和撰写有关信息革命对技术的影响。但是，它对社会的影响可能更大，并且更为重要。

［1989］

$\ominus$ 采用电视、广播、函授进行教学的开放大学。——译者注

蓝领工人的地位下降

美国的高薪工作是在增加还是在减少，是一个讨论非常热烈的话题。与数字同样重要的是，新的高薪工作与旧的高薪工作有很大的差异。

从第二次世界大战结束到 20 世纪 70 年代中期这 30 年间，所有发达国家的高薪工作都集中在那些没有技能的蓝领岗位上。现在，大多数新的高薪工作都是知识类工作，如技术员、专业人员、各类专家及经理人等。20 年前，高薪工作的资格证书就是一张工会会员卡，而现在则需要正式的文凭。劳动工人在各方面（包括数量、社会地位、收入等）长时间地急速增长，一夜之间又变成了急速下滑。

在 20 世纪的发达国家中，没有什么事可以比得上劳动工人的崛起。80 年以前，美国的蓝领工人每周要工作 60 个小时，一年最多挣 250 美元，相当于福特 T 型车"不可思议的低价"的 1/3。那时候，工人没有额外津贴，没有工龄工资，没有失业保险，没有社会保障，没有带薪假期，没有加班费，没有养老金——什么都没有，有的只是每天不到 1 美元的现金收入。今天在大批量生产的工业企业（钢铁、汽车、机电产品、造纸、橡胶、石油）中，只要有工会的保护，蓝领工人每周只工作40个小时，每年大约能拿到5万美元——一半是现金收入，一半是福利。即使是税后收入，也相当于七八辆新型小轿车的价格（比如韩国现代公司的卓越汽车（EXCEL）），或者是1907年工人实际收入的25倍（如果以食物价格作为衡量标准$^\ominus$的话，这个倍数还会更大）。此外，蓝领工人社会地位（特别是政治权力）的提高更为明显。

社会的弃儿

现在，突然一下子这些都要结束了。

同样，没有什么事可以比得上过去15年间蓝领工人的突然衰落。在劳动人口中，制造业中的蓝领工人已经从美国劳动力总数的1/3强降为不到1/5。到了2010年——距现在不到25年的时间——在每一个发达国家中，蓝领工人占劳动力的比例不会超过今天农民所占的比例，即1/20。数量下降最多的恰恰是现在那些收入最高的工作。15~20年后，就算是没有进口汽车的竞争，美国汽车业的蓝领工人也将很难超过现在数量的一半——而这个数字已经从10年前的顶峰下降了40%。怪不得工会认为高收入的知识类工作的快速增长不能补偿蓝领工人在人数、权力、地位和收入上的不断下降。昨天的蓝领工人是社会的宠儿，今天却很快变成了社会的弃儿。

这种转变并不是源于产量的下降。实际上，美国制造业的产出正在稳步增长，增长速度和国民生产总值一样快或者略快一点。蓝领工人的衰落不是竞争、政府政策、经济周期或产品进口所引起的，而是结构性的改变，不可

逆转。

　　造成这一现象的原因主要有两方面。首先是劳动密集型产业向知识密集型产业的逐步转变。例如，钢铁业衰退，制药业稳步增长。在过去 20 年间，美国制造业产量的增长（大约增长了一倍）都发生在知识密集型产业中。同样重要的另一个原因是在过去 40 年中，世界各地广为传播美国的两项发明（或发现）："培训"和"管理"。与经济史和经济理论的观点完全不同，这两种方法可以让一个发展中国家在非常短的时期内，用较低的劳动力成本取得现代发达国家的高生产率水平。

　　最早明白这一点的是第二次世界大战后的日本。而现在，各个国家都在这样做，比如韩国和巴西。最值得一提的例子是美国和墨西哥边界上靠近墨西哥一侧的"免税出口"（maquiladora）[⊖]工厂。在那里，没有技能、通常没受过教育的工人为美国生产劳动密集型的零部件或产品。即便是生产高难度的产品，这类工厂最多用 3 年的时间就能赶上美国或日本经营良好的工厂的劳动生产率，但是，它只需付给工人每小时不到 2 美元的工资。

　　这意味着，发达国家的制造业只有从劳动密集型向知识密集型转变才能继续生存下去。以前从事低技能、重复性工作、拿着高工资的机器操作工将被高收入的知识工作者所取代，后者主要从事流程和产品的设计、控制、服务或信息管理。这种转变也与人口结构的变化相一致。在各个发达国家中，越来越多的年轻人（特别是青年男子）进入大学学习。他们不会去做那些蓝领工作，即便是薪酬丰厚的蓝领工作也不具有吸引力。

　　这些明显且突然的改变完全可以称作"革命"了。然而，它们所产生的

　　⊖　墨西哥创设 maquiladora 已经有 30 年之久，在 1994 年成立 NAFTA 后，约 3000 公里长的美墨边界附近设立了很多 maquiladora，就近雇用当地廉价的墨西哥劳工和使用便宜的厂房设备，生产制造很有竞争力的产品，而产出成品大多数销往美国、加拿大，其产业主要是来料加工，以出口为导向，而且不必缴纳关税，也因此为墨西哥创造了约 150 多万就业人口。——译者注

影响和一般人的预期并不一致，也不同于经济理论与政治理论的推测。

这一点特别适用于美国的失业问题。在英国和西欧，就像工会预测的那样，蓝领工作的减少确实导致了很严重的失业问题。但是在美国，相应的影响非常小。即使钢铁业和汽车业大量的岗位裁减也没有对全国的失业率产生什么影响。不可否认，目前成年男女 6.5% 的失业率，在某种程度上超过了"自然失业率"（即正常工作更换导致的失业率），但是如果考虑到劳动力年龄结构的变化，这种差异并不算大。此外，已婚男子 4.5% 的失业率是低于自然失业率的，并且实际上已经是"充分就业"了。"隐形失业"（指那些放弃寻找工作的人）除了在工会宣传材料中有很多之外，在其他地方就很少了。与历史上的和平年代相比，目前美国成年人的工作比例是最高的——大约有 2/3 的人在工作。低失业率的解释之一当然是美国的工人有非常高的适应能力和流动性——远高于人们的想象。但是，同样重要的是，制造业中的蓝领工人已经很少了——这对总的就业率、失业率、消费支出、购买力和经济整体影响甚微。这意味着我们不应该看重制造业的就业状况，而应该看重它的产出；只要它的产出持续增长，则无论就业多少，工业经济都是健康的。

同样，美国工资成本也发生了变化。现代经济学的公理之一就是，工会把重点放在维持名义工资上，不愿意接受低工资以便增加就业人数。欧洲目前仍然在这样做。但是，美国工会在工资问题上已经表现出了令人吃惊的让步姿态——甚至包括工作规定。其目的就在于防止工厂的倒闭以及大量的人员下岗。至少在美国，成本刚性阻碍了市场经济的"自我调整"这一原理不再适用于工资成本（从凯恩斯开始，经济学就一直假定工资是刚性的），它只适用于政府成本。

每一位劳动经济学家和劳工领袖都认为：蓝领工人地位的下降会引发大规模的"劳工反抗"。有些政治家现在依然持有这种看法，比如美国的杰西·杰克逊、英国工党的激进分子和德国社会民主党的激进派。但是，到目前为止，发生劳工暴动的发达国家只有一个——加拿大。其他国家则只是一般群众存在不满情绪。但是他们也无可奈何、无能为力，并没有发展成公开暴动。在某种程度上，蓝领工人已经承认自己失败了。

　　这可能意味着令人震惊的、出人意料的新变化——政治地位调整。政治上有一个几乎是公理的规律——当一个大的利益集团在人数或收入上开始减少后，它会用很长一段时间提升自己的政治权力，它的成员团结一致、联合行动而不再分散行动，进而逐步地联合投票。一个很好的例子就是：第二次世界大战后，尽管在各个发达国家中，农民的数量大幅度减少，但他们成功地维持了自己的政治权力，让政府增加了对农业的补贴。

政治力量被削弱

　　虽然蓝领工人的地位下降只有 10～15 年的历史，但他们的政治力量已经遭到了严重的削弱。在第二次世界大战中期，美国煤矿工人领袖约翰L.刘易斯反抗当时非常受欢迎的总统并且取得了胜利。30 年后，另外一个煤矿工人领袖（这次是发生在英国）迫使首相辞职了。但是，1981 年里根总统解散了强大的、根深蒂固的航空管制工会；几年后，英国首相撒切尔夫人解散了迫使其前任下台的工会。里根总统和撒切尔夫人都获得了压倒性的支持。改良派的候选人要想获得总统提名仍然需要拿到工人的选票，但是在选举中，工人的支持将会成为竞选失败最可靠的“保证”，比如 1986 年美国总统选举中沃特·茂德尔（Walter Mondale）的惨败，德国今年 1 月的选举以及英国的很多递补选举（by-election）都是这样。

　　在第一次世界大战前的十几年里，西欧的蓝领工人从一个弱势群体变成了一支重要的社会力量，工人的政党也成为最强大的政治力量。10 年后美国也出现了类似变化。这改变了各个发达国家的经济、社会和政治状况，其影响力超过了两次世界大战和前所未有的专制统治。那么，蓝领工人地位的下降，以及对应的知识工作者地位上升，对于 20 世纪剩下的几年和 21 世纪又有什么影响呢？

[1987]

工作规则与职位说明[⊖]的终结

在以美国的竞争力为主题的众多书籍、论文和演讲中有一个缺陷：它们几乎都没有提到工作规则和职位说明。这类规则严禁车间主管从事任何生产工作，比如代替上卫生间的工人工作，自己动手维修工具，或者在某人工作落后时施以援手。此类规则不允许电工在装保险丝盒的时候把钉在上面的钉子拉直；限制工人变换工作，从而把他们局限在那些范围很窄的重复性工作上，比如给汽车车门喷漆。此类规则还严格地限制了工人可以接受的培训内容。然而，所有的证据都表明，工作规则和职位说明是造成美国制造业与欧洲制造业之间"生产率差距"的主要原因。

不可否认，生产率并不是竞争力的全部。但是，在制造业中，生产率是一个基础问题。恰恰是在美国和欧洲的制造业（比如说钢铁、汽车、电子消

费品、橡胶等）领域中，工作规则和职位说明限制了它们发展，从而使得在与东亚的企业竞争中这些领域表现最差。

"双轨制度"

我们可以从美国建筑业中找到工作规则和职位说明相关影响的最佳证据。在美国主要产业中，只有建筑业同时拥有两类工人群体——有工会的和没有工会的，前者有严格的工作限制，后者则没有。通常的情况是，同一家公司同时拥有这两类工人——在业内被称之为"双轨制度"。这两类工人做同一件工作，比如接水管，所用的时间是一样的。然而，有着严格工作规则与职位说明的工人群体需要多用 2/3 的人员才能在同一时间完成相同的工作。

一家存在"双轨制度"的承包商对本公司两个几乎完全一样的工程项目（一个由工会群体完成，一份由非工会群体完成）做了分析。非工会群体每小时平均工作 50 分钟。工会群体则是 35 分钟，其余时间则是被迫等待——等那些去卫生间的人回来或者等熟练工人做某项简单到学徒都能轻松做好的工作（制定规定：学徒不允许做这些工作）。有时，这个群体不得不在人手不足的情况下工作 40 分钟，直到有资格开卡车的人从外边取回一个替换零件。在非工会群体负责的项目中，如果出现这种情况，主管会去跑腿，因此工作能够照常进行。

其结果就是：工会群体一组需要 8 个人，非工会群体一组只需要 5 个人。有趣的是，在所有观察家的眼里，日本大型承包商（被认为是效率典范）的工作模式与美国非工会制的承包商是一样的，生产率也大致相同。

工作规则和职位说明也能在很大程度上解释美国与欧洲的日本工厂的高生产率现象。能最好证明这一点的是来自英国的一个例子。尼桑公司在英格兰米德兰地区（Midland）有一家工厂，平均每个工人一年能生产 24 辆汽车。福特公司在英国伦敦郊外达格南地区（Dagenham）有一家工厂，每个人每年的产量只有 6 辆汽车！造成这种差别的原因，主要是由于与福特相比，尼桑的外部零部件采购非常多。但是，即便除去这个因素，它们的生产率依然相差一倍。在这两家工厂中，工人完成任何一项操作（比如在汽车底盘上安装发动机）所用的时间基本上是一样的。但是达格南工厂有 125 类工作岗位，每一类都把工人限制在一项很小的工作任务上，而在尼桑，只有 5 类工作岗位。

　　类似地，在美国的日本汽车厂以高生产率而闻名——比如，俄亥俄州马里斯维尔市的本田工厂、加利福尼亚州弗里蒙特市的丰田工厂。实际上，这些汽车厂的高生产率可能在很大程度上是只有三五类工作岗位的结果。通用汽车、福特和克莱斯勒则分别有大约 60 类，这是个负担。同样，在这些美国和日本工厂中，单个工人用来完成任何一项操作的时间都差不多。但是，日本工厂每个工人每天的产出要高出 30%～50%。

　　最近出版了一本有关生产率差距的书——《艰难的美国工业》[⊖]，作者是唐津一（Hajime Karatsu），他是一位杰出的日本制造业工程师。书中预测，美国的制造业产品最终将由两类企业提供：一类是设在美国的日本工厂，另一类是美国公司从它们设在新加坡或墨西哥的工厂进口这些产品到美国销售。在某些产业中，比如电子消费品，这种情况已经出现了。最主要的原因（可能也是唯一的原因）是，作为一个新进入者，日本公司在美国的工厂（即便是那些设立了工会的工厂）大多可以不制定那些限制美国公司及其工厂的工作规则和职位说明。

　　最近，一家领先的跨国公司研究了它在美国、欧洲、日本、新加坡、韩

⊖　*Tough Words for American Industry*, Productivity press, Cambridge, Massachusetts。这里的 tough words，即别人不愿意听的话，相当于汉语中的逆耳忠言。——译者注

国和中国香港地区的电子消费品生产情况，同时也研究了日本和韩国主要竞争对手在同一地区的生产率。美国工厂完成任何单项工作任务的时间，实际上比日本最有竞争力的工厂还要短。但是，总的来讲，它在美国和欧洲的工厂，没有自己与竞争对手的东亚工厂的生产率高。唯一的解释是美国和欧洲工厂有100多类工作岗位，而在东亚（不管是它自己的工厂还是竞争对手的工厂），最多只有7类。

当然，工作规则和职位说明源于劳动合同。但是，我们不能一味地责怪工会。管理人员同样要承担责任。工作规则和职位说明盛行的一个主要原因是西方管理人员在进行劳工谈判时，眼睛只是盯在每小时工资上。此外，经济学家、政治家、媒体和公众也持有这种狭隘的观点。

因此，管理人员经常急切地接受更加严格的工作规则和约束性更强的职位说明，以便使对方同意少要一些小时工资。那些一直关注工作总成本而不是仅仅关注小时工资的公司（IBM就是一个例子）看起来并没有出现"生产率差距"，无论是它们在美国的工厂还是在欧洲的工厂。

但是，西方的管理人员通常也拒绝任何形式的工作保障，比如年薪、持续培训以及安置多余员工等，IBM在这方面又是一个明显的例外。这实际上就迫使工会去强化工作规则和职位说明。当然，事实证明，工作规则和职位说明是非常耗费成本的，并且在西欧（美国也在增多），许多成本高昂的工作保障内容已经以法律形式强加在工作规则和职位说明上，因此西方的制造公司陷入了两难境地。

不过，管理人员和工会使用的传统测算方法也掩盖了工作规则与职位说明的实际成本。无论是工业工程中的动作时间研究还是成本会计方法，都不能用于分析此类成本。只有通过一些"系统性"数据才能发现它，比如每个工人每年生产的汽车总数量。但是，直到最近管理人员和工会才开始统计这类数字。因此，他们认为工作规则和职位说明的成本是很难确认的，并将它们忽略不计。

我们怎样才能避免搬起石头砸自己的脚呢？美国的管理人员和工会领导逐渐意识到（虽然欧洲大部分同行还没有意识到）他们必须尽快逃离这种困境。在过去 8 年间，美国钢铁业工人的生产率提高了 1 倍还多，主要就是减少工作规则和职位说明。现在美国钢铁企业已经跻身全球生产率最高的钢铁厂商之列。而在几年前，它们的生产率水平在全球几乎处在垫底的水平。美国钢铁工会也默许了工作规则和职位说明的削减，虽然这意味着它们必须接受工作岗位和工会成员的大量减少。

两种可能的结果

在福特公司，工会和管理层正在共同努力通过减少工作类别提高一家大型工厂的生产率。然而，对于普通员工而言，放弃 40 多年习惯享有的"利益"和接受岗位数量的大规模减少，确实不太容易，特别是对于那些从一开始工作岗位就很少增加或没有增加的行业。

在通用汽车的一个美国事业部以及福特的英国公司，尽管工会领导强烈督促工人们接受岗位分类的减少，但工人还是拒绝执行。我们应当如何应对呢？一种方法是取消工会，美国的建筑业在这方面已经有了很长时间的尝试。另一种方法，将应验日本工程师唐津一预言的困境：来自日本和韩国的竞争者在美国生产，而美国和欧洲的制造商由于工作规则与职位说明的束缚，只能"远走海外"，再返销本国市场。

［1988］

把官员变成经理

　　一个西方国家消费品公司的 CEO 在报告中谈道："我们收购了一家匈牙利企业 49% 的股权，为了重组和经营这家企业，我们需要一批有经验的匈牙利经理人员。虽然有 100 多位申请者，并且个个看上去都很适合这份工作，但是最后我们发现，只有三四个人具备相关经验和技能。"

　　与西方国家相比，中欧各国的企业至少多雇用了一倍的经理人员和专业人员，而这些人的管理技能和经验却都严重不足。

　　许多中欧国家的经理都接受过高水平的教育，中欧的技术类学校一直保持着很高的教学水平。但是，这些人毕业后的工作却是编写规章制度或没完没了的报告，以及与政府和计划部门协商有关配额、产量、管理费用分配、价格等问题。或者成为解决问题的人——跟踪督促没有及时到货的零配件、在配额之外再多找几吨原材料、为员工多找一点儿福利或者弄到外汇购买外国设备。

　　事实上，一个人的能力越强，他就越有可能成为文字工作者或问题解决者，并且一直干下去。在计划经济模式中，并不怎么需要企业经营技能。计划经济模式只知道记经济数字，却不知道成本分析或成本会计，根本没有任何形式的财务管理。在定价、市场调查、市场营销、产品创新、产品与顾客服务、质量控制等方面也是这样。从 20 世纪 60 年代中期到现在的 25 年间，东德的两种车型 Trabant 和 Wartburg 居然没有做过任何大的设计调整。

往返于东德与西德之间

由于东德缺乏有相关经验和技能的人才，西德第三大银行德国商业银行（Commerzbank）在每个有一定规模的城镇都设立了分支机构，但根本不考虑使用东德人，而是让西德员工去东德工作——他们要在东德与西德之间往返 18 个月或者两年，直到那些东德员工被培训出来为止。德国商业银行的一名高层人员这样解释道："我们新的东德客户希望得到高水平的服务，这必须让有经验的银行经理去做。"

我很怀疑，两年的训练是否能够培养出有经验的经理，令其足以胜任大城市（如莱比锡）的区域银行中心业务。当然，技能是可以教授与学习的。中欧各国都在进行狂热的技能学习。例如，匈牙利在布达佩斯设立了一个经营管理培训中心，全部是用英语授课。有时候，我们也能够从外部获得有技能的人才。对于东欧国家而言，缺乏具有管理和专业技能的人才是一大难题。但这个问题是可以克服的，最多不过是多花一些时间而已。

中欧各国急需的是一场异常艰难但又异常关键的管理文化革命。这意味着要彻底改变 40 年来的错误价值观、错误激励手段和错误政策。

有一个古老的故事，大约要追溯到 60 年前第一个五年计划的时代，讲的是一个工厂负责人需要一个会计，于是他向每一个申请者问同样的一个问题："2 加 2 等于多少？"最后的胜出者如此回答："领导同志，你想让它等于多少呢？"

1989 年秋天，苏联"虚假"报道了有史以来最高的农业产量，因为政府需要这么做，而这正是今年苏联大面积粮食供应不足的真正原因。中欧各国的政府，特别是东德和捷克斯洛伐克的强硬派，比苏联更愿意奉行计划经济政策，而且实施的时间更长。40 年来，除非一个人愿意接受并适应浮夸的风气，他才能获得一份职业。在这种环境下，你怎么能期待人们讲真话呢？但是，一个运转良好的经济体，其基础一定是可靠的信息以及值得信赖的报告。

在计划经济体制下，决策总是最高层制定的。这也是计划经济的本质（当然，这也正是中央计划不能起作用的主要原因）。做什么以及做多少、产品外观、产品成本全部由中央计划确定，另外还包括雇用人数、工人的工资和奖金、工作职位与晋升等。所有这些都是由那些制订计划的最高层决定的，执行计划者只提供很少的意见或者根本不参与。这样做可以让计划失效——他们也确实这样做了，但他们无法参与决策。

因此，没有人习惯做决策，他们没有接受过这方面的培训，也没有经受过实践检验。西方去过中欧各国的人报告说，这些国家的人最害怕的事就是去做决策了，因为他们非常害怕决策失误。他们总是没完没了地开会，要求进行更多的研究，最后总是能找出很好的理由让上级对此负责。然而市场经济的本质和优点是：贴近市场和由顾客做决策，销售人员可以决定是否停止给积极性不高的潜在客户打电话，生产主管则可以决定是否停下生产线以解决某个问题。对于在斯大林政府中生活和工作了 40 年的人们而言，这是难以想象的事情。

中欧各国极度需要中型企业。服务行业和消费品行业的机会最大，特别是在提供就业机会方面。在这两个行业中，地方经营的中型企业将会繁荣发展。在大多数情况下，只有把近乎破产的大型国有企业分成几个较小规模的、更便于管理的单位，才有可能使它们起死回生。如果像现在捷克斯洛伐克、东德和波兰政府所提倡的那样，把这些大型国有企业私有化，那么，它们只会从效率低下的国有垄断企业转变成效率低下的民营垄断企业。这不会带来经济改观和自由市场经济，只会继续导致经济萧条。

但是，那些管理中型企业的人才从哪里来呢？计划经济拥护者可以容忍农妇推着手推车卖苹果，但是不能容忍中型企业的存在。为了便于有效地控制，企业必须规模很大，甚至是超大规模。例如，政府中有一个规模庞大的行业主管部门，雇用成千上万的人管理中央控制的机械企业。另有一家联合企业（kombinat），其规模比前面说的行业主管部门要稍小一点，是大型控股公司，管理着中央控制的所有服装企业，还有其他一些政府比较偏爱的大型集团企业。在捷克斯洛伐克中部的兹林市，以前有一家叫贝塔的制鞋厂，在第二次世界大战前，它是世界上效率最高和利润最高的鞋业制造商。它现在仍然制鞋，但是现在它拥有了一些完全不相关的企业，比如机械制造厂甚至包括一家飞机制造企业。

60 年以前，中欧各国到处都是所谓的"中小企业"，它们通常是家族所有或者家族经营的成功的中型企业。但是现在，只有一些接近退休年龄或者已退休的老年人才能想得起它们。东德最后一批这样的企业在 30 年前就被政府接管了；捷克斯洛伐克、匈牙利和波兰还要领先 10 年。

即使是出现了我们需要的企业家，环境能够允许他们施展才能吗？计划经济思想统治了 40 年之后，社会上对这些人已经形成了很深的偏见。他们若期望获利会被视为不好的行为。更糟糕的是，他们是独立人士。40 多年来，这些独立人士实际上已经被看作非法人员。一个刚刚从匈牙利和东德长途考察回来的比利时中型企业负责人说："这些国家都希望搞市场化，但是它们不想要资本家，它们想要的是公务员"。

什么是市场经济

最后，还有一个比前面所讨论的更为严重的管理文化问题：对于自由企业和市场经济缺乏认识。

一位美国企业的营销经理今年春天访问了捷克的首都布拉格。这位经理是在布拉格出生、长大的。22 年前，她刚从学校毕业就离开了。她提道："我刚一到那里，就被要求为这个城市五家大企业的高级管理人员举办一场有关市场营销的讲座。我首先讲了我们美国公司是怎样具体操作的。我们拥有2500 名雇员，并且在一个规模不大但竞争激烈、变化很快的市场上排名第三。我很快就意识到，我所讲的对台下听众没有任何意义。"

"于是，我停下来说：'我觉得你们对竞争市场的定义是产品价格很高，每一个竞争者都能获得高利润。'"

"他们全都回答：'确实是这样的，不论怎样，在市场经济中，企业必须获得利润。'"

"我说：'不，在市场经济里企业必须争取利润。'台下每个人都是一脸困惑。"

在中欧各国，人们希望获得政治自由。他们想要那些他们认为只有市场经济才能提供的收入和商品。但是，他们现在还不知道的是（并且他们也无从知道）：在市场经济里，没有单纯的"利润"，只有"利润和亏损"；没有单纯的"回报"，只有"风险和回报"；另外，自由也不是完全没有约束的，它意味着自律和责任。

［1990］

3

管　　理

MANAGING FOR
THE FUTURE

未来的管理者：主要趋势

20 世纪 90 年代，美国企业（尤其是大公司）所面临的最大挑战，可能来自企业管理人员，而我们对此毫无准备。

出现这种问题的原因之一是公司管理架构的颠覆性变化。在从第二次世界大战结束到 20 世纪 80 年代初的 35 年里，企业管理的变化趋势是设立越来越多的管理层级，聘用越来越多的专业管理人员，而现在则出现了相反的变化趋势。

为了改善管理信息而进行的组织再造——所有大企业都必须重视的一项变革——不可避免地造成了管理层级以及普通管理岗位的大幅削减。到了 1995 年，即使是像通用汽车这样的大公司可能也只会保留五六个管理层级，而不是现在的十四五个层级。例如，介于公司高层和运营性事业部之间的三四个层级将会全部被裁掉，同时被裁掉的还有目前向这些机构"报告"的大批管理人员。

许多案例表明，从"敌意并购者"（raider）主导的"公司重组"中可以看出，即便是大公司也可以不要"参谋性人员"（service staff），即那些主要进行分析和建议而不负责具体执行的人员。但是，自从海洛德·吉尼恩（Harold Geneen）⊖ 30 年前接手经营多元化的大型电话公司 ITT ⊜，并在公司高层中引入专家型参谋人员之后，这种"参谋性人员"就成为美国大企业中增长非常快的一个领域。

预计到了 20 世纪 90 年代中期，美国的管理人员和专业人员的总数肯定会超过现在的水平，因为我们可以预期制造业、信息业和客户服务业将会得到非常快的发展。但是，到了 90 年代末期，更多的管理人员和专业人员将会服务于"较低层级"而非"中间层级"，更不必说"较高层级"了。更多的人将会从事业务领域中的职能性、技术性工作，而不是一般管理工作，更不会是"参谋性"工作了。同时许多人在很早的时候就稳定在其"最终"职位上，而不再有"晋升通道"。

造成这些变化的原因并不只是信息问题。在 1925～1945 年的 20 年间，美国生育率持续下降，使得最近的 20 年里出现了一个人才断档，于是，管理人员可以得到快速升迁，至少可以升到中层管理职位。但是到了现在，特别是在大企业里，晋升通道中每层阶梯上都至少有两个人在竞争，而且这个通道本身也变得越来越短。

于是，企业（尤其是大公司）不得不改变其人事、薪酬和晋升政策。虽然具体过程异常困难，但这些企业不得不改变管理层对于自身的期望值和对未来的看法。外部环境也非常不利——人们正在对管理层失去信任和信心。在许多企业（特别是大公司）中，中层经理和专业人员逐渐被公司，尤其是被高级管理层所疏远。高级管理层不再信任他们，甚至公开表达对他们的反感。

⊖　美国国际电话电报公司（ITT）前首席执行官、总裁，在其掌管 ITT 的 16 年中，ITT 在 80 个国家兼并了 350 家公司，顶峰时在美国 500 强中排名第 9。——译者注

⊜　ITT：International Telephone and Telegraph，即美国国际电话电报公司。——译者注

这种发生在管理层和企业总部人员身上的趋势逆转——原先的趋势曾促进了当前这些管理人员的职业生涯发展——足以搅得人们心神不宁。它意味着人们对公司和自身的未来期望及看法要进行彻底的改变。在很多情况下，这意味着失业，而原先"终身雇用"实际上被看作天经地义的。同时这也意味着你要承受寻找工作和重新适应环境的焦虑与痛苦。

但是，造成这一创伤的原因是企业"重组"，它主要是通过资本运作完成的——兼并、收购与拆分、杠杆收购⊖、资产剥离和敌意收购。结果则使中层管理者和专业人员感到：少数"不从事生产性工作"的投机者暴富了，他们自己的生活与事业则成了牺牲品。

心　酸

1988 年美国总统竞选的一大亮点是平民主义风暴，掀起这一风暴的并不仅仅只是艾奥瓦州的农民，还包括大公司中的管理层和专业人员。一位中层管理者在我的研修班上十分心酸地说道："我认为奴隶制度虽然已被废除，但我们就是奴隶，卖给出价最高者，除此之外我们什么也不是。"他是一个很能干的工程师，却因接连两起敌意收购而被迫"调整工作"。

造成更深伤害的则是"金降落伞"⊜计划，它可以让高级管理者在敌意收购或杠杆收购中暴富，而中层管理者却只能失业。美国的中层管理者无一

⊖　原文为 leveraged buy-out（LBO），又称"融资并购"，指通过大量举债，增加财务杠杆向某公司股东购买股票，完成购并活动。——译者注

⊜　金降落伞（golden parachutes），指目标公司董事会通过决议，由公司董事及高层管理者与目标公司签订合同规定：当目标公司被并购接管、其董事及高层管理者被解职的时候，可一次性领到巨额的退休金（解职费）、股票期权收入或额外津贴，对于大公司的 CEO，补偿可达千万美元以上。这种收益就像一把降落伞，让高层管理者从高高的职位上安全地下来，故名"降落伞"计划；又因其收益丰厚如金，故名"金降落伞"。目前全美 500 强中已有一半以上通过了这项议案。——译者注

不知哈顿公司（E. F. Hutton）⊖的故事——那些因为自己的失误导致这家证券公司衰败的老板，在本公司被卖给莱曼公司（Shearson Lehman）⊜时，拿着巨额奖金离开了公司，而在高层管理者10年错误决策期间努力维系公司的中层经理和销售队伍，此时却失去了工作和股票期权，有的人甚至连遣散费都没有拿到。

但最大的伤害来自这些美国企业的新主人（至少在中层管理者和专业人员眼中看来如此），即那些敌意并购者、垃圾债券承销商、投机套利者和证券交易商，他们公开鄙视企业中的管理者，鄙视他们只关心工作而不关心"交易"，鄙视他们工作只为养家而不想发财，尤其鄙视他们对自己企业的自豪感和归属感。

"我们能让中层管理者恢复忠诚吗？"这是一个今天经常被问到的问题。答案是否定的。忠诚是一种双向关系，中层管理者觉得不是他们背叛了公司，而是公司背叛了他们。

此外，他们现在知道不一定非要依赖大企业。被通用电气或者花旗银行炒鱿鱼是很痛苦的事，但通常并不严重。大部分被大企业炒掉的中层管理人员，最多在一年之内就能找到新工作——通常是更好的工作，因为一些小型创业企业特别青睐他们。

相应地，那些几年前还只招聘高级管理人员的猎头公司，现在越来越多地服务于急需中层管理者的客户。一位招聘主管说："我怀疑，IBM、通用电气、AT&T或者西尔斯百货连锁公司⊜会有哪一位中层管理者根本不准备自己的应聘简历，在我与他们通话时也没有一个主动挂断电话的。"高级管理者称之为"不忠诚"，中层管理者则称之为"对家庭和事业负责"。

⊖ 哈顿公司，美国一家顶级的财务和证券公司。——译者注
⊜ 希尔逊·莱曼公司，美国的一家经纪公司。——译者注
⊜ Sears Roebuck，美国一家商品零售公司，全球500强企业之一。——译者注

就像昨天的"忠诚"不会恢复一样，中层管理者昨天的"终身雇用"也一去不复返了。从现在起，企业将越来越清楚地认识到：它们所谓的"利润"实际上只是成本（这一点我已经说了30年了）。一家企业、一个分支机构、一个市场、一个产品线都必须收回其资金成本，否则最终将被关掉或放弃。这就意味着，越来越多的公司不会再利用（或误用）巨大的规模融资，支持亏损的项目或重复以前的做法。因此，对于雇主和雇员来说，未来管理岗位和专业岗位的不稳定性只会增加，而不会减少。

调　整

这种变化趋势要求企业调整薪酬制度。许多企业有"双重升迁通道"，对有贡献的专家增加薪水和给予肯定，而不是将其升至管理岗位。这些做法将会大大调整。不过我们同样需要鼓励人们留在原岗位上而不是提升他们，让他们离开岗位。我们需要强调专项工作小组（task-force team）的作用。既然专家不可能晋升为管理人员，在绝大多数情况下，这种小组是让他们形成"大局观"的唯一办法。

总而言之，我们需要为员工的绩效而不是等级支付薪酬——10年后，我们付给一个顶尖专业人员的薪酬可能会超过他的上级管理者，就像足球明星的收入要超过教练一样。

但首先我们必须要重新考虑雇主与其管理人员或专业人员之间的关系。面对中级管理层的压力，我们日益需要将工作重新界定为一种"产权"，只有通过"适当的程序"才能剥夺这种产权。实际上，尽管公司律师仍不希望这一点成为现实，但我们已经开始起步了。

越来越多的被解雇的经理人和专业人员提起了诉讼，更多的人则威胁要这么做。在我所知的每一个案例中，原告要么胜诉，要么获得了丰厚的庭外和解补偿。几年后，这些将会成为法律条文，公司不能轻易解雇某个经理人或者专业人员，除非以下四种情况：①在他的职责范围内，没有达到事先商定的明确的绩效标准；②建立清晰的解职程序（恶性侵害企业利益除外），包括提前要有一系列正式预警；③向公正的权威机构提出解雇申请并经过了审查；④提供适当的补偿。

雇主应当尽早自己制定出这样一套"适当程序"，而不是等待法律的强制要求。这样，他们就能尽早重新获得管理人员和专业人员的信任与忠诚。

与此同时，我们也需要保障公司解雇管理人员和专业人员的能力，特别是由于经济形势不好或企业重大决策（例如，兼并或分拆）等原因而被迫裁员（不是因为这些员工本身做得不好）。这必然意味着美国企业要支付比传统做法更高的遣散费，我们已经在朝这个方向发展了。

有一种办法的成本低一些，而且能给员工更强的激励，部分公司（例如，赫尔曼·米勒公司，一家办公家具制造商⊖）已经这样做了：给所有的管理人员和专业人员提供"银降落伞"⊜，也就是说，在公司被出售或并购时提供额外的补偿。

也许最有效果的还是非财务措施，最重要的就是为失业的管理人员和专业人员（不是因为重大失职而被解雇）提供"新职介绍"服务。大多数被解雇的经理人都是自己去找新工作，而不是通过原公司的"新职介绍"服务。但是对于大多数人（特别是为一家企业工作多年的老员工）来说，解雇带来的打击是非常大的，而企业为其安排的"新职介绍"服务能起到极大的安慰作用。

⊖　"Herman Miller"，作为全球著名的美国办公家具品牌，被全世界的买家、设计师所熟知。它致力于"创造最适合工作的空间"（Create great places to work），一直以来引领着办公家具设计和办公空间规划的世界潮流。——译者注

⊜　银降落伞（silver parachutes），其得名与前面"金降落伞"类似，是指规定目标公司一旦落入收购方手中，公司有义务向被解雇的中层管理人员支付较"金降落伞"略微逊色的保证金。——译者注

从 20 世纪 30 年代的工会运动到现在，在美国企业中，"雇员关系"就是指公司与一般工人的关系以及针对他们的人力资源政策。大部分公司日益感觉到：未来应当关注的重点员工是那些现在被公司认为理所当然的管理人员和专业人员（就像 20 世纪 30 年代把蓝领工人视为理所当然的一样⊖）。

[1988]

⊖　30 年代的做法改变了，今天的做法也会改变。——译者注

管理上司的艺术

　　大多数管理人员都有上司，大部分的首席执行官也不例外。上司对于经理人员的业绩和能否成功起着关键作用，其重要性无人能及。然而，管理学著作与课程通常只是对如何管理下属提出很多建议，却鲜有提及管理上司的诀窍。

　　很少有经理人员重视管理上司问题，他们甚至认为根本就没有办法去管理上司。管理人员总是对上司不满，却从没想过要去管理上司。其实，管理上司并不难——一般而言，这比管理下属要容易得多。以下是几点注意事项：

- 首先就是要明白：下属的职责就是帮助上司有效地工作并且取得尽可能好的业绩，这也符合下属自身的利益。毕竟，一个人取得成功的最佳方法就是服务于一位前途光明的上司。因此，第一个注意事项，就是主动去找上司（至少一年一次）并且询问："我和手下应当做些什么帮助你工作？我们做什么会影响你的工作并且造成不良后果？"

正确的界定

这听起来很容易，却很少有人能做到。即便是很有能力的主管也经常错误地认为"经理"是对下属工作负责的人（这是 50 年前的定义），因此不认为自己对上司的业绩和工作效果有什么责任。但是，对"经理"正确的界定（正如我们 40 年来所知道的那样）是经理需要对影响自身绩效的所有人的绩效负责，因为他的绩效有赖于这些人。

经理首先要依靠的人就是他的上司，因此经理首先要对上司的绩效负责。但是只有通过问："我怎么做才能帮助你，做什么会妨碍你？"——最佳方法就是不绕圈子直截了当——才能使你掌握什么是上司需要的，什么会妨碍上司。

- 与此密切相关的一点是你要明白：你的上司也是一个常人，一个个体；世界上没有两个人的工作方式是一样的、表现方式是一样的或行为方式是一样的。下属的工作不是去改造上司，不是去教育上司，也不是让他遵从商学院和管理书籍对上司的要求，而是让特定的上司按照他的行为风格做事。作为一个个人，任何上司都有自己的特性，会得到好的评论和不好的评论，同时也和我们一样，需要安全感。

关于管理上司，我们需要考虑这样一些问题：我的上司是否希望我每个月去一次（而不要更多）并且用 30 分钟时间介绍我所在部门的业绩、计划和问题？或者这个人希望只要我有事就要汇报或讨论，部门出现了一些小变化、工作取得了一些进展，我就去找他吗？这个人是否希望我将材料准备成书面报告，装在一个漂亮的文件夹里，有完整的表格与目录？换句话说，这个人更愿意阅读还是倾听？这个上司是否要求（大部分的财务主管会这么做）提供 30 页包括一切内容的数据分析，这些数据是制成表还是绘成图？

这位上司是愿意在早上刚进办公室时就拿到这些信息呢，还是更愿意在一天工作快结束时（例如星期五下午 3 点半）拿到呢（很多从事具体运营的人这样做）？如果管理团队中存在分歧，这位上司希望怎么处理它呢？是希望我们自己解决分歧，得出一致意见后再向他报告（艾森豪威尔将军与里根总统正是这么做的），还是希望我们将分歧的所有细节完整地记录下来并进行汇报（就像乔治·马歇尔将军和麦克阿瑟将军那样）？

- 上司做哪些事情比较擅长？他的优势是什么？他的不足和弱点是什么——这些正是下属需要支持、帮助和补充的方面？经理的任务就是让人们把优势发挥出来，同时不让他们的缺点产生负面影响——这既适用于你的下属，也适用于你的上司。例如，假定上司强于营销而在财务数据与分析方面较弱，对上司的管理就是让上司制定营销决策，但是要提前为他准备好深入详细的财务分析报告。

管理上司，首先就是要建立一种信任关系。这要求上司这一方相信下属，相信下边的经理能够充分发挥上司的优势，帮助保护上司的不足和弱点。

让上司了解你

- 最后一个注意事项：确保让上司清楚对你可以有什么样的期望，你和你的下属能够完成什么样的目标和任务，你优先考虑的是什么事

情，同样重要的，你不重视的事情又是哪些？这些并不是都要获得
上司的批准——有时甚至是上司不喜欢的。不过上司必须清楚你能
胜任什么，必须知道对你可以期望什么，不可以期望什么。毕竟，
上司也得通过下属的表现而获得他们自己的顶头上司的嘉许。他们
必须能够脱口而出："我知道安妮（或者乔）在干什么。"只有他们能
说得出这一点，才能正确地给下属经理分派任务。

以下是管理上司的两项大忌：

- 绝对不要让上司感到意外。下属有责任保护上司不要受惊——即便
  这是惊喜（如果存在这种情况的话）。在某人负责的组织中让他感
  到意外是对他的羞辱，而且常常是当众羞辱。对这种可能的境况，
  不同的上司对于可能发生的意外情况要求提供不同的预警。有些上
  司（艾森豪威尔将军⊖再次成为我们的例子）只要求提醒事情可能
  有变。而另外一些上司（例如肯尼迪总统）则要求提交全面、详尽
  的报告，哪怕事情出现意外的概率非常低。不过，所有的上司都不
  喜欢"大吃一惊"，否则他们将不再信任下属——而且他们有充分
  的理由。
- 绝不要轻视自己的上司！可能上司看上去很无知或者很愚蠢，而且
  有时候他们实际上就是这样。但是，高估上司是没风险的，这样做
  最坏也不过是让上司觉得你在阿谀奉承而已。但是如果你轻视上司
  的话，他要么会看穿你的想法并待机报复，要么会把你强加给他的
  "弱智或无知"加到你身上，同时把你看作无知、愚蠢和缺乏想象力
  的人。

⊖ 原文中为"Ike"，译为"艾克"，是艾森豪威尔将军的昵称。——译者注

　　不过，最重要的倒不是这些注意事项，而是要明白：管理上司是下属经理的一项责任，同时也是下属经理能否取得工作成效的一个关键因素——也许是最重要的一个因素。

[1986]

困扰美国汽车业的真凶

通用汽车、福特和克莱斯勒已经极大地改善了它们的汽车质量，其中一些款式足以和日本车相媲美，此外，通过销售折扣与财务运作，它们现在能够提供最低的价格。然而，这些美国汽车公司的市场份额仍然在被日本对手一步步地蚕食着。

底特律[⊖]已经极大地降低了成本，福特在美国和墨西哥的一些新工厂，已经成为全球成本最低的汽车厂。可是在日本优秀企业盈利的同时，这三大汽车巨头却亏损不止。这三大巨头（福特最早尝试）大大缩短了从设计新款到将之推向市场的时间，但与此同时，它们的日本对手也进一步缩短了交货周期，结果则是底特律与日本厂商之间的时间差距几乎没有改变。

对底特律的这一痼疾，有很多不同的诊断："粗放化"而非"精细化"的生产；工会的劳动规定；管理层的短视；部门之间的各自为政等。但是真

⊖　底特律（Detroit），美国密歇根（Michigan）州东南部的大城市，位于底特律河流上，美国汽车工业的王国。福特汽车公司、通用汽车公司和克莱斯勒汽车公司等世界一流汽车公司都在这里设厂。这里的底特律即代表美国汽车工业，特别是上述三大巨头。——译者注

正的根源是更深层的问题。底特律的汽车厂商认为，顾客对美国汽车的产品价值和期望是同质的，却又按照收入将他们严格地分为四五个"社会经济"群体。底特律厂商对市场的看法，自身组织方式以及产品的设计、制造、销售与配送，都是建立在这一市场理论之上的。而这一理论至少 15 年前就过时了。

斯隆的影响

在第一次世界大战之后不久，阿尔弗雷德 P. 斯隆㊀认识到了顾客价值和预期的同质性，并且需要根据社会经济地位进行市场划分。斯隆正是在这一认识基础上使通用汽车成为世界上最大的制造企业，并保持了几十年的高盈利记录。而克莱斯勒与福特——克莱斯勒成长于 20 世纪 20 年代至 30 年代，福特于第二次世界大战之后复兴——都是在模仿通用汽车，采用了斯隆按照社会经济地位进行市场划分的方法。

斯隆的美国市场理论大行其道 40 多年，比类似理论的有效期长得多。但这一理论到了 20 世纪 60 年代就不再有效了。福特的埃兹尔㊁是一款针对新兴富人群体"中产阶级中的中产阶级"㊂而研发、设计和营销的车型，本应取得伟大的胜利。但是，这种车型在每一个社会经济群体中都遭到了冷

㊀ 1916 年，伟大的工业家阿尔弗雷德 P. 斯隆（Alfred P. Sloan）入主通用汽车，当时整个通用汽车公司有数十个品牌，这些品牌甚至在同一消费市场内都相互竞争。在腹背受困的情况下，斯隆果敢地通过整合，将旗下数十个汽车品牌按档次划分，以"每一个市场只有一个品牌"的原则，大刀阔斧斩成几个互不竞争的"旗舰品牌"，从而优化投入，使通用最终一举成为全球汽车工业的领头羊，并成为商业史上的典范。——译者注

㊁ Edsel Ford，取自亨利·福特之子的名字，其掌权期间，福特汽车公司以 800 万美元兼并了林肯汽车。——译者注

㊂ 原文为"middle-middle"，在美国，中产阶级（middle class）也可以进行细分，根据收入高低和社会地位还可以分成高级中产阶级（super-middle）、中级中产阶级（middle-middle）和初级中产阶级（lower-middle）这三类。——译者注

遇。当时在市场上获得成功的是大众甲壳虫（Volkswagen Beetle）——"年轻文化"⊖的象征以及具有适合大众的低廉价格。1973 年的石油危机结束了汽车市场按社会经济地位划分的年代。不考虑爱国的因素，驾驶一辆节油的小型汽车风行全国，这成为中上阶层的地位象征。

很多年逾 55 岁的老一代美国人，仍然按照社会经济地位购买汽车。但是底特律正在失去年轻的一代以及他们代表的未来。过半数的年轻人选择代表他们"生活方式"的汽车——大多不是底特律生产的汽车。当然，收入仍然是重要的。但是，在 1920～1965 年或 1970 年，原先的汽车购买决定因素却成为抑制因素，不论是在美国、西欧还是日本。"生活方式"越来越成为购车的决定因素，这就是潜在顾客需要的产品价值和期望所在。社会经济群体划分是有形的、严格量化的概念，而生活方式却是一个难以捉摸的、定性的概念。

同样重要的是，斯隆市场理论以每个家庭拥有一部汽车为前提，但是今天的美国家庭一般拥有两部车，且对第二部汽车的选择并无规律可循。同样是中上阶层群体（都是双职工家庭），可能有的家庭拥有一部别克⊜、一部道奇迷你⊜；有的家庭拥有美国产和日本产的两部经济型汽车；有的家庭拥有一部梅赛德斯®和一部福特护卫舰®；同在州立大学担任教授的夫妻，各自驾驶着不同风格的宝马。这四种情况又有什么规律呢？

能够按照社会经济群体细分的市场是稳定的市场。这对于新设计的、交

⊖ 原文为" youth culture"，起源于 20 世纪 50 年代，受战后婴儿潮（baby boom）的影响，西方世界青少年到青年期的" Teenage"开始成为重心，也因而促使年轻文化（youth culture）时代的到来。——译者注

⊜ Buick，通用汽车的品牌之一，休闲的造型风格和多变的组合空间。——译者注

⊜ Dodge minivan，克莱斯勒公司的品牌之一，小型运动休闲车。——译者注

® Mercedes，也是克莱斯勒公司品牌之一，风格阳刚，适合男性。——译者注

® Ford Escort，福特公司品牌之一，是福特旗下主力的小型车系列，美国最便宜的福特轿车。——译者注

货期较长的汽车来说是有意义的。而生活方式类型的市场则是难以捉摸、极其不稳定的市场。一个厂商需要做长期的计划，并且对每种可能的（或不可能的）偶然事件做好准备，以便机会降临的时候能够迅速把握住。

生活方式类型的市场被日本厂商视为理所当然，它们对市场的看法、计划和准备都是以此为准。当基于社会经济群体的市场划分盛行的时候，日本的汽车工业尚未起步，直到第二次世界大战之后，日本汽车产业才开始萌芽，而进入美国市场则是 20 世纪 70 年代的事情了。日本的汽车一开始就是为生活方式类型的市场设计的，而针对不同生活方式类型市场的汽车，虽然价格不同，但看上去都非常类似。例如，丰田所有的"家庭车"，从低价的花冠⊖到豪华的凌志⊜，看上去都是舒适、牢靠，它们的区别主要在于配置和装具，而在风格或操作上则相差无几。

而日本汽车厂商的组织方式有利于抓住机会，这意味着它们不断地为每一种能够想到的偶然事件做好准备，从而使得它们在每一次机会降临时能够闪电般地采取行动。当本田的讴歌⊜大获成功表明豪华车在婴儿潮时期出生的中年人群中有着巨大的市场时，丰田与日产早就为这类车型做好了详尽的计划——这使它们能够在不到 3 年的时间内就生产出了类似车型并推向市场。

此外，日本厂商还设法设计能以不同方式组合的部件，虽然这大大提高了工具和铸件的成本，与美国汽车生产商相比这可以算是离经叛道了。但这使得马自达能够迅速推出其运动车型米亚塔⊛，这一车型 1989 年在市场上

⊖ Corolla，由于价钱合理，可靠耐用，不只是丰田最畅销的轿车，更是日本销量最多的轿车，被誉为"日本大众国民车"。——译者注

⊜ Lexus，丰田的豪华车型，风格为艺术性、动感而又简洁，却不失魅力。——译者注

⊜ Acura，本田针对北美市场的豪华品牌，能够给喜欢豪华内饰同时又注重驾驶体验的高端车友带来极大的驾驶乐趣。——译者注

⊛ Miata，马自达的汽车品牌之一，以精致、可爱、明快的质感著称。——译者注

引起了轰动。虽然它看上去不同于马自达的任何其他车型，但其 80% 的部件是标准化的，这使得即便它的销售量不到 10 万部，马自达也能获得丰厚的利润，而这样的销售量在任何一家美国汽车厂商那里都会出现巨额亏损。

底特律并非不懂得如何设计出迎合生活方式的汽车。事实上，自从第二次世界大战以来，每一种真正成功的美国汽车都迎合了人们的生活方式：从军队里的笨拙之物到第二次世界大战之后演变为高性能和舒适的"户外"交通工具的吉普，美国最早的经济型汽车、定位于新兴富人群体第二部汽车的朗勃拉⊖，福特的野马⊜和雷鸟⊜以及道奇迷你。尽管取得了这些成就，底特律仍然死守着斯隆的市场划分理论。通用汽车几年前成立土星事业部（Saturn Division）拓展新的、单独的基于生活方式的业务，但是当土星汽车去年上市时，人们发现这只不过是针对早已拥挤的"中中产"细分市场的又一款基于社会经济群体划分的汽车而已。

45 年屡试不爽的成功的确让人难以抛弃这一理论。底特律汽车厂商的每一位高管人员都是在该理论的熏陶下成长起来的，即便不把它当作自然规律，也将它视作一种信条。更糟糕的是：这三大巨头的组织结构又给它们套上了此种市场理论的紧箍咒。

斯隆在 20 世纪 20 年代初期通过分权将通用汽车分为几大事业部，每个事业部针对一类社会经济群体市场细分。他也将经销商进行类似划分，每个经销商负责一类群体。尽管经过了无数次的重组，通用汽车、福特和克莱斯勒现在仍然是按照这种模式运作的。其结果是，公司的计划、设计和营销都是由社会经济群体决定的，这与当前市场的实际运行方式背道而驰。另外一种结果是：如果某一家厂商设计出了符合当前生活方式的车型，也会将其纳

⊖ Rambler，美国最早的汽车款式。——译者注
⊜ Mustang，福特跑车品牌，强劲的引擎、后驱的驾驶乐趣使其成为美国性能车的代表。——译者注
⊜ Thunderbird，福特敞篷车的品牌，以简洁明快著称。——译者注

入社会经济群体决定的营销体系中。

这里有个实例：雪佛兰游骑兵[⊖]也许是美国市场上最好的第二部家庭车——大小正好，既方便泊车又能容纳全家人和大堆行李。但是，通用汽车为了让每个事业部都有一款"畅销"车型，就把这款车分给了每个事业部。于是几个事业部用不同的名字、不同的经销商以及不同的价格销售和宣传这同一种车型。通用汽车的顾客非常困惑，他们抱怨通用汽车的所有产品没有差异性。此外，这些顾客还倾向于选择最便宜的车型，即选择性配置和装具最少的车型，这导致通用汽车只能获得最低的利润。

游骑兵的主要竞争者——丰田花冠，则以同一种型号、同一批经销商和一系列可供选择的配置和装具进行营销、宣传和销售。结果是，花冠的顾客更愿意选择更高的选择性配置和更多的装具，而这正是利润所在。同时，因为销量非常大，丰田的经销商也能提供更好的服务。

团队与叛徒

社会经济群体市场细分也可以在很大程度上解释美国汽车制造业在新车型设计及市场响应方面的冗长周期。日本公司不是把自身分成几个针对细分市场的事业部，而是分成几个强有力的、全公司范围内的职能部门，比如设计部门、制造部门和销售部门。这使得它们很容易整合全公司的团队进行新的车型设计。然而在底特律，流行的是针对细分市场的事业部体制，如果有人参与新产品研发团队，将会被他所属的事业部视作叛徒，而他的工资是要从事业部领取的。

那么，底特律如何才能从昨日辉煌带来的紧箍咒中解脱出来呢？也许传统的事业部制和传统的经销商体系都必须进行彻底重组，甚至需要将通用汽

⊖ Chevrolet Cavalier，通用汽车的品牌之一，是雪佛兰车系中最受欢迎的车型。——译者注

车这家最大的（同时也是 50 多年来最成功的）汽车公司分割为两家或多家相互竞争的公司（顺便提一句，早在第二次世界大战后不久就有一些通用汽车的高管提出过这一建议）。只有在底特律重组自身以适应今天的（而不是过去的）美国汽车市场以及美国社会之后，其生产流程、管理水平、跨部门团队合作才有可能恢复健康状态和重新夺回领先地位。

[1991]

日本企业的新战略

　　领先的日本厂商未经多少讨论就悄然地调整为新的企业战略。他们信奉一个全新的理念（甚至是另类的）：在日本进行基础环节的生产制造完全是不合理的资源配置，会削弱公司和国家的经济实力。他们还信奉另外一个全新的理念（同样是颠覆性的）：要想在发达国家中得到领先地位，不能再靠财务控制和传统的成本优势，企业需要进行智力控制。同时，信奉这些理念的公司迅速调整了组织架构，它们认为：要在激烈的世界经济竞争中取胜，必须有效地**缩短**自身产品的生命周期——也就是说，通过合理的组织，系统地放弃自身的产品。它们正在放弃戴明⊖及其全面质量管理⊜理论，转而采用基于另外一套原则和方法的零缺陷管理⊜理论。

⊖ 戴明（Daming），日本质量管理之父，在日本 40 年间指导日本企业的质量管理，其成功在全世界范围内被推广，对世界各国品质经营的推动功不可没。——译者注

⊜ 全面质量管理（total quality management，TQM），意即全员全过程的管理。日本凭借全面质量管理有效提高和保证了产品质量，日本产品在全球市场上所向披靡，使日本连续几年超过美国，雄踞世界竞争力排名第一的宝座。——译者注

⊜ 零缺陷管理（zero defects management），其思想是放弃"人总是要犯错误的"这一不能保证计划执行和产品质量观念，赋予从业人员正确地进行工作的动机，实现无缺点工作，1962 年由美国马里塔公司首先提出和实施，由美国通用电气公司发展成一种管理方法，被很快应用到美国许多企业中。——译者注

日本厂商现在拥有美国汽车市场约 30% 的市场份额，预计在未来几年中还会有大幅度增长。另外，它们希望在未来 3～5 年内全面停止向美国市场出口日本制造的汽车；到 1995 年左右，在美国销售的日本品牌汽车大部分将是在北美分厂制造的。同样，它们希望到 2000 年能够占领欧共体⊖汽车市场 1/3 左右的份额（尽管这与它们现在对欧盟的承诺正好相反），也不采用从日本向欧洲大量出口汽车的方式。日本的跨国公司——丰田、本田、索尼、松下、富士通、京瓷（陶瓷业的领头羊）和三菱等都在发展中国家投入巨资建立工厂，如美国和墨西哥边界的提哇纳⊖，整个南美，还有南欧（如西班牙、葡萄牙、土耳其）以及东南亚（马来西亚、印度尼西亚和泰国）。

对这种将制造基地搬出日本的标准解释是应对"外国贸易保护主义"和"日本劳动力短缺严重"。这两种解释都是合理的。比如，日本能够从事蓝领制造工作的年轻劳动力在未来 10 年将缩减一半——20 世纪 70 年代出生率急速下滑，同时教育水平提高，几乎每一个高中毕业的日本男孩都可以上大学或者进入白领阶层，这两方面的原因共同造成了上述现象。但这两种解释都只是"烟幕弹"。真正的原因是日本企业的领导人（以及有影响力的官僚）越来越坚信，制造工作并不适合一个像日本这样的发达国家，这种工作实在是对本国最宝贵资源的不合理配置。

我的日本朋友多次跟我说："一个年轻人上生产线之前，我们这样一个发达国家要在他身上投入 10 万美元的教育费用，不论他学没学到东西，而且他以后还要得到中产阶级的收入、终生工作保障、养老金和医疗保障。在印度尼西亚或者提哇纳，那里的工人没上过学，也就不用在教育上花钱；

⊖　欧共体（European Economic Community），欧盟的前身。——译者注
⊖　提哇纳（Tijuana），墨西哥北部大城，因为靠近美国，很多世界大型跨国公司在此投资建厂。——译者注

我们只用付给他们美国或者日本工资水平的1/10，就能让他们成为当地的'中产阶级'，而他们经过两三年的培训，其生产力绝不亚于名古屋⊖或者底特律的员工。当你投入巨额社会资本用于蓝领员工时，发达国家的蓝领工人对社会投资的回报率最多也就是1%～2%，而在拉丁美洲或者印度尼西亚，可以达到这一水平的20倍。"无论何时当我提出一个国家没有强大的制造业基础是非常脆弱的，他们的回答都会是："在南美、南欧以及东南亚这些发展中国家中，年轻劳动力的供给在未来30年内都是充足的，所以像美国那样担心'制造业基础'是完全没必要的。实际上，日本的社会责任就是尽量确保高投资、高成本的年轻人不被误用到低效益的制造工作上。"

在日本，本土制造业如今越来越被视为制造企业和国民经济的负担与拖累，而日本企业新的战略则要求对目前最重要的智力和知识进行全面控制。这种观点认为：要在全球有竞争力，就要在各个关键知识领域中取得领先地位——技术、营销、管理以及对所谓"脑力资本"（我的日本朋友已开始这样称呼）的强有力控制。"你们美国人，"他们曾多次对我说，"为了与我们合资，进入日本市场，30年前的确给过我们技术和管理知识，但我们不会再重蹈覆辙了。"日本企业现在乐于投巨资以获取知识：参股硅谷计算机专业公司，参股美国和欧洲的医药与基因类创业企业，最重要的是资助西方（主要是美国）大学的科研项目。这些投资在财务上鲜有直接的回报，但是，日本企业希望得到的不是红利，而是掌握合作方的未来知识，并且加以控制——或至少拥有相关知识的优先使用权。日本企业越来越多地在跨国经营中雇用外国人，包括专业人员和管理人员。现在日本大型汽车制造商都在南加州有汽车设计工作室，并且让西方人帮他们进行国际营销。不

⊖ 名古屋，日本本土汽车制造中心。——译者注

过，他们对这些外国人所提供知识的运用——也就是说，在公司战略和决策中的运用——被视为一种"专有权"（proprietary），它被牢牢掌握在日本企业管理团队手中。尽管过去有些日本公司授权西方公司使用它们的知识（例如一些日本开发的心血管药物），但它们现在收回了授权或者不再延长使用期。

　　现在，每一家大型的日本企业集团都有自己的研究机构。其主要功能不再是技术研发，而是"知识研究"，也就是让集团掌握目前全球哪个地方在研究哪些重要的新知识，如技术、管理与组织、营销、财务、培训知识等。我最近一次去日本是在几个月前，被邀请在一家"智库"（三菱集团的研究机构）20 周年庆典上演讲。在之后的午餐会上，三菱集团里最具威望的一位老先生走过来对我说："今后的 20 年间，整个三菱集团将以这个研究机构为中心，而过去，我们是以三菱银行或三菱商社为中心的。"

　　现在所有人都知道：日本企业推出一种新产品（比如一款新车）所用的时间还不到美国竞争对手的一半，不到欧洲对手的 1/3。所有人也都知道美国大公司正热衷于模仿日本企业，并且按照日本模式（跨职能研发⊖）重组它们的研发系统，但日本企业早已进入新的阶段。它们正在对研发系统进行重组，以便用过去只能推出一种新产品的工作量同时推出**三种**新产品。它们做到了这一点，具体方法是在新产品上市的第一天，就设定一个时间期限，有计划地**放弃**该产品。"我们越快地放弃现有新产品，企业的实力就越强，盈利也就越多。"这已经成为它们的新口号。

　　对大部分西方企业家来说，这么做是愚蠢的。他们认为一个产品的生命周期越长则越能盈利。这是因为此时已经把该产品的研发费用摊销完了。但是，"摊销"对于日本企业来说只是一个财务假象——对减税有用，除此之

　　⊖　不同的职能部门同时参与研发工作，比如市场营销部门和财务部门。——译者注

外就纯属自我欺骗了。对它们来说，花在产品或流程研发上的钱不是"投资"，而是"沉没成本"（经济学术语）。它们倾向于接受伟大的奥地利裔美国经济学家约瑟夫·熊彼特（Joseph Schumpeter，1883—1950）⊖的观点：除了创新者可以获得短期利润之外，再没有别的"利润"。一旦这个短暂阶段过去了（也就是说，市场上开始出现竞争性产品），这一产品便不再盈利，只会消耗成本。这些领先的日本企业之所以将有计划地放弃作为它们的战略，其根本原因并不是出于经济学原理，而是它们越来越坚信，即使它们不缩短产品生命周期的话，竞争对手也会这么做——到那时竞争对手不但将赢得利润，还将赢得市场。我的日本朋友说："当然，一些西方公司，例如 3M 公司⊖，其长期政策为五年后 70% 的销售收入必须来自今天尚不存在的产品。但是这些公司主要依靠内部自发的创新精神。而我们是通过公司重组，最核心的就是有计划地放弃。"通过预先确定在某个时间段后放弃某个新产品，日本企业迫使自己立即研发新产品去替换它。

　　它们通过三种并行的途径实现这一点。第一种途径（日本人称之为"持续改善"⊜）是为了达到特定目标和期限而进行的有组织的改善工作，例如，15 个月内降低 10% 的成本，在相同时间内提高 10% 的可靠性，提高 15% 的性能等。这些足以说明，改进后的产品是大不相同的，实际上可以算是新产品了。第二种途径是"超越"，也就是在旧产品的基础上开发全新的、不同的产品。最好也是最早的一个例子是：索尼在新开发的便携式录音机的基

⊖　约瑟夫·熊彼特，西方现代创新理论研究鼻祖。其代表作为 1942 年出版的《资本主义、社会主义和民主》。——译者注

⊖　3M 公司（3M Company），2002 年以前称明尼苏达矿业与制造公司（Minnesota Mining and Manufacturing Company），著名的产品多元化跨国企业，世界 500 强企业之一，以创新闻名于世，典型创新为即时贴。——译者注

⊜　原文为"Kaizen"，日文为"改善（かいぜん）"。"持续改善"表示小的、连续的、渐进的改进，这一方法是指企业通过改进一系列生产经营过程中的细节活动，如减少搬运等非增值活动，消除原材料浪费，改进操作程序，提高产品质量，缩短产品生产时间，不断地激励员工。——译者注

础上又开发了随身听⊖。而最后一种途径则是真正的创新。这些领先的日本企业不断地进行企业重组，使得在同一个跨职能团队的领导之下，这三种途径能同时展开。其结果（至少理想的结果）是生产出**三种**（而不是一种）全新的不同产品，取代某个现有产品，并且用跟以前一样的时间和资金，获得一种改善型产品、一种"超越"型产品和一种真正的创新型产品。此后，这三种新产品中的一种将成为新的市场领导者，并创造出"创新者的利润"。

最后，这些领先的日本企业正从全面质量管理（TQM）转向零缺陷管理。戴明奖⊜仍然是日本企业界的最高荣誉，戴明博士也仍然是民族英雄。不过，丰田负责生产的一位高管最近的发言说明了领先公司日渐改变的行为。他说："我们不能再用全面质量管理了，它所能达到的最佳效果（目前还没有企业能做到这一点）只是将缺陷率降到10%。但我们一年的产量是400万辆汽车，1/10的缺陷率就表示有40万的丰田顾客得到的是100%有缺陷的汽车。而零缺陷管理现在是可以做到的，而且实际上也并不十分困难。"

日本企业现在的做法是对泰勒（Frederic Taylor）"科学管理"的回归，不同之处只是由电脑操作员通过电脑模拟，而不是由工业工程师通过秒表和照相机，研究各项任务、各项工作和各种工具。具有讽刺意义的是，这一转变也是由美国企业引入日本的。几年前在东京郊外开设了一个非常成功的大型迪士尼乐园，一位日本企业领袖告诉我："我们都知道，由于迪士尼这类项目非常庞大，要用三年时间磨合才能不出问题，然而，日本迪士尼在开业当天就做到了零缺陷。它每一个单独的操作环节从头到尾都是电脑设计的，

　⊖　原文为"Walkman"，25年以来索尼公司凭借Walkman一直在便携式个人音乐设备领域中称霸市场。——译者注

　⊜　戴明奖（Deming prize），日本人为感谢戴明在日本的贡献，于1951年设立戴明奖，以奖励那些年度推行品质管理计划绩效杰出的厂商。——译者注

并且用电脑进行了模拟和培训。这突然让我们认识到，我们也可以这样做。"他继续说道："现在美国企业界一窝蜂地采用全面质量管理；这需要 10 年才能见到成效——至少日本用了这么长时间。这意味着美国要到 1995 年左右才能出成效。而到了那时，我们已经掌握了零缺陷管理，将再次领先你们 15 年。"

日本企业的这些新战略也许没有用，或者只适用于日本。但是，即使它们的这些新做法是错误的，至少也是对当前现实（高度竞争的全球性知识经济）的一种反应。

[1991]

走动式管理：走出公司

谁都知道科学技术正在飞速发展，大家也都清楚市场正在变得全球化，劳动力和人口状况也有不少改变。但是很少有人注意到流通渠道的变化。值得注意的是，商品和服务的销售方式以及顾客购买渠道等方面发生的巨大变化，不亚于技术、市场和人口状况的改变。在全球范围内，它们的变化都很快。

在 15 年前的伦敦，大多数消费类电子产品（收音机、电视机、录像机和计算器）是由几千家独立的地方性"夫妻店"⊖销售的。今天，大部分此类商品是由四家全国性连锁店售出的。夫妻店只能使用大型制造商的品牌，并且依赖它们的广告拉动销售。而这四家大型连锁店则拥有自己的品牌，并且自己打广告。

在 15 年前的美国，只能在专门的办公家具商店购买办公家具，如椅子、桌子和文件柜等。而现在，这些商品越来越多地出现在折扣店和"购物俱乐

⊖ 原文是"mom-and-pop"，指家庭式的小型零售店。——译者注

部"(buying clubs)中。

日本最近承诺：废除一项限制大型商店和连锁店、保护家庭小店的法律，美国将此视为伟大的胜利并为此欢呼。然而在日本的大都市里（汇聚了60%的日本人口和商店），大部分家庭小店早已变成了大型连锁店（例如7-11 ⊖和美仕唐纳滋⊜）的特许加盟店。

六七年前，在美国有两个销售共同基金⊜的渠道：间接渠道是通过证券经纪机构；直接渠道是通过电视广告。这两个渠道至今仍占共同基金总销量的3/5左右。但是在大型共同基金集团中，有一家（6年前它只用证券经纪机构销售）15%的产品现在是通过地区银行销售的，15%是通过保险代理商销售的，还有15%是通过专业协会和行业协会销售的。

独立的外包商

25年前医院才开始成为一个重要的市场，但那时医院自己购买需要的商品。现在，由独立的外包商购买的商品数量在逐渐增多，这些承包商与医院签订合同，负责为医院购买维修设备、病人饮食设备、计费系统、理疗设

⊖ 7-11便利店于1927年由美国得克萨斯州达拉斯市的南兰公司（Southland Corporation）创立，早期从事生产及零售冰块业务，其后逐渐发展为商品多元化的便利店。南兰公司早于1946年采用7-Eleven商标，借以标榜该商店营业时间由上午7时至晚间11时，虽然目前7-Eleven的时间早已延长至每日24小时，但此名已深入人心，故仍沿袭采用。现时全球共有7-Eleven便利店超过27 000多家，成为世界上最大的连锁零售网络，其中接近6000家设在美国及加拿大，超过1万家位于日本。——译者注

⊜ 美仕唐纳滋（Mister Donut），是经营特色西点唐纳滋（Donut）即甜圈（也有人译为多纳圈）的连锁专卖店。它于1955年诞生于美国马萨诸塞州的波士顿，如今单在日本就拥有1302家连锁店。——译者注

⊜ 共同基金（Mutual Fund），指给予小投资者参与包含股票、债券及其他证券的多元化投资组合的证券。每名股东都可以分享基金的收益及分担损失。发行的股票在有需要时可以赎回。基金每日计算净资产值。每种共同基金都根据公开说明书中声明的目标进行投资。——译者注

备、药品、X 光机以及医学实验室设备等。

即使是大客户购买电脑，也越来越不需自己动手，而是由电脑管理公司代劳，这些公司帮助客户设计、购买、安装和运行相关信息系统。大型电脑制造商 DEC 公司⊖，现在已经有了自己下属的电脑管理公司。

顾客购买场所的变化也很快。很多大型的百货连锁店正面临着严重的困难。过去美国的几家百货公司巨头（例如，邦维·特勒百货公司⊜以及直到最近还是纽约时尚领袖的阿特曼百货公司⊜）都销声匿迹了。另外一些，如布鲁明戴尔公司⊛，也是资不抵债。但是一家总部在西雅图的诺德斯特龙⊛连锁店却经营有方。那些陷入困境的百货公司都是在商业中心区设立百货公司，在郊区设立分支机构，而诺德斯特龙却只在郊区有店铺。这也许就是以下趋势导致的一项后果：商务办公方面的工作正在缓慢而稳定地从商业中心区迁出，迁往白领居住的郊区。

那些大型证券公司，即那些总部在纽约的证券经纪公司，如美林证券⊛和希尔逊·莱曼公司⊕，几年前还经营得格外出色，而现在它们的销售收入和利润都在下滑。但是有些大型的"地方性"证券商（即那些总部不在纽约的经纪公司），如位于圣路易斯（St. Louis）的 A. G. 爱德华兹公司⊛，业

⊖ 数字设备公司（Digital Equipment Corp., DEC），曾经是世界上最成功的电脑厂商之一，后被康柏电脑兼并。——译者注

⊜ 邦维·特勒（Bonwit Teller），纽约最著名的百货商场之一。——译者注

⊜ 阿特曼百货公司（B. Altman），位于纽约第五大街的著名百货公司。——译者注

⊛ 布鲁明戴尔（Bloomingdale's）美国最大的高档百货公司之一，总部在纽约。——译者注

⊛ 诺德斯特龙（Nordstrom），美国零售连锁巨头之一，因其消费者服务而闻名世界。——译者注

⊛ 美林证券（Merrill Lynch）是一家领导性的国际金融管理及咨询公司，总体客户资产超过 10 000 亿美元，在为个人与小型企业提供金融咨询与管理服务的领域中处于领导地位。八年来，它已成为国际上最大的股票和债券承销人，也是企业、政府、机关、个人的战略性咨询者。通过资产管理，公司运作着世界上最大的共同基金集团之一。——译者注

⊕ 希尔逊·莱曼公司（Shearson Lehman）是美国运通旗下的子公司之一，同样从事经纪业务。——译者注

⊛ A. G. 爱德华兹公司（A. G. Edwards），也是美国一家证券经纪公司。——译者注

绩却蒸蒸日上。同样表现不错的还有一些"机构经纪公司"⊖（institutional broker）如总部在纽约的桑福德·伯恩斯坦公司⊜。

证券经纪公司的服务对象既有"零售客户"（个人投资者），又有"批发客户"（养老基金）。A. G. 爱德华兹公司主要服务于零售客户，而桑福德·伯恩斯坦公司专门服务于机构投资者。传统上，大型证券商能够成功地同时服务于这两个市场，但是现在，任何企业都不可能在同一个地点同时服务零售客户与批发客户。这可能说明当前的证券市场也像所有其他市场一样，正在进行市场细分。

销售渠道的改变对于 GNP⊜和宏观经济也许没有什么影响，但它们是各家企业和行业非常关心的领域。不过，这种改变是难以预测的。更麻烦的是，在这种改变未产生很大的影响时，从研究报告或统计数据中是看不出来的。统计学家称其为"边际变化"（changes at the margin）。而当这种变化在统计上变得很显著时，企业再去适应通常就为时已晚了，更别提利用这种机会了。

跟上这些变化的唯一办法，就是走出去寻找它们。下面是几个新例子。

阿尔弗雷德 P. 斯隆领导通用汽车公司成为 20 世纪 20 年代到 30 年代的全球头号制造企业，其方法实际上就是充分了解客户。每隔 3 个月，斯隆就会不告诉任何人自己的去向，悄悄地离开底特律总部，第二天上午他会出现在孟菲斯®或奥尔巴尼®的经销商那里，介绍自己，然后要求以推销员或经理助理的身份工作两天。在那一星期中，他还会在另外两个城市选择两家经销商，做同样的事情。到了下一周的周一，他会回到底特律，将顾客行为的变化，以及顾客对经销商服务、公司服务、市场趋势与流行趋势的偏好变

⊖　专门为机构投资者服务的证券公司。——译者注
⊜　桑福德·伯恩斯坦公司（Sanford Bernstein），美国一家机构经纪公司。——译者注
⊜　国民生产总值（gross national products，GNP）。——译者注
®　孟菲斯（Memphis），美国田纳西州西南部城市，位于密西西比河边，接近密西西比州边界。它是一个主要港口，并成为以布鲁斯音乐闻名的旅游中心。——译者注
®　奥尔巴尼（Albany），美国纽约州的首府。——译者注

化，迅速整理成备忘录。

在那些年里，通用汽车拥有美国企业界最先进的、最广泛的顾客研究，不过（至少当时负责通用汽车顾客研究的主管对我说过）斯隆通过在经销商那里实地工作，所发现的重要变化趋势要比顾客研究部门发现的多许多，也早许多。

已故的卡尔·贝士（Karl Bays）创立了美国医院公司（American Hospital Corp.），这是 20 世纪 70 年代医院产业的龙头。他将自己的成功大部分归功于实地考察。他每年会抽出两次机会，代替休假的销售人员工作两周。当销售人员度假归来后，贝士会高兴地对他说："顾客老是抱怨我没有能力，总是说我提一些愚蠢的问题。"但是贝士称这项活动的重点不在销售，而是学习。

另一个稍有变化的例子是：有两个人在 20 世纪 50 年代中期并购了一家缺乏活力的小型时尚连锁店，而后将其发展成了美国零售业巨头之一。在退休前的 30 年中，他们每个人的星期六都会在不同的购物中心度过。他们造访的不是自己的商铺，而是其他公司的商铺（包括时尚店、书店以及家居用品店等），主要任务是观察购物者、观察销售员、与商铺经理闲聊。他们坚持要求公司中的所有高级主管（包括律师、审计官和人力资源副总裁等）都要这样做。

这样做的结果就是，这家公司预见到了 20 世纪 60 年代初 "青少年文化"（youth culture）的到来，因而建立或改造了迎合青少年口味的商铺。几年之后，当所有人都在谈论 "绿化美国"（greening of America）[⊖]的时候，

⊖ 这里指的是 20 世纪 60 年代末最受欢迎的一本书，理查·瑞（Richard A. Reich）所写的《绿化美国》（The Greening of America）。作者阐述了超越主义的新价值观，认为自己才是真实的，因此个人的成功不在于财富的累积，也不在于社会地位的高低，而在于修得完整的自我人格。《绿化美国》预言此价值观必定会迅速蔓延，为美国带来更有人情味的社会、更和谐的人际关系，使人人了解自己，进而了解人与人、人与社会、人与大自然之间的关系。——译者注

该公司已经意识到青少年文化过去了，于是迅速调整商品和店铺，以便吸引青年人。又过了 10 年，快到 1980 年的时候，该公司又注意到双职工家庭的出现并采取相应的对策。

愚蠢的问题

要想预测流通渠道和顾客购买场所的变化（购买方式也同等重要），你就必须置身于市场之中，观察购物者及未购物者，提出"愚蠢的问题"。自从我首次建议主管人员"四下走动"后，迄今已近 40 年了。当时的"四下走动"，只是说走出办公室，去拜访公司内的同事，和他们交谈。这在过去是正确的做法，如今却只是在浪费主管的宝贵资源——时间。因为现在我们可以通过合理的机制获取信息。实际上，四下走动可能会给主管一种错误的安全感，让他们相信自己掌握了信息，而事实上，他们得到的只是下属希望他们听到的信息。

现在，我要给主管人员的正确建议就是：走出公司！

[1990]

企业文化：绝非鸡肋

企业文化变革已经成为最新的管理时尚，我们在各种商业杂志上都能看到这方面的文章。每个星期都有人邀请我举办企业文化方面的研修班。

很多组织确实有必要改变其根深蒂固的习惯。过去，政府的管制确保电力公司与电信公司能够持续盈利；现在，这些公司则必须面对你死我活的激烈竞争。顾客要求公司做到及时送货，消费者对商品的质量和服务越来越挑剔。员工在受到歧视或性骚扰时，会以此为由马上与你打官司。随着产品生命周期的缩短，美国大部分的机械产业（欧洲的情况更严重）都急需彻底改变其新产品及新款式的构思、设计、制造与营销方式，最终将这一流程的时间从长达数年缩短到几个月。

形式与内容

这就需要进行行为上的调整。但是，"文化变革"并不会实现上述目标。

不管你如何定义，文化都是延续性的。50年前，日本与德国蒙受了有史以来最惨重的失败，其价值观、制度和文化也饱受歧视。而今天，不管它们的行为有多大改变，人们都可以明白无误地辨认出日本文化与德国文化。只有基于实际存在的"文化"，行为调整才能发挥作用。

日本是最好的例子，在所有的非西方国家中，日本是唯一一个现代化国家，原因就在于100多年前，日本在改革过程中有意识地将西方化的行为扎根于传统价值观和传统文化中。现代的日本企业和大学在形式上是完全"西方化"的，但是可以这么说，形式只是一种容器，里面所盛的是传统的、完全非西方的文化，即宗族社会中的相互义务与忠诚。例如，公司对员工以及员工对公司的双向终身承诺，又如产业组织中的企业集团⊖，它通过相互依赖和相互忠诚，将许多独立的企业联结为一个整体，就像"诸侯"一样。

与此相反，印度的改革家认为他们必须改变自己国家的文化，最终的结果只能是挫折、冲突和混乱——没有带来任何行为上的变化。

另一个例子是：20世纪20年代，康拉德·阿登纳（Konrad Adenauer）⊜曾猛烈抨击魏玛共和国⊜，批评它的"资产阶级"价值观、贪婪、物质主义以及对金钱和商业的顶礼膜拜。但是，第二次世界大战后当他成为战败国德国的总理时，却毫不犹豫地大力推行希特勒上台之前的"资产阶级"思想，而这正是他曾经强烈指责的东西。当人们批评他时——德国和西方的"进步

⊖　原文为keiretsu，源于日语"联营公司（けいれつ）"，指将银行、厂商、供应者和发行者与日本政府联结在一起的特殊企业组织模式，特点是包括"主要银行"、稳定的股权以及大家都支持的董事会。——译者注

⊜　康拉德·阿登纳（Konrad Adenauer），德国开国元老，1949～1963年担任联邦德国总理。经历了德意志帝国、魏玛共和国、第三帝国和联邦德国四个重大历史时期。在他的领导下，德国在政治上从一个战败国到重新获得主权，进而成为西方国家的一个平等伙伴；经济上医治了战争的创伤，并通过实施社会市场经济，创造了德国的"经济奇迹"。——译者注

⊜　魏玛共和国（Weimar Germany），第一次世界大战后自1919～1933年的德意志共和国。——译者注

人士"曾强烈抨击他，他回答道："不管希特勒之前的那个德国有着什么样的缺陷，但它是现有德国人唯一了解的有活力的文化。我们别无选择，只能用它建设一个崭新的、后希特勒时代的德国。"

我们还有一个很好的美国企业案例——铁路业。20 世纪 40 年代后期，美国铁路业严重亏损，更糟糕的是，其市场份额不断地被汽车运输业和航空运输业快速地掠夺。当然，我们需要铁路——所有人都认为，美国政府会接管铁路业。此外，大部分客运业务的确由政府机构接管了。但是，客运业务所占的份额从未超过铁路运输整体市场的 1/10。

在美国，铁路的主体业务——货运业务仍由私营企业控制，这在全世界都是独一无二的。此外，美国铁路业是现在全球唯一一家盈利的，其他国家的铁路系统实际上都已经经营不下去了。美国铁路业是其运输业中的重要一块（在长途运输业中要超过 1/3），其他运输业的份额不会超过 5%～8%（英国和日本的铁路业甚至连这个数字也达不到）。美国铁路业扭亏为盈的基础是其经理人、职员、列车工作人员所持有的价值观，例如铁路业必须要达到相关的技术标准。

如果你必须要改变行为习惯，那么不要去改变文化，只需要改变习惯本身（并且我们也有办法做到这一点）。

第一步是对成果进行界定。比如，在医院的急救室，病人在被送到后的一分钟之内，必须得到具备相关能力的医务人员（如急救室护士）的照料。新型号的洗衣机或笔记本电脑必须在其上一个型号推出后的 15 个月内做好一切市场准备。每一次顾客咨询，包括投诉，都要在 24 小时之内进行电话答复（这是一家运营良好的共同基金公司的服务标准）。

第二步——也是最重要的步骤，并不是"培训"或者管理人员开会，更不是大老板训话，而是弄清楚："在我们的体系内，哪个部分正在做这件事？"

1948～1949 年，美国铁路业的经营状况开始好转，当时太平洋联合铁路公司⊖、切萨皮克与俄亥俄铁路公司⊜和诺福克西方铁路公司⊛的经理人员首先问自己："我们所追求的最重要的结果是什么？"回答无一例外都是："重新夺回把汽车从工厂运给经销商这一块业务。"接着他们又问自己："铁路业中有没有人在努力地开拓这块业务？"

这个问题刚一提出来，所有的人就都想到了切萨皮克与俄亥俄铁路公司的一家分公司。该公司位于通用汽车公司别克车事业部的总部所在地——密歇根州弗林特市。当国内其他铁路公司在汽车装运业务上节节败退的时候，这家公司的相关业务却蒸蒸日上。实际上，这家公司的员工所做的只是找出别克对于传统铁路业务的需求点和愿意支付的价格，然后高质量地提供这些服务。

芝加哥的马歇尔广场（Marshall Field）是一家高档百货公司，跟其他百货公司一样，在 20 世纪 70 年代遭遇困境，但它也是最早摆脱困境的百货公司之一。前面三四个 CEO 都试图改变公司的文化，但无功而返。后来接任的一位 CEO 问员工："我们必须怎样做才能摆脱困境？"该公司所有的经理都清楚答案："我们必须提高顾客每次购物的总金额。"新任 CEO 接着问："我们的商铺中有做到这一点的吗？"在该公司大约 30 家的商铺中，只有三四家做到了这一点。"你们能否告诉大家，"他问这几个商铺经理，"你们的员工是如何做的，从而最终获得了理想的结果？"

在每一个这样的案例中，取得优异绩效的关键并不是做一些与众不同的事情，而是系统地去做一些众所周知、公司手册中早已指明、企业不断宣扬

⊖ 原文为 Union Pacific，指太平洋联合公司，美国一家以运输、计算机技术和后勤基地为主的企业，这里指其子公司——太平洋联合铁路（Union Pacific Railroad）。——译者注

⊜ 切萨皮克与俄亥俄（Chesapeake & Ohio），这里指的也是一家铁路公司。——译者注

⊛ 诺福克西方铁路公司（Norfolk & Western），也是美国一家铁路公司。——译者注

的事情——但是，只有少数人真正地这样去做了。

因此，第三步就是高管层要确保基于企业文化的有效组织行为能够在公司中得到切实执行。也就是说，高管层首先要系统性地、反复地询问："我们高层管理者以及整个公司应当如何做，才能帮助员工实现大家都认可的、必须达到的结果？""我们所做的事情中有哪些会妨碍员工实现这些结果？"那些成功地给因循守旧的老企业带来新的活力的管理者，总是在每一次与下属开会时问这些问题，并且在听到答案之后立刻采取行动。

伊拉克与格林纳达

最后，改变行为习惯要求我们首先改变认可与鼓励的方式。长期以来我们知道，企业员工会对组织认可和鼓励的行为做出反应。当有人在组织中受到肯定时——例如被要求在同事面前介绍他们如何成功地实现最佳业绩，人们就会努力工作以获得这种认可。当他们认识到组织会对正确的行为进行鼓励时，他们就会接受并实施这些行为。

最好的例证莫过于美军在最近的伊拉克战争中进行的不同军种之间的协同作战。1983 年攻占格林纳达的时候，各个军种之间非常缺乏协作——如果当时对方稍有抵抗的话，这次入侵就将遭到惨败⊖。事后，军方马上召开各种会议、研讨和讲座等活动，推动和宣扬合作。可是，1989 年，美军攻占巴拿马，又因为各军种缺乏合作而险遭失败。⊖

⊖ 1983 年，格林纳达在古巴的军事支援下发生了政变，美国围堵古巴，并联同中美洲六国入侵以保护当地美国侨民、维持该地区秩序，近 2000 名美国海军和陆军，在航空母舰与直升机的护送下，登陆格林纳达，战事持续四日，美国成功后撤离。——译者注

⊖ 1989 年 10 月 4 日，美国资助巴拿马吉罗尔迪少校发动政变，试图除掉巴拿马政府首脑诺列加，政变失败。事后，美国决定采取军事行动。12 月，以"捉拿佛罗里达法院通缉的大毒贩诺列加"为由，美国出动陆军第 7 步兵师、空降师、海军陆战队，并首次出动 8 架 F-117A 隐形战斗机，27 000 名美国士兵，向巴拿马发动突然袭击，并予以占领。——译者注

　　一年之后，在伊拉克的行动中，各军种表现出了前所未有的协作，成效斐然。据我所知，原因是：军官与其他军种的协作状况（由其他军种进行评估）将成为其能否得到升迁的重要考核因素。

[1991]

不断降低成本：长期策略

许多大型组织（不仅包括各类企业，也包括政府机构、医院和大学）近年来都大量地裁员，但很少有单位真正实现了预期的成本节约。在有些组织中成本甚至增加了，而在更多的组织中，业绩受到了严重影响。越来越多的员工也在抱怨压力和工作量太大。

用裁员的办法削减成本无异于本末倒置。能够降成本的唯一办法是企业重组（restructure），通过这种方法减少的工作人数，比最激进的裁员还要多得多。实际上，成本的削减应该一直作为反思和重新设计企业运营体系的一种机会。

撤掉运作环节

在刚开始进行成本削减的时候，管理者通常会问："我们怎样才能使这一运营工作更有效率？"这么问就错了，而应该这样问："假如我们完全停止这项工作，天会塌下来吗？"如果回答是"大概不会"，那么这项工作就可以撤掉。当然，这么做会有人不欢迎，肯定会有人争辩："18 个月前这一流程是有用的，也许，18 个月后我们还要用到它。"但是，到目前为止，将一项运营工作整个剔除是削减成本最为有效的办法，也是唯一能够实现降低长期成本的办法。绝非巧合，在过去几年中，真正削减了成本的地方恰恰是那些将整个运作环节完全撤除的企业——就拿商业银行来说，关掉不盈利的分支机构最能降低成本。

在我们做的事情中有那么多从来都不曾改变，这一点总是让人感到不可思议。举个例子——非常典型的例子——就是古老的手工订单输入系统，只是到了 5 年前这一工作才改由计算机处理，但现在仍然随处可见手工输入，理由是以防万一。另一个例子则是很多医院使用的双重病历系统：一份病历用于算账，另一份用于看病——它们用的是不同的软件，记在不同的电脑上。总体而言，在文秘和控制工作中有 1/3 可能是不需要的，要么是工作目标不明确，要么是已经过时了。让根本就不应该做的事情变得更有效率，这可能是最难见效的了。

下一个问题则是针对另外 2/3 的工作，即那些满足一定需要的工作："每一项工作对公司有什么贡献？它的目标是什么？"管理层一般以为这些问题的答案很简单。但是多半没有人知道答案，或者答案是完全错误的。也许更糟糕的是，有不止一个答案。

"为什么我们要检查销售人员的费用支出？""当然是要让他们保持诚实。"但这绝不是企业的目标。正确的回答是："控制销售费用。"最好的控制办法（这种办法的成本非常低）就是根据销售人员的需要（例如，出差的次数及天数）确定费用标准。要想确定这些标准，只需要让少数几个经验丰富的销售人员对其实际费用支出做一下记录即可，每年记两次，每次记一个星期。

公司过去的系统（其目的是为了让人们保持诚信）需要两个职员忙一整年。而新的系统甚至连一个全职员工都不需要。同时它还使这家全国性的大型建筑材料批发企业在销售量稳步增长的背景下，能够将销售员从 167 人减到 158 人。销售人员有了更多的时间用于销售，因为他们不用再将销售时间浪费在编制数量可观的各种单据上。

对于某项工作的目的是什么这个问题，经常会出现错误答案，同样常见的是：对此问题会有两个或多个答案。但是，一项精心设计、成本合理的工作，其目的只能有一个。如果一项工作同时满足两个或者更多目标，这就意味着它是无效率的，而且成本高昂。

当我问这家建筑材料批发商大规模物流对企业有什么用时，回答如下："我们给全国 2800 家经销商供货是想达到两个目标：确保经销商不会断货，同时确保我们没有过多的库存。"实际上，该公司需要的是两项不同的工作。

一项工作是确保经销商有足够的畅销产品存货，这些产品约占公司一半的销售额。对策是让经销商比未来三周销售实际所需多备 15%～20% 的畅销货，不再对这些畅销商品进行集中式库存，也不再进行库存管理。经销商的存货水平取决于系统化的实地抽查，这种抽查每隔一周进行一次，抽查 3% 的经销商的实际零售量——也就是说，在全国范围内抽查 84 家经销商。这项工作只需要七八个销售实习生来做即可，同时这一办法也被证明是最有效的培训方式。

另一项工作则是经营 20% 的"特色"商品（主要是高价货），这些产品占了公司销售额的另一半（利润贡献则要大得多）。现在，这些产品存储于一家航空货运公司的中央仓库中，在接到订单后，6 小时之内就可以通过昼夜航班，送往国内任何地方。

原先的系统要花掉公司销售收入的 1%（而在这个行业里，销售利润率达到 6% 就被认为是很优秀的了）。新系统的总成本还不到原来的 1/3。老系统需要 53 个人忙碌不停，而两个新系统加起来只雇了 20 个人。另外，新系统还做到了提供更好的服务和进行更好的存货管理。

最后一个问题才是**如何**使重组后的企业实现最优绩效和最低成本。正确的回答并不是用更多的计算机更快地处理更多的数据。当然，在很多案例中，最终的成果往往体现为一个计算机程序。但关键不是如何操作这个程序，而是确定我们需要什么信息。

这可能意味着（就像我前面提到过的例子那样）从内部数据转向外部数据，以便找出公司客户（经销商）对最终消费者的实际零售额。这也可能意味着（特别是在控制性的工作中）从算总数转向统计抽样。抽样不仅比算总数更节省成本，而且更为可靠。统计分析本身就可以提供有效控制所需的重要信息：可以允许的正常波动范围与"例外"（需要立即纠正的真正误差）。

成本削减还只是个开头。如果我们只是削减成本而没有建立适当的成本控制体系，几年后肯定会重新出现多余成本，因为成本绝不会自动下降。成本控制要求逐步提高每一项工作的生产效率，年复一年，月复一月——每年提高 3% 是一个最低目标。这就要求每隔 3 年左右，都要重新审视每一项工作、每一项活动："我们真的需要这个环节吗？或者应该把它裁减掉吗？"这也就要求：只有在旧的工作被裁掉或者至少精简之后，才能引入新的工作和活动——特别是要用到新员工的新工作。

同时，每隔 3 年，都要重新检查每项工作、每项活动的目标及其对企业的贡献。最后，还需要考虑：实现这一目标的最简单方法是什么？

过 度 肥 胖

现在，大多数人都知道减肥比一开始就控制体重要困难得多，过高的成本就像过度的肥胖。削减成本很少能得到员工的支持：毕竟这意味着裁员。但是，没有员工的积极参与，有效控制成本的措施就难以执行。的确，在过去这么多年中，削减成本的努力大多付之东流的原因之一就是它们是从上往下强加给员工的，而员工则视其为对自身工作和收入的威胁。其实，成本控制更需要得到积极的、热情的员工的支持。因为员工最清楚哪里的成本过多了，他们也知道较低的、可控的成本意味着更好的、更可靠的工作。

我们还需要进行更多的成本削减，尤其是大企业（绝不只是美国企业——还有日本大企业，例如日本大银行有大量冗员）。但是，成本削减永远只是在企业中建立长期性成本控制体系的第一步。

[1989]

非营利组织带给企业界的启示

女童军[⊖]、红十字会、教区教会（我们的非营利组织）正在成为美国管理界的领跑者。在战略和董事会有效性这两个方面，非营利组织正在做着那些美国企业界说到而没有做到的事情。在至关重要的领域中（对知识型员工的激励与如何提高其生产率），非营利组织是真正的先驱，它们的实践和策略将成为企业界未来学习的对象。

很少有人知道：非营利组织目前是全美最大的雇主。每两个成人中就有一个（总数超过 8000 万）以志愿者的身份为一家或多家非营利组织工作着，他们的工作时间平均每周约为 5 个小时。这相当于 1000 万份全职工作。如果这些志愿者领薪水的话，即使按照最低工资，其工资总量也会高达 1500 亿美元，占美国国民生产总值（GNP）[⊖]的 5%。此外，志愿者的工作变化非

⊖ 美国女童军（Girl Scouts）是世界上最大的专门服务于女孩子的组织，培养女孩子在现实世界中取得成功所需要的个性与技能。在诚恳负责的成人义工合作下，女孩提高使她们得以终身受益的素质，例如领导能力、健康的价值观、社会是非观以及对自身潜能与自我价值的信心。——译者注

⊖ 国民生产总值。它与国内生产总值有所区别，包括本国企业在外国的产值。——译者注

常快。当然，许多此类工作不要求你有什么技能或判断能力：每年花一个星期六的下午募集社区公益金（Community Chest），陪着年轻人挨家挨户兜售女童军小甜饼，开车送老人去医院等。而越来越多的志愿者成为"不领报酬的职员"，他们在非营利组织中承担着专业工作与管理任务。

当然，并不是所有的非营利组织都很出色，有很多社区医院目前处于困境中。传统的教堂和各种犹太教（自由派、保守派、福音教派、正统基督教）都在逐渐失去信徒。实际上，在过去 10～15 年，从募集的资金额（经过通货膨胀调整）或志愿者人数来看，整体上非营利组织并没有扩大。不过，如果是看生产率、工作范围和对美国社会的贡献，非营利组织在过去20 年里获得了巨大的发展。

救世军[⊖]就是一个例子。佛罗里达州首次入狱的罪犯大多是一些贫困的黑人和西班牙裔的年轻人，现在他们可以获得假释，由救世军负责监护——每年 25 000 人左右。统计数据显示：如果这些青年人被送进监狱，大部分将会变成惯犯。但是，通过一项主要由志愿者从事的非常严格的活动，救世军挽救了 80% 的罪犯。而与将这些初犯者关进监狱相比，这项活动的成本微不足道。

在这项活动以及非营利组织许多其他有效活动的背后，是对管理的重视。20 年前，对于非营利组织的人来说，管理还是个肮脏的字眼，因为这意味着商业与利润，非营利组织以自己不受铜臭影响和超脱于利润算计为豪。现在他们大部分都认识到：非营利组织甚至比企业更需要管理，这恰恰是因为他们不受利润指标的约束。当然，非营利组织仍然在致力于做善事，不过它们也认识到，一片好心并不能替代组织与领导，也不能替代责任、绩效和成果。这些都要求强化管理，而管理始于组织使命。

通常，非营利组织比企业更关心资金问题。它们花费很多时间讨论和操

⊖　救世军（Salvation Army）：一个国际救助和慈善组织，由威廉·布思（William Booth）于1865 年建立，作为一个伦敦复兴组织，在 1878 年被重新命名。——译者注

心资金问题，因为筹集资金太困难了，而且它们的资金总是远远少于需要的数量。但是，非营利组织不会像许多企业一样，将战略建立在资金之上，也不会把它当作发展计划的核心内容。一位同时在企业董事会和非营利组织理事会任职的著名CEO说："我就职的企业是从财务回报开始起草其计划的，非营利组织则是从组织使命的执行开始。"

从组织使命及其要求开始，这一点也许是企业可以从成功的非营利组织身上学习的第一课。这使得非营利组织能够聚焦于行动，制定实现关键组织目标所需的各种具体策略，创建有纪律的组织。这也能使非营利组织避免常见的企业病，尤其是大企业病：将有限的资源分配给"有趣的"或者似乎"有利可图"的事情，而不是集中用于少数能够产生成果的工作。

最优秀的非营利组织投入大量的精力去界定组织的使命，它们不会对良好愿望泛泛而谈，而是聚焦于组织目标，从而使组织成员（既包括正式员工也包括志愿者）能够明确自己的工作方向。例如，救世军的目标是将被社会抛弃的人（酒鬼、罪犯、流浪汉）转变为正常的公民；女童军的目标是帮助女孩成长为自信的、能干的、尊重自己也尊重他人的女青年；大自然保护协会⊖则是为了保护自然界动植物的多样性。非营利组织以环境、社区和未来"顾客"为出发点，而美国企业则倾向于从内部开始，即以组织自身或财务回报为出发点。

位于伊利诺伊州芝加哥市外南巴灵顿地区的柳溪社区教堂⊜已经成为全

⊖　美国大自然保护协会（Nature Conservancy）是从事生态环境保护的国际民间组织，成立于1951年，总部设在美国华盛顿。其使命是通过保护代表地球生物多样性的动物、植物和自然群落赖以生存的陆地与水域，实现对这些动物、植物和自然群落的保护。它是美国10大慈善机构之一，位居全球生态环境保护非营利民间组织前茅。它在美国拥有1600多个自然保护区，总面积达1400万英亩，遍布50个州，并与合作伙伴一起在拉丁美洲、加勒比海以及亚太地区等30个国家管护着超过10 200万英亩的生物多样性热点地区。它在全球设有400个办公室，员工人数达3800名，拥有会员上百万名，约20 000名志愿者参与服务。——译者注

⊜　柳溪社区教堂（Willowcreek Community Church），美国最大的教会。——译者注

美最大的教堂，拥有多达 13 000 名教众。可是，它成立了才短短 15 年。比尔·海波斯（Bill Hybels）20 岁出头的时候创建了这座教堂，他选择这个社区的原因是：虽然当地人口增长很快，教堂也很多，但是，这里经常做礼拜的人相对较少。他挨家挨户地询问："为什么你不去教堂呢？"然后他设计了一座能够满足潜在客户需求的教堂，例如，在星期三晚上做礼拜，因为很多上班的父母亲要陪他们的子女过星期天。海波斯还进一步倾听意见，并及时做出反应。牧师布道时会有人录音并迅速复制成录音带，以便教众在离开教堂时可以带走一盘，因为海波斯不止一次听别人说："我想在开车回家或开车上班的时候听这些布道，以便将这些信念注入我的生命中。"同时他也听说："布道总是告诉我要改变自己的生活，但从没有说过怎样去做。"于是，海波斯每一次的布道总会在一个具体的行动建议中结束。

　　界定清晰的组织使命能够起到不断提醒的作用，提醒大家要向外看，不光是寻找"客户"，还要寻找获得成功的方法。在非营利组织中，人们很容易满足于"我们的事业是一种善事"，因此他们会用良好的出发点代替具体成果。恰恰是因为这一点，成功的、表现良好的非营利组织学会了清楚地界定：组织**外部的**哪些变化是组织追求的"成果"，并将精力集中在这上面。

　　美国西南部有一家大型天主教连锁医院，它的经历可以说明：明确的使命和成果聚焦会带来何等的收效。尽管过去八年来政府大幅度削减了医疗保障费用，但是这家连锁医院的收入增长了 15%（并因此实现了盈亏平衡），同时大幅度扩展了服务范围，提高了为患者提供护理和治疗水平。之所以能够做到这一点，是因为担任 CEO 的修女明白：她和她的员工从事的是提供卫生保健（尤其是对穷人）的事业，而不是经营医院。

　　10 年前，出于医疗原因而非经济原因，卫生保健服务从医院中转移了出来，此时，这家连锁医院推动了这一发展，而不是反对它。它建立了流动的手术中心、康复中心、X 光机与实验室网络、健康维护组织[⊖]，等等。它的口号是："一切从患者的利益出发，只有我们的工作好，人们才会付费。"不可思议的是，此项策略让这家连锁医院发展壮大起来，它是如此受欢迎，以至于许多病人愿意转到此处就诊。

当然，这与日本成功企业的营销战略并没有什么不同，但与大多数西方企业的思维和经营方式截然相反。关键就在于这位天主教修女（以及日本企业家）是以组织使命为出发点，而不是先考虑自身的回报问题，他们首先考虑如何为组织外部的市场对象做贡献，这自然会带来回报。

最后，一个清晰界定的组织使命有助于催生创意，使他人理解组织存在的理由——不管它多么背离于传统。这方面可以看看幼童军（Daisy Scouts）的例子，几年前女童军发起了一项面向 5 岁孩童的活动。75 年以来，小学一年级一直是加入女童军的最低年龄，许多女童军的领导人也想保持这一传统。但是另一些人看到了人口结构的变化，发现越来越多的上班族母亲将小孩锁在家中。他们也对这些儿童进行了研究，发现这些小孩远远比他们上一代的儿童要成熟（这主要是电视造成的）。

今天，幼童军已经有了 10 万人的规模，并且还在快速壮大。到目前为止，这已成为 20 年来面向学龄前儿童开展的项目里最为成功的一个，而且比那些成本高昂的政府项目要成功得多。另外，这也是迄今为止唯一一个发现了重要的人口结构变化及儿童长时间看电视并将其视为机遇的项目。

许多非营利组织现在有着企业还不具备的东西——有效的理事会。它们还有企业界更为缺乏的——一个明确向理事会负责的 CEO，理事会下设的委员会每年对其进行一次绩效考核。它们还有企业界最为缺乏的——根据事

⊖　健康维护组织（HMO）——使用者或者消费者医疗合作社，是同一社区的人士共同建立的，用以满足大家的医疗需要。医疗合作社的会员共同决定合作社的目标和具体执行方式。这使普通平民百姓也可以影响医疗保健的服务内容和方式。联合国称这些组织为"健康维护组织"，简称 HMO。——译者注

先确定的绩效目标每年都要被评估的理事会。对理事会的有效运用是企业界可以从非营利组织中学习的第二课。

在美国法律中，董事会仍然被视为公司的"管理"机构。管理评论家和学者一致认为，强有力的董事会是极为重要的。20 多年来，他们就此写了不少著作。尽管如此，半个多世纪以来，美国大公司的高管层却一直在削弱董事的作用、权力和独立性。在最近几十年的每一个大公司失败案例中，董事会都是最后才知道公司出问题的。要想找到一个真正有效的董事会，你最好去非营利组织中找而不要在上市公司中耗费精力。

这种差异部分地是历史的产物。从传统上看，理事会在非营利组织中就是大管家——或者力图做到这一点。实际上，因为非营利组织规模太大、结构太复杂，根本无法让每个月只见面 3 个小时的外部兼职人员进行管理，所以许多非营利组织只能转向专业人员管理。美国红十字会也许是世界上最大的非政府机构，肯定也是最复杂的机构之一。它负责全世界范围内的灾难救济，管理着医院中的数千个血库、骨髓库和皮肤组织库，它还负责全国范围的心血管和呼吸系统急救培训，并在数千所学校中开设急救课程。但是，直到 1950 年，它才有了第一位领取报酬的首席执行官，直到里根总统执政时期才出现了首位专业化的 CEO。

但是，不管专业化的管理层如何普及——在绝大多数非营利组织以及所有大型非营利组织中，专业化的 CEO 现在随处可见——一般而言，非营利组织的理事会不会像许多企业董事会那样无所作为。不管非营利组织的 CEO 多么希望（相当一部分肯定会这样想），非营利组织的理事会都不会变成他们的"橡皮图章"。资金是一个方面的原因。上市公司的董事中很少有人是该公司的重要股东，而非营利组织的理事会成员往往为该机构捐助了大量款项，并且以后还会引来更多的捐助者。同时，非营利组织的理事通常对于该组织的事业有一种个人忠诚感。只有对宗教或者教育有深切关注的人，才会参加教堂的委员会或学校的理事会。另外，非营利组织的理事通常已经以志愿者的身份为组织服务过很多年了，因此对本组织有着深入的了解，这与公司的外部董事形成了鲜明的对比。

正是因为非营利组织的理事会是如此的负责与活跃，他们与 CEO 的关系通常高度紧张，随时都有可能出现冲突。CEO 抱怨理事会"多管闲事"，反过来，理事抱怨经理层"篡夺"了理事会的权力。这使得越来越多的非营利组织认识到：理事会和 CEO 都不是"老板"，他们只是合作同事，目标相同，但职责分工不同。此外，他们认为：应当让 CEO 界定各方的职责，包括理事会的职责以及他自身的职责。

例如，位于太平洋西北海岸的一家大型电子消费合作社，建立了 10 个理事委员会，每个委员会有一名成员，负责一项具体的工作，如社区关系、耗电率、人事、服务标准等。与合作社主席（志愿者）和全职 CEO 一起，这些单人委员会要制定自己未来 1 年和 3 年的目标，以及为了完成目标所需要做的工作。理事通常每年要花 5～8 天的时间做这些计划。合作社主席负责对每个理事的工作和绩效进行年度评估，如果某个理事连续两年表现不佳，他就没有资格进行连任竞选。另外，主席和其他三位理事负责每年评估整个理事会以及 CEO 的绩效。

正如上述例子所表明的，使理事会有效运作的关键，不是讨论它的职能，而是如何组织好它的工作。越来越多的非营利组织正在这么做，其中有 6 家中等规模的文科院校、1 家比较领先的神学院，以及几家大规模的研究型医院和博物馆等。具有讽刺意义的是，这些方法改变了美国第一个非营利组织理事会——的运作方式成立于 300 年前的哈佛大学的理事会。现在，理事会的每个成员都是"观察员"，负责大学的某一部分，如医学院、天文学部、捐资的使用等。这些理事会成员既要向自己负责的相关部分提供信息，又要对它的绩效进行评估。在美国学术界有一个普遍的说法，即哈佛大学的理事会是唯一发挥重要作用的大学理事会。

有很多人预言，大公司董事会的弱化不但不会加强公司的管理，反而会削弱管理。这会减少管理层对公司绩效及经营成果的责任；实际上，大公司的董事会很少会根据事先确定的企业目标评估管理层的绩效。可以预计，董事会弱化将使高管层在受到攻击时失去有效、可靠的支持。这些预测在最近的恶意收购狂潮中得到了充分的证实。

为了恢复管理层的管理能力，我们要先让董事会恢复有效性——这应该被看作 CEO 的一项责任。我们已经开始采取行动了。现在，大多数公司的审计委员会不再是虚职，而是有了真正的实权。有些公司——虽然到目前为止还没有什么大公司——设立了专门负责高管接任（succession）和能力开发的小型董事委员会，定期与高管会面，讨论他们的绩效和计划。但是就我所知，到目前为止尚无一家公司制定了董事会工作计划，并且对董事会的绩效进行了评估。也没有哪家公司像大型非营利组织那样，系统地培训新提拔的理事会成员。

非营利组织过去常说："因为我们不给志愿者付报酬，所以我们不能向他们提出要求。"现在，他们很可能会说："恰恰因为志愿者不要报酬，他们才必须从成就中获得更大的满足感，必须做出更大的贡献。"志愿者正在逐渐由出于善心的业余人员向训练有素的、不要报酬的专业化职员转变，这是非营利组织最重大的发展，同时也对未来的企业界产生了非常深远的启示。

美国中西部的一个天主教教会在这方面可能走得最远。现在，它的牧师和修女的数量还不到 15 年前的一半，但是，相关宗教活动得到了极大的扩展——在某些方面，如帮助无家可归的人和吸毒者等，其扩张程度超过了过去的两倍。教会现在仍然有很多传统的志愿者，如做插花工作的圣坛协会[⊖]

　　⊖　圣坛协会（Altar Guild）：一个天主教的协会，成员志愿献身服务于上帝，保证宗教的纯洁
　　　　性。——译者注

成员。但现在也有约 2000 名免费兼职员工经营天主教会的慈善事业、管理教会学校、组织年轻人活动、发展大学中的纽曼社[⊖]甚至开办一些收容所。

另一个类似的变革发生在弗吉尼亚州里士满市的第一浸礼会教堂（First Baptist Church），它是美国南部浸礼会中最大和最古老的教堂之一。当彼得·詹姆士·弗莱明（Peter James Flamming）博士 5 年前开始主持该教堂时，作为一家典型的老式城区教堂，这家教堂多年来一直不景气。现在它重新拥有了 4000 名教众，除了完成全套的教堂内部事务之外，它同时还运作着 12 个教堂以外的项目。教堂只有 9 名全职领薪的职员，但是在 4000 名教友中，却有 1000 名在教堂免费供职。

这一发展绝不仅限于宗教团体。美国心脏协会（American Heart Association）在全国各个城市中都设有分会，但是领薪的职员仅限于几个全国总部的员工，以及少数几个往返于各地协调解决问题的职员。志愿者管理着各个分会，他们对社区健康教育和资金募集活动负有全责。

这些变革部分是对需求的回应。由于美国已经有近一半的成年人是志愿者，这个总数不大可能再有增长了。而在资金总是短缺的状况下，非营利组织也不能再增加领薪的职员。如果它们希望扩展活动（因为需求在增长），它们必须让志愿者更能干，让他们承担更多的工作和职责。不过，志愿者角色改变的最大推动力还是来自志愿者自身。

越来越多的志愿者是受过教育的人士，从事管理或专业工作——有些是 50 多岁即将退休的人员，更多的是婴儿潮时期出生的年纪在 35 岁上下或 40 岁的人士。这些人士并不满足于只做帮助别人的工作。他们在实际工作中是知识型员工，因此希望在对社会做贡献时（也就是志愿者工作）还是知识型员工。如果非营利组织要吸引并招纳他们，就必须让他们在工作中充分发挥其能力和知识，使他们能够做出有意义的成就。

⊖ 纽曼社（Newman Club）：非天主教大学中的天主教同学会。——译者注

许多非营利组织有系统地招募这类人才。经验丰富的志愿者被派去挑选新人（教堂或者犹太教会的新成员、为红十字会筹款的邻居），寻找那些具有领导天赋的人，并劝说他们接受更具挑战性的工作。然后，组织中的高级职员（全职领薪人员或者富有经验的志愿者）对新来者进行面试，评估他们的能力并据此安排他们的岗位。新志愿者也会被安排一个导师和一个主管，以帮助他们制定业绩目标。这样的顾问通常是两个不同的人，并且通常也是志愿者。

女童军有 73 万名志愿者，只有 6000 名领薪的雇员，他们的服务对象是 350 万女孩儿成员，这种做法就符合上述方式。志愿者的起步工作通常是每星期用车送孩子参加一次聚会。然后有经验的志愿者会带领她们参加其他工作，如陪着女童军挨家挨户卖小甜饼，协助幼童军负责人组织野营。通过这样一步一步地成长，选出地方性的志愿者理事会，直到最后选出女童军的管理机构——全国理事会。每一步（即便是第一步）都有必修性质的培训课程，这些课程通常由一位女志愿者讲授。每一步都有具体的绩效标准和绩效目标。

这些不领薪酬的人们到底想要什么呢？是什么让他们坚持了下来——因为他们随时可以离开？他们首要的也是最重要的需求是：非营利组织要有一个明确的使命，以推动该组织的各项工作。一家大型地区性银行的高级副总裁有两个幼小的孩子，这位副总裁刚刚被选为大自然保护协会当地分会的主席，这个协会主要寻找、赎买和管理濒临灭绝的生物。当我问她为什么愿意承担这么沉重的额外工作时，她回答："我热爱我的工作，当然银行也有其理念，但是它并不真正知道自己能做什么贡献，而在大自然保护协会，我却知道我们是为了什么。"

这一新兴群体的第二项需求就是培训、培训、更多的培训。其实反过来看，激励和保持老成员最有效的办法就是充分认可他们的专长，并让他们去培训新成员。这样，此类知识型员工就要有一定的职权——他们要考虑和设定自己的绩效目标。他们希望有人咨询自己，并参与制定能够影响自身工作以及整个组织发展的决策。同时他们也希望有发展的机会，即承担更多挑战性的任务和适应其绩效表现的更大责任。这就是许多优秀的非营利组织为志愿者建立职务晋升制度的原因。

支撑这些活动的是责任制度。当前许多知识型志愿者坚持至少每年一次，将自己的绩效与预定目标进行对照、评估。他们更希望组织能将绩效不佳者调离，要么给他们委派更适合其能力的任务，要么建议他们离开。负责管理美国中西部教区志愿者的牧师说："虽然这比海军陆战队的新兵训练中心要差一些，但我们还有 400 个候选人等待培训。"美国中西部有一家发展很快的大型艺术博物馆，要求志愿者（包括理事会成员、筹款人、讲解员以及新闻宣传人员）每年设定自己的目标，每年按照这些目标对自己进行评估，如果连续两年没有达到目标就要辞职离开。大学里一家中等规模的犹太组织也是这样做的。

目前这些专业的志愿者还只占少数，但它是一个重要的群体，大概占整个志愿者队伍的 1/10。这个群体的数量不断增长，更重要的是，它对非营利组织的影响越来越大。正像一家大教堂的牧师所说的（越来越多的非营利组织也这样认为）："在这个教堂里没有外行，都是牧师，只不过少数拿薪水，大多数不要报酬。"

从非营利组织的志愿者发展为领薪的专业人员，这一转变也许是当今美国社会最为重要的变化。我们听过太多家庭和社区的退化与分裂，以及价值观的沦丧。当然，我们应该关注这些。但是，非营利组织正在发动一场强有力的纠偏运动。它们正在塑造新的社区认同感，让大家对公民权利、社会义务和价值观承担起新的责任。非营利组织带给志愿者的肯定和志愿者贡献给非营利组织的同等重要。实际上，它可能与非营利组织给社区提供的（宗教、教育、福利）服务是同等重要的。

这种发展也给企业界带来了一个重要的启示。如何管理知识型员工并提高其生产率是美国管理界面临的一大挑战，而非营利组织告诉了我们怎样去做。要想做到这一点，我们要有明确的使命、周密的人员安排、持续的学习与培训、目标管理和自我控制、高标准要求并同时匹配相应的责任，以及关于绩效和成果的责任制度。

志愿者工作的转变同样也给美国企业界发出了一个警示。在我参与讲课的中高层管理人员培训班中，学员来自各个不同的行业：银行与保险公司、大型零售连锁店、航空公司与电脑公司、房地产开发商以及许多其他行业。不过他们大部分也在非营利组织做志愿者——某个教堂、母校的理事会、童子军负责人、基督教青年会⊖、社区福利基金⊜或当地交响乐团。当我问他们为什么要做志愿工作时，大多数人的回答是一样的：我的本职工作没有多少挑战，没有足够的成就感，没有足够的责任，也没有使命感，它只是一种谋生手段。

［ 1989 ］

⊖　基督教青年会，原文是"YMCA"，Young Men's Christian Association 的缩写。——译者注
⊜　社区福利基金，原文是 Community Chest，美国一个联合募款的慈善团体。——译者注

非营利组织治理：成功教程

　　尽管许多美国非营利组织的使命和规模存在很大的差异，但是绝大多数非营利组织的治理结构都完全一样。它们都有一个理事会，所有理事都是兼职的外部理事，并且不要报酬。同时，它们有一个需要支付薪水的全职负责人，称呼不一，如总裁、执行理事、执行秘书、高级牧师、总监、执行副总裁或总经理等。尽管非营利组织之间存在很大的差异，但它们也十分相似。因为在许多（可能是绝大多数）非营利组织中，这种治理结构经常是无效的。人们经常指责理事会○是经理层的"橡皮图章"。但是，人们也批评这些理事会干预过度。理事抱怨经理层"篡夺"了理事会的决策权，经理层则反击说理事会浪费了大量时间讨论具体运营问题。理事抱怨说他们得不到足够的信息。总经理及其经理层则抱怨他们花了大量时间为理事会准备各种报告，而理事会实际上是没有能力处理这些报告的。但是，在各类非营利组织

　　○　在英文中，理事会和董事会是同一个词，但在非营利组织中，我们通常译为理事会。——译者注

（教堂与行业协会、医院、大学、社区服务机构、学术协会和基金会）中，都存在一个共同的困惑：我们需要使用何种治理方式，各种治理机构的职能是什么，它们又该怎样联手合作以发挥效用。事实上，在非营利组织的问题中，治理一直是引发最多争论的话题。

然而，我们知道答案——或者至少知道如何去做。有些非营利组织的管理非常到位，它们虽然数量很少，但正在不断增多。对很多非营利组织而言，以下看法可能是适用的——至少它们的理事这样认为：它们比一般企业的公司管理要差一些。然而，对于那些数量虽少但在迅速增加的高水平非营利组织而言，它们在治理上毫无疑问要优于一些拥有一流管理人才的公司。这些组织的理事会运转良好，管理层也非常称职。这些优秀的非营利组织包括大学、社区服务组织、教堂、医院。它们中间有一些是规模非常大的全国性或跨国性组织；其他一些则是地方性的中小型组织。它们的治理方法几乎完全相同。因此，它们的解决方案具有普遍性，可以应用于其他非营利组织。

清晰、有效的治理结构

首先要学习的是非营利组织需要建立一套清晰、有效的治理结构。它们必须认真对待治理问题，并且努力打造良好的治理结构。三个方面的原因导致它们甚至比一般企业更需要有效的领导和管理：

首先，它们没有利润要求。因此，它们必须制定明确的使命并转化为组织运营目标，以便为组织的有效运作提供指导。当然，企业没有明确的使命也会陷入困境，人们的行动会变得无所适从，甚至相互抵消。但是，在经济形势较好的时候，即便企业没有明确的使命，只是靠利润目标的指引，企业也能胡乱应付过去。相反，如果非营利组织没有明确界定自身的使命并不断强化它，它们马上就会陷入痛苦的泥潭。对于依赖捐赠者或志愿者（或两者都有）的非营利组织而言，更是如此。

其次，非营利组织必须对它所要追求的"成果"有一个明确的界定。同样，一般企业可以只靠利润目标的指引进行经营，但无法持久。

最后，一家企业根据自己的效益赚钱，只要赚了钱就是自己的。但是，非营利组织的钱，无论是来自捐赠者还是纳税人，都是有既定用途的。非营利组织不是资金的所有者，它们仅仅是这些钱的受托管理人。

所以，非营利组织既需要建立强有力的、负责任的治理机构（它们负责组织使命、运营成果、资源分配及生产效率），也需要建立明确的流程以履行这些责任。它们需要有效的、强有力的、目标明确的治理机制以及一套明晰的治理结构。

以上这些道理是不言而喻的，每个人都不会反对。但是，非营利组织很少会听得进去，更不必说采取行动了。

有效的理事会与有效的经理层

非营利组织需要一个有效的理事会和一个有效的经理层，缺一不可。几乎每个非营利组织都同意自己需要一个有效的理事会或一个有效的经理层。但是，相当一部分组织认为自己并不需要两者兼备。不过，那些由理事会独家控制或由经理层独家控制的非营利组织都无法做到运转良好，更不必说在理事长或经理层离任后继续成功运营了。

在很多企业中，特别是在大型上市公司中，董事会成了一种摆设。只有在公司出现危机时董事会才会发挥作用，但通常为时已晚。在那些成功的石油巨头中（它们原先是洛克菲勒标准石油托拉斯的成员企业），以及在欧洲和日本的公司中，董事会已经变成了一种仅具法律意义的虚设机构。同样，在一些非营利组织中（大型私立大学或由"明星级"牧师掌管的大教堂）已经把它们的理事会弱化为只是一种纯粹的形式。同时，在天主教的教规中（尽管美国的天主教区越来越多地设置一些委员会，但它们实际上是理事会），在基督教救世军和典型的工会中（它当然是一种非营利组织），理事会并不是治理机构的一个组成部分。

但是，对于大多数非营利组织而言，它们不能削弱理事会，即使它们想这么做。原因之一是理事会通常主导着融资活动。另外，更重要的一个原因是理事将非营利组织当作一项事业并对之负责。假如他们没有明确的职责，无事可做，这实际上是在伤害整个组织，这对组织是不利的。非营利组织别无选择，只能努力地使理事会变成一个高效的治理机构。只有在理事会是由一批独立的、负责任的外部人士组成时，它才能使非营利组织聚焦于自身使命，明确界定组织成果和对受托管理资金负起责任。如果做不到这些，非营利组织会迅速沦为劣等机构。

同时，每个非营利组织（可能非常小的地方性组织除外）也必须要有一个有效的管理者。在 20 世纪中，美国非营利组织的发展非常成功，它们变得规模巨大、结构复杂、地位重要，单靠理事会已经很难管理。

20 世纪 40 年代，我住在一个新英格兰小镇上，当地的社区医院是由理事会控制的，没有院长或护士长，也没有急诊室、急救服务、X 光设备、理疗科、临床实验室、社会工作者，甚至没有儿童保健门诊。当然，这家医院比 20 年前的同行要强，以前，医院仅仅是一个穷人可以比较体面地去世的地方。但是，这家医院当时的主要工作是让私人医生给病人提供医疗服务以及提供住院设施，它并不是一个健康服务中心。同样地，在那个时候，这个镇上的基督教堂只提供两项服务：让人们和它们一起参加星期天晨祷和主日学校（Sunday school）⊖这两个宗教仪式。直到第二次世界大战期间，全球

⊖ 基督教或犹太教在星期日为儿童提供宗教教育。——译者注

最大的志愿者组织——美国红十字会才开始建设血库和进行健康教育，而不仅仅进行灾难救助。

事实上，美国非营利组织最值得注意的特点，并不是它的规模，而是它们的职能范围呈现爆炸式增长。相应地，对非营利组织能力的要求也有了同步的提升，仅仅是对人友善和慷慨出资并不能适应形势发展的需要，它们越来越需要高水平的专业化管理能力。一个非营利组织越是依赖志愿者，它就越需要专业化管理。非营利组织有如此多的事情要做，没有全职的专业化人员，它根本无法运转。进一步说，运营成果方面的绩效考核必须和经理层的勤勉程度联系起来。

理事会和经理人员是合作伙伴

非营利组织浪费了许多时间争论谁是领导者和谁是被领导者——理事会或经理人员。问题的答案是他们必须成为合作伙伴，他们要各司其职，更要团结协作。他们的工作是相辅相成的，所以，他们都要拷问自己：我应当为对方做什么？而千万不要问（像有些理事会和经理人员现在做的那样）：对方应当为我做什么？他们必须进行平等的团队合作。

双人桥牌组合

双人桥牌组合是非营利组织理事会——经理人员团队合作的一个榜样。在双人桥牌组合中，没有哪一个选手更重要，他们是平等的伙伴，都不可或缺。实力较强的一方应当按照实力较弱选手的出牌风格、强项和个性进行自身调整。在非营利组织中，经理层是实力较强的一方。因此，他们应当配合理事长的个性和专长，去调整自己的工作内容与做事方式。

一位在一家全国性大型社区服务组织工作超过 11 年的总经理，曾和 4 位理事长共过事，每位理事长的任期都是 3 年。第一位是个外向型的演说家和公关专家。第二位继任者比较内向，能有效地进行内部沟通并且合作愉快，但是不喜欢抛头露面，在公共场合表现不佳。第三位接任的理事长认为其主要工作是募集资金，所以致力于争取更多的企业赞助。最后一位理事长（目前仍然在任）主要关注志愿者的招募、培训和激励。每位理事长的工作优先级安排都是有道理的，并且对于自己关注的工作都投入了巨大的热情，且拥有高超的技巧。换句话说，他们都发挥了自己的长处。但是，每个理事长之所以能够获得成功，是因为总经理把自己的工作定位于理事长不熟悉或兴趣不大的领域——在第一位理事长任期内，总经理专注于内部事务；在第二位理事长任期内，专注于外部事务；在第三位任期内则专注于运营工作；在第四位任期内又调整为项目推进、外部关系和资金募集等方面。

理事会和经理人员的任务

理事会和经理人员各自的任务是什么？普通的回答是理事会负责制定方针政策，经理人员负责执行。这种简单回答的问题在于：没有人知道（或曾经知道）什么是方针政策，更别提界限在哪里。结果只能导致不断的争吵、持续的权力斗争和无休止的摩擦。

高效的非营利组织不会经常讨论方针政策问题，而是讨论具体工作。它们明确规定各个部门的工作及其绩效成果要求，理事会的工作之一是尽量多地募集下一年的资金；反过来，经理人员的工作之一可能是在未来一年增加招募一定数量的志愿者和成功地推出两个新项目。或者，理事会承诺每个成员会参加一定次数的社区活动——这是某大型社区合作组织理事会成员的工作任务之一。理事会的工作可能包括一定次数由理事会主导的对医院每个部门的全面考核以及与主要部门负责人的深度面谈。对于一个快速发展的大型基督教教堂的理事会或天主教教区的管理委员会来说，它们的工作是规划、制定、监督和管理教堂用来招募与培训志愿者的相关材料。对于一个神学院的理事会来说，可能需要在其两月一次的例会中，花半天时间检查、评估学校的教学项目。在高效的非营利组织中，每个理事会中的分委员会（事实上应当是每位理事）都负责一项有明确目标要求的工作计划。对于经理人员也同样是这么要求的。

这其中有两点启示，但是大多数非营利组织及其理事会并不愿意接受。第一，每个理事会、每个分委员会、每个理事的绩效表现和经理人员、核心骨干的绩效表现，都要按照预先确定的绩效目标进行定期考核（这种考核最好由少数几个前任理事执行）。第二，绩效持续不能达标的理事会成员和经理人员必须辞职，至少不能连任。

理事会应当介入管理

理事会应当介入管理。一方面，你没有办法阻止它们这样做，既然无法阻止，最好共同合作！非营利组织的理事应当对该项事业负责。他们应该对它抱有浓厚兴趣并投身其中，应当了解各个项目及其工作人员，并且必须**真正关注**这些事务。另一方面，非营利组织的理事会通常也把"介入管理"作为其工作的一个组成部分。它们在理事会中成立分委员会，每个分委员会都有明确的工作，如资金募集、服务设施或青年活动等。这使得它们可以直接和相关领域的人员一起合作，而不必通过经理人员。这就要求他们介入管理。因此，在理事会的组织安排上，最好能让它们以建设性的方式介入管理。

美国最古老的非营利机构理事会之一，是已有 300 多年历史⊖的哈佛大学理事会，其成员都是校内某个系或学院的"观察员"。他们定期和这些学术机构开会，对教师与学生进行访谈，评估各系的绩效。在学术界，很多人认为哈佛大学的理事会即便不是美国大学理事会中唯一一家有效的理事会，也是最有效的理事会之一。

不过，理事会介入管理是要强化组织而不是分裂组织。这就首先要求理事能够自由地与员工进行接触。这方面的任何障碍都会导致管理无效率，使理事和员工相互猜疑，还将会导致拉帮结派活动。但是，总经理需要掌握理事会或理事与员工的接触情况。哈佛大学理事会的做法是：要求每个"观察员"提交一份正式的书面报告，首先要在系或学院内讨论，而后递交给理事长和整个理事会。更简单有效的办法是理事会和员工达成一致意见，每个员工都要把与理事会的接触情况立即向总经理报告，最好用书面形式，并将副本抄送给相关理事。

这些可能看起来都是小事。的确如此。但是，根据我的经验，总经理害怕"理事会介入管理"和理事对被组织"孤立"的不满是非营利组织内部两大治理机构发生重大冲突的主要原因。这是难以根除的，但是可以通过一些基础性的预防措施提前进行防范。

谁 来 负 责

谁应该对非营利组织理事会的有效性、理事会和总经理之间的关系、治理结构负责？标准答案是理事长。但问题在于，这种做法没有用。有效的做法是让总经理对组织治理的有效性负责，并使之成为其重要职责之一。我

⊖　此处原文为"400 多年"，但与上一章的 300 多年有出入。根据译者掌握的资料，应是300 多年。——译者注

知道会有反对意见，这样做有风险，理事会有可能沦为总经理的傀儡和影子国王。

如果理事长愿意担任这个职责，那将是最佳选择，但我从来没有看到过哪位理事长愿意这么做。这项工作非常消耗时间，无论是我见过的哪家企业，完成这项工作至少需要 5 年的艰苦努力。不论理事长如何尽心尽力，这还是远远超过了一名外部兼职人员所能贡献的时间。因此，使非营利组织的治理机构富有成效和创建两大机构之间的和谐关系，应该作为总经理的一项优先工作，在聘任和评价总经理时也应该充分考虑这个问题。

经验与启示

对于非营利组织内部的许多人而言，建立切实有效的治理结构的经验并不是什么惊人之举，但这些东西还不是很普及。事实上，理事和总经理都非常不喜欢它们，因为这些与一种流行观念有冲突，即非营利组织要靠善心治理。但是，事实上非营利组织必须靠绩效进行治理。

同时，这些经验也与另外一种流传甚广的观念有冲突，即认为非营利组织需要按"商业化"的方法管理，但这是不对的。非营利组织必须献身于一项事业，它们必须要有一个使命，同时必须有激情。越来越多的非营利组织已经建立了有效的治理结构，它们提供的经验应该使那些献身于非营利组织的人们有所安慰。无论是在教堂、大学、医院还是社区服务组织中，这些人都对良好愿望和实际组织绩效之间的巨大差距非常不满，甚至是极端失望。要使非营利组织有成效，实际上相当容易，它不需要奇迹，而只需要意志力和努力工作。

[1990]

非营利组织的深远革命

在过去 10～20 年，一项重要的美国发展无法用经济统计数据进行考查：即"第三部门"[⊖]的大发展，包括非营利组织和非政府社区服务组织——既包括全国性的也包括地方性的，既包括宗教性的也包括非宗教性的，范围甚广。

- 约 250 万志愿者在为美国心脏协会服务——3 年内总人数增加了50%。

- 在美国 6～9 岁的女孩中，1/4 是女童军[⊜]的成员。尽管在过去 20 年间美国学龄女童的数量减少了 1/5，女童军的数量却保持不变，略少于 250 万人。20 年前，这个组织更偏向招收白人女孩；现在，白人

⊖ "第三部门"指的是和公共部门、私人部门相对而言的另一个部门，所指称的都是各种非政府、非营利性的民间组织。——译者注

⊜ 当今，有约 380 万女童军会员，遍布美国各地的 236 000 多个小队和团组，以及坐落在近 90 个国家的美国女童军海外团队会共同参与活动。在美国，有超过 5000 万妇女童年时参加过女童军。——译者注

女孩和黑人女孩比例相当。

- "社区"（pastoral）教堂（新教和天主教、基督教福音派⊖和主流派）关注教徒（特别是婴儿潮时期的出生教众）的个人需求与问题。这些教堂的发展速度非常快，甚至超过了全国性的大型非营利组织。现在至少有 10 000 家这类教堂，每家都有至少 2000 名信徒——人数是 10 年前的 2 倍。

问 题 重 重

不是所有的第三部门机构都做得很好。传统的教堂，无论它属于何种教派，都在渐渐地失去信徒。很多大型大学只会增加预算。但是在过去 10 年间，很多非营利组织变得非常富有成效，这是因为第三部门掌握了管理之道。

20 年前在非营利组织内部，"管理"还是一个不好的名词：它意味着"大企业"。绝大多数非营利组织认为：要想做出成果，只需要有良好的愿望和崇高的事业即可——当然，今天还有不少组织这么认为。但是，越来越多的非营利组织认识到，善心只会招致官僚作风。

20 年前，非营利组织通常相信它们不需要"管理"，因为它们没有"利润目标"（bottom line）。但是，此后越来越多的非营利组织认识到，正是因为它们没有"利润目标"，所以它们必须管理得更好才行。成功的非营利组织已经把管理当作分内之事来做。

我们有必要研究哪些人应当成为组织的客户，当然，这与营销教材里所讲的并不一样。但是，实际上很少有公司这么去做。

同样地，尽管所有管理学教材都认为要让董事会成为公司的核心机构，

⊖ 在美国，指持守传统信仰教义的基督教徒。——译者注

但很少有公司这么做。现在，非营利组织中那些雄心勃勃的理事经常被质疑："当你在我们理事会任职时，你有责任做出什么贡献？你将承担什么具体工作？"目前已经有 12 家非营利组织按照预先设定的目标对其理事会进行年度绩效评估——这在业界是前所未闻的事情。

此外，越来越多的非营利组织（不只是全国性的大型非营利组织）对全体员工（上至总经理下至基层员工）进行持续培训，每个人都是某个主题的培训讲师，同时又是其他主题的受训人员。它们越来越多地应用目标管理（management-by-objective）——所有员工都应当完成具体的目标，并且要根据这个目标考核他们的业绩。同时，不会因为绩效不佳者"出于好心"和"服务于崇高事业"而容忍他们，这在 20 年前是不可想象的。此类人越来越多地被强硬要求"下课"（outplace）——虽然对他们也很同情。

总的来说，非营利组织已经从强调"高尚事业"转变为强调责任和绩效。最大、最重要的改变是志愿者的角色、待遇和人数。

- 位于芝加哥郊外的一家发展迅猛的大教堂，设有大型的青年部⊖和诗歌部，还有服务于青年夫妇、家长、独身者和老年人的部门，此外还经常举办大型的社区服务活动，其对象包括：少女妈妈、酗酒者、吸毒者、癌症患者和社区新居民等。教堂支付的薪酬相当优厚，但是只付给 160 人。而在 13 000 名的会员中，成人会员入会几个月后就会被邀请加入"义工"（unpaid staff）。而后，教堂会对他们进行仔细挑选并分配相应的工作，并且先要经历几个月的培训。通常由两个经验丰富的老员工定期考核每个义工的业绩。

- 基督教救世军管理着佛罗里达州 25 000 名假释犯人。但是只有 100

⊖ 青年部的使命在于以《圣经》里的真理教导青少年。目前的事工包括主日崇拜、主日学及周五青少年节目。每个星期日早上 9 点半，6 年级以上的青少年及老师聚在教堂中以美好的诗歌敬拜赞美主。——译者注

名职员是有薪水的，他们负责监督和培训志愿者以及处理危机事件。此项工作实际上是由 250～300 名志愿者做的。

- 美国中西部有一个天主教教会，服务于 20 万个家庭，但是它现在的神父人数还不到 20 年前的一半，而社区服务活动的数量却增长了一倍。这 140 名神父宣讲教义，主持弥撒，听忏悔[⊖]，授洗礼（bap-tize）[⊜]，施坚信礼（confirm），主持婚礼和葬礼。几乎所有其他事情都是由 2000 名信徒做的，这些信徒每人每周至少工作 3 个小时，另外还要进行 2～3 个小时的培训，既做培训讲师又做受训人员。每年由高级职员对这些信徒的工作绩效进行两次评估——如果有人连续两次的评估结果都低于"比较满意"，他就要辞职。

当然，大批志愿者仍然是在做志愿者通常所做的事情：在居民区走家串户地筹款。但即使是这些人，也越来越多地要经过严格的挑选和培训，并且给他们提供内容复杂的筹款说明资料。对他们的管理方式更像是针对不付薪水的员工，而不是针对心地善良的业余人员。

同时，在非营利组织内，越来越多的志愿者走上专业岗位和管理岗位。例如，美国心脏协会的 1800 个地区分会，都是由志愿者管理运作的。在志愿者中，专业人士的数量不断增加，而在 20 或 30 年前，往往是家庭主妇居多。对于一个资深企业高管来说，非营利组织的理事资格已经成为其任职的"必要"条件。

在过去的 10 年里，积极服务于非营利组织的志愿者快速增加。许多老年人、退休或半退休的人把志愿者工作当作一种自我满足和对人生经验的二次利用。那些婴儿潮时期出生的富裕人群甚至还有更为强烈的参与要求。

⊖ 即为以前自己做的错事向神父忏悔，祈求上帝的原谅。——译者注
⊜ 即洗礼成为教徒的仪式。——译者注

人 数 众 多

女童军在"市场渗透"方面之所以能够取得实质性的进展，正是因为它能把志愿者的数量从 53 万人增加到 70 多万人，同时大量裁减付薪员工。许多新增的女童军志愿者都是年轻的职业女性。在我主持的克莱蒙特研究生院，几乎所有 35～45 岁的企业管理课程教师，都以志愿者身份积极参加社区服务组织。

关于非营利组织的志愿者总数，现在还没有可靠的统计数据。但是几乎可以肯定，这是美国最大规模的单一"雇用"人群。单是 1 万个大型教堂就至少有 200 万热心志愿者；有 150 万名成年人（不算献血者）是红十字会的志愿者。非营利组织的志愿者总数很可能要超过 3000 万人。

对于普通公民来说，政府部门太大、太复杂、太遥远，难以参与其中。过去 100 年间，"自由主义者"和"进步人士"相信社区工作可以（不，是应该）留给政府去做，现在我们对此不再抱有幻想。作为一名志愿者，每个公民又可以积极有效地尽公民义务，发挥作用，行使监控权。这就是美国特有的成就，很可能也是今天美国最重大的贡献。

[1988]

4

第四部分

组　　织

MANAGING FOR
THE FUTURE

第 30 章 | CHAPTER 30

公 司 治 理[⊖]

拙著《看不见的革命》(*The Unseen Revolution*) 出版 15 年后，这场"看不见的革命"[⊜]已经改变了美国企业的股权结构，现在世人都可以"看见"它的影响了。美国最大的 20 家养老基金[⊜]（其中有 13 家是美国州政府、市政府及非营利组织雇员的基金）拥有美国上市公司约 1/10 的股权。机构投资者（主要是养老基金）合计持有美国大型（以及很多中型）公司近 40% 的普通股。规模最庞大、发展最迅速的基金是服务于公务员的养老基金，持有人已不再满足于只是做被动的投资者[⊛]，他们越来越强调要在所投资的公司

中拥有发言权，例如，对董事会人选、高管人员薪酬以及公司章程的重要条款的否决权。

同样重要但被严重忽视的是，这些养老基金还拥有美国大中型企业40%左右的中长期债权。因此，他们既是美国公司最大的股东，也是美国公司最大的债权人。财务管理教科书多年来一直强调，债权人与股东拥有同样大的权力，甚至有过之而无不及。

集核心股东和债权人于一身，养老基金的兴起成为美国经济史上最令人吃惊的经济变迁之一。第一家现代意义的养老基金是通用汽车公司在1950年创立的。40年后，各家养老基金控制的总资产高达2.5万亿美元，大约一半投资于普通股，一半投资于固定收入证券⊖。而人口统计资料表明⊜，至少在未来10年内这些资产还会继续强劲增长。只要美国不出现长期的经济衰退，在整个20世纪90年代，养老基金的新增投资将达到每年1000亿~2000亿美元。

直到最近，美国才刚刚认识到（当然谈不上应对了）：这种经济力量的变迁对于20世纪80年代的金融动荡（包括恶意兼并、杠杆收购以及公司重组狂潮）有着重要的影响。有两个问题需要特别关注：为什么美国公司的新股东——养老基金要让企业管理层尽职尽责（accountable）？此外，通过何种适当的组织结构实现这个目的？

实际上，在发达国家中间，美国很晚才出现大公司的股权由少数机构集中持有这种情况。在德国，3家大银行长期以来控制着60%左右的大公司股权，部分由银行直接持有，部分通过持有银行客户的股份而间接持有。按照德国法律，银行可以参与这些客户企业的管理和重要事项表决。在日本，许多大企业都是少数几个（不超过10个）产业集团的成员企业，这些集团即

⊖　例如国债。——译者注
⊜　指美国会有更多的退休者，步入老年社会，养老基金的规模也会相应扩大。——译者注

我们今天所熟知的企业集团。在一个企业集团中，每个成员企业 20%～30%
的股份被其他成员企业、集团银行和商社持有，而事实上成员企业的所有贷
款都是由集团银行提供的。在意大利，自 20 世纪 30 年代以来，半数大企业
均为政府拥有或控制（IRI [⊖]，意大利最大的国有企业，也是全欧洲第二大
公司）。而其他的意大利大企业则处于五六家联合大企业（conglomerate，如
菲亚特集团）的控制之下。

美国公司的股权结构则截然不同。实际上，它在全球是独此一家。在欧
洲和日本，持有股权并非是为了实现直接的财务收益。对于德国银行而言，
其收入主要来自将它作为开户银行（hausbank）的客户公司，这种收入源于
它们之间的商业合作关系，而非股权关系。作为德国最大的金融机构，德意
志银行从其客户公司中获得的日常业务（如信用证）收入，是其从这些公司
获得的股票分红的好几倍。而日本企业集团首先考虑的是控制力——对市场
的控制力、对供应商和分包商的控制力、对政府部门和公务员的控制力与影
响力。就有形收益而言，一个企业集团的成员通过与其他成员企业的商业往
来所获得的利益，要远大于股票分红收入。在市场经济国家中，意大利政府
持有的企业股份最多，这主要是出于政治目的，这些公司的运营能够给政治
上比较重要的地区提供就业，为忠诚的政党成员提供高薪的管理职位，以及
为执政党提供竞选经费。

不管是德国的银行还是日本的企业集团，不管是意大利政府抑或其联合
大企业，它们对所持有股票的股价和资本收益都没有多大兴趣，因为它们
根本不想出售这些股份。相反，美国的养老基金与它们所投资或借贷的公
司之间并无商业联系。基金并不是普通意义上的"企业"，只是一家"资产
管理机构"。后面我们会谈到，美国可以从欧洲和日本的发展中借鉴很多东

⊖　意大利工业复兴公司。——译者注

西，包括应该做什么和不该做什么。但是，在美国，公司所有权和债权迅速集中到了这些完全不同的新股东身上，这种经济变迁也带来了完全不同的新问题。

20世纪70年代初期，养老基金开始成为美国公司股权的主要持有机构，但在随后的15~20年，人们忽视了养老基金持有大量股票这一事实。部分原因是这些养老基金并不想成为真正意义上的"股东"，它们只想做被动的短期"投资者"。它们声称："我们并不想买下整个公司"，"我们买入股票，一旦其在短期内收益前景不佳，我们就会抛售。"此外，这种发展变化完全不符合美国的传统⊖，也不符合以往每个人心目中固有的美国经济结构（现在仍有很多人坚持固有观点）。在养老基金成为美国最大的股票投资机构之后的很长一段时间里，美国仍然被视为一个"全民资本主义"（people's capitalism）国家，也就是说，这个国家数千万的普通民众分别持有大公司的一小部分股票。诚然，雇员已经变成了美国企业的所有者，但是，他们的所有权是通过少数几家巨型"资产托管机构"（trustee）来行使的。

最终，迷雾开始消散。养老基金（尤其是那些服务于公务员的基金）逐渐醒悟：它们不再是一般的股票投资者。按照定义，投资者可以顺利出售所持股票。小型养老基金也许仍然可以做到这一点。这类基金数量很多，但它们所持有的资产仅占所有养老基金资产总额的1/4左右。然而，即使是一家中等规模的养老基金也持有大量的股票，它无法轻易脱手。更确切地说，通常只有在另一家养老基金愿意接手时，这些股票才能顺利被出售。它们持有的股票数量实在太多，零售市场⊜难以轻松吸纳，因此，这些股份只能在机构投资者之间循环流转。

美国的股权集中度不如德国、日本或意大利高——未来还会继续如此。

⊖　美国强调自己的市场经济应当突出市场竞争，减少垄断。——译者注
⊜　零售市场指由个人投资者形成的股票买卖市场。——译者注

因此，与德国的大银行、日本的企业集团或意大利的联合大企业相比，美国的养老基金拥有较大的回旋余地。但是，有些大型养老基金可能拥有某家美国大公司多达 1% 甚至 2% 的股份。所有的养老基金合起来可能会拥有这家公司 35% 的股份（例如，美国养老基金持有美国大通曼哈顿银行 75% 的股份）。大公司 1% 的股份已然不易脱手，40% 的股份（即各家养老基金所持股份合计）就根本无法被售出了。这时，基金和大公司的关系就像德国主银行与其客户公司，或日本的企业集团与其成员企业一样了。于是大型基金开始认识到乔治·西门子（Georg Siemens）（德意志银行的创始人及主银行制的发明者）100 年前所说的话确是至理名言："如果股份卖不掉，你就只能关心这家公司。"当时人们指责他把大量私人时间和办公时间花在一家陷入困境的客户企业上，这是他的反击之辞。

养老基金不可能像 19 世纪的股东那样同时担任公司的管理者。但是，一家公司，即使是小公司，也需要有一个强有力的、独立自主的管理层，它们拥有足够的权威、恒心和能力发展与经营企业。因此，作为美国新一代的股东，养老基金越来越关注所投资的公司是否拥有自己需要的管理层。按照我们过去 40 年的经验，这意味着管理层必须对某人真正负责，而且这种责任[⊖]必须是制度化的。这也意味着管理层必须对绩效和成果负责，而不是为自己的良好动机负责，不管这种动机多么吸引人。同时这也意味着管理层的责任包括财务责任，尽管众所周知股东对绩效和成果的要求远不止财务"收益"。

当然，大多数人会说，我们知道绩效和成果对于企业意味着什么。当然我们应该知道这一点，因为清楚地界定绩效和成果，是企业高效管理与（养老基金）成功投资的前提条件。事实上，在第二次世界大战以来的 40 年中，

⊖　accountability，目前国内对此词的译法并不统一，常见的译法还有问责制。——译者注

关于这个问题出现了两种定义和解释，但都没有经得住时间的考验。

第一种解释形成于 1950 年左右，与现代养老基金大致同时问世。这一时期最杰出的"职业经理人"是通用电气公司的 CEO 拉尔夫·科迪纳（Ralph Cordiner），他认为，大型上市公司的高管层实际上是"受托管理人"。科迪纳指出，高管人员的责任就是在充分平衡股东、客户、员工、供应商和社区等各方利益的基础上管理好公司。这就是我们今天所说的"利益相关者"。

有人立刻会指出，科迪纳并没有明确界定什么是成果，同时什么才算充分平衡也有待商榷。我们仍然需要制定一套关于责任的清晰架构，以及建立能够让管理层对绩效和成果负责的、独立的、强大的监控机构，否则，专业化的管理者会就变成开明的专制君主（despot）。只要是专制君主，不管他是柏拉图式的贤哲领袖还是企业的 CEO，都无法取得很好的绩效，也难以持久。

但是，科迪纳这一代的管理者及其继任者并没有详细说明何种绩效与成果才能实现各方利益的充分平衡，他们也没有建立管理层的责任制度。其结果就是，20 世纪 50 年代的专业化管理没有取得多少成效，也没有持续下去。

20 世纪 70 年代末，敌意兼并开始兴起，对科迪纳式的管理者造成了强烈的冲击。此类领导人一个接一个地被强行替换，幸存者被迫彻底改变其管理方式，至少他们的对外讲话有了很大的变化。在我认识的高管人员中，再没有一个人声称自己是为实现"利益相关者"的"利益充分平衡"，以"受托管理人"的身份经营企业的。

养老基金是这种变化背后的推动力量。如果不是公司投票权集中在少数

⊖ stakeholder，也有人译为利害相关者。——译者注
⊖ philosopher king，柏拉图著作中的一个专门术语，指那些具备一定知识、懂得一定哲学的领袖。——译者注

几家养老基金手中，如果这些基金不支持敌意兼并，大多数入侵者的进攻根本就不会发生。如果敌意收购者必须争取数百万相当分散的个人投资者的支持，他们的时间和金钱将会迅速耗尽而无力继续进攻。

可以肯定的是，养老基金经理对于许多杠杆收购（buyout）⊖和接管收购（takeover）⊜是持严重怀疑态度的，怀疑它们对于其他公司的影响，怀疑它们对于整体经济的价值。养老基金经理（尤其是那些收入还不错的、运作公共雇员基金的公务员）对于有些行为，例如"绿票讹诈"（greenmail）⊜和敌意收购者（corporate raiders）⑩、律师及投资银行家得到的巨额财富，也在道德上深感不安。但是他们感到自己别无选择，只能为接管收购和杠杆收购提供资金，并且把自己所持的股票卖给它们。大家都在这么做。

他们这么做的原因之一是这些交易使养老基金还存有一丝幻觉，好像实际上养老基金有能力卖出它们的股票——就是说，他们也是"投资者"。接管收购和杠杆收购也能够带来直接的资本收益。因为养老基金的投资组合总体上收益不好，所以这些收益是颇受欢迎的——但是，我们下面很快就会谈到，这些不过是一种幻觉，而非现实。

真正使接管收购和杠杆收购具有客观必然性（或至少给它们创造了机会）的原因是企业领导人（enlightened-despot）的管理绩效平庸，对这些管

⊖ 通过购买一家公司的全部或大部分股份获得控制权的情形。——译者注

⊜ 通过购买目标公司股东的股份，或者认购被收购企业发行的新股两种方式进行。其中，前一种方式的收购使资金流入目标公司股东的腰包，而后一种方式的收购则使资金流入目标公司。当收购者一方收购目标公司一定比例的股权时，可以取得经营控制权。——译者注

⊜ 绿票指当目标公司受到收购威胁时，经营者与收购者达成妥协，由目标公司从收购者手中以高于市场价格的价格购回其持有的全部公司股票，从而换取收购者放弃收购或者签署"股份维持协议"，保证在一定时期内不增加持有公司股份或再次发动收购。由于收购者可以通过"绿票"向目标公司出售股份，有人就以发动收购为威胁，迫使目标公司向其购回股份以换取溢价收入，这被称为"绿票讹诈"。——译者注

⑩ 指在市场上寻找收购目标公司的机构或个人，专门从事发掘具有潜质的适当企业以作为（敌意）收购对象的人士。——译者注

理者没有明确的绩效和成果要求，他们也不必明确地向什么人负责。也许我们可以争论说，在过去30年间，如此多的美国大公司都绩效平庸，这可能不是经理的问题，而是政府政策制定错了。这些政策使得美国的储蓄率很低，资本成本很高。但是，船长有责任时刻关注海面的变化。不管用什么理由和借口，结果都是在专业化管理之下，美国大公司表现得不够好——不论以竞争力、市场占有率还是创新能力评价都是如此。而对于财务绩效来说，总体上甚至没有达到可以接受的最低资产回报率，即资产回报等于资本成本。

公司掠夺者扮演了一个重要的角色。正如一句谚语所说："假如没有掘墓人，就需要秃鹫来帮忙。"但是接管收购和杠杆收购都是非常激进的措施，即使这种激进措施不会危及公司的生命安全，也会带来严重创伤。接管收购和杠杆收购会严重影响中层经理与专业人员，使他们在感情上疏远公司，而一家公司正是要靠他们的积极性、勤奋和忠诚求得发展。对这些人来说，收购或解散他们为之服务了多年的公司，无异于一种背叛行为，这是对他们所信奉的高效工作和忠诚工作的否定。结果，几年之后，被兼并或出售的企业很少能够取得比原来更好的业绩。

但是，至少接管收购和杠杆收购对股东有好处吧？也许并非如此。在一次典型的并购交易中，股东（主要是养老基金）获利了。比如，在证券交易所上市的股票价格由交易前的平均40美元／股上升到了60美元／股。在很多情况下，这50%的溢价是一种假象。可能60美元中的25美元并不是现金，而是掠夺者或支持它的投资银行的可转换债券（convertible warrants）、无担保贷款（unsecured loans）、垃圾债券（junk bonds）。很多出售股票的机构投资者购买了这些不是现金、不是股票的金融产品，但它们会迅速贬值。很多养老基金确实迅速转手卖出这些正在贬值的东西，但是它们只能卖给别的养老基金或机构投资者，此外没有别的买家。因此，对于养老基金整体而言，能从这些交易中得到多少净收益还是值得怀疑的。

今天几乎所有美国大公司的 CEO 都声称他们经营企业是为"股东利益"服务的，并且追求"股东价值最大化"。这是关于绩效和成果的第二种解释，40 年前就已经提出来了。它听起来没有科迪纳的"最佳利益平衡"观点高尚，但是更为实际。然而它的生命周期甚至比以前的专业化管理还要短。对大多数人来说，"股东价值最大化"意味着在六个月或一年内股价会上升——时间不能再长了。对于企业和控股股东，短期资本收益是一个错误的目标。作为一种公司绩效理论，"股东价值最大化"已经没有多少生命力了。

对于公司而言，注重短期利益的危害是很大的，几乎无须讨论。但是，对于那些不能卖出股票的大股东而言，短期资本收益也没有多少好处。大型养老基金的真正利益是在某个长时期内所持股份的价值。在这个时期中，刚开始时，受益人是一个向养老基金定期投资的雇员，最后，他变成一个从养老基金领取收益的人。具体而言，这意味着养老基金投资的时间跨度（一直要到未来受益人退休）平均大约是 15 年而不是 3 个或 6 个月。这才是养老基金适当的投资回报期限。

然而，有一类人确实可以（或至少认为自己可以）从短期收益中获利。他们是参与"固定收益"（defined benefit）养老金计划的雇主。直到现在，这些雇主的利益仍然决定着养老基金的基本运作方式，这可以说是大权旁落的一个典型案例。在固定收益计划中，退休的雇员每年得到一个固定的收益，通常是他们最后三年或五年工资的一个百分比。雇主每年对基金的缴款随着基金资产价值的波动而相应变化。如果某年资产价值高（比较对象是为了在将来支付足够的养老金，现在需要多少资产价值），雇主的缴款就相应减少。假如基金的资产价值较低，缴款就会增加。

我们认为固定收益信托源于一个偶然事件。当通用汽车的管理层 1950 年推出养老基金时，几个有权力的董事抵制它，认为是对工会的妥协。最后，只是在管理层承诺在一个固定收益计划中，公司只需要付极少或不用付钱的情况下，董事会才勉强同意。管理层提出，随着股市的上涨，股市就可以创造出能够支付未来养老金的资产。很多私营企业主纷纷仿效通用汽车的做法，因为他们也存有幻想——股市（而不是公司）可以提供未来所需的养老金。

当然，这只是一厢情愿。大多数的固定收益计划做得并不好，恰好是因为它们追求不合理的短期收益。而另外一种选择——"固定缴款"（defined contribution）计划，即雇主每年为雇员缴纳其年薪的一个固定百分比，却在大多数情况下做得更好。事实上，固定收益计划迅速地失去了吸引力。因为它们没有实现承诺的资本收益，许多此类计划严重缺乏后续资金投入。按照新的会计准则，这种资金不足要在参与此计划的企业的资产负债表中有所体现，记为负债。这意味着即使仅仅遇到一次轻微的经济衰退（公司收入和股市价格都下降），很多公司实际上就会走向破产的边缘（甚至破产）。同时，它们在好年景中的常见做法（把养老基金的资产盈余计入账下，在利润表中作为自己的"净收益"）也不大可能继续得到认可。

因此，许多公司纷纷退出固定收益计划。到 90 年代末期，这一计划将变得微不足道。这样，对于美国公司的主要股东而言，把短期收益作为一个目标的做法将不再占据主导地位。现在，这种做法已经退居次席了，政府公务员的养老基金都是固定缴款计划，这在大型基金中所占的比重较大。与私营企业的养老基金有所不同，固定缴款计划不受公司管理层的影响，因此它们正在引领潮流和书写新的篇章。

我们不需要再从理论上说明怎样界定大公司的绩效和成果，因为我们有成功的案例。德国和日本企业的所有权都是高度集中在机构投资者手中。在这两个国家中，所有者事实上不能参与实际管理。这两个国家的工业在第二次世界大战时几乎被完全摧毁，但在此后的 40 年中其工业发展得极好，整体经济也取得了辉煌成就，同时也为股东创造了超额价值。如果你在 1950

年、1960 年、1970 年或 1980 年向东京或法兰克福股票交易所投资 10 万美元，比如投资于一个指数基金，截至目前，它的价值都要远高于你在纽约交易所对指数基金进行的类似投资。

那么，德国或日本的机构投资者是如何界定绩效和成果的呢？尽管管理方法有很大的差异，但是界定思路是相同的。不像科迪纳，它们不会去"平衡"任何东西。它们也追求最大化，但不是追求股东价值最大化或公司"利益相关者"的短期利益最大化。相反，它们追求**企业财富创造能力最大化**。正是这个目标能够整合短期利益和长期利益，并且把公司的运营绩效（市场地位、创新、生产率、人力资源及其开发）与财务要求和财务成果联系起来。所有参与各方，不论是股东、顾客或雇员，都是依靠这个目标达到他们的期望和要求的。

把绩效和成果定义为"企业财富创造能力最大化"，可能会有人批评这样比较虚。诚然，仅仅填写表格是得不到答案的。我们需要做出决策，而把稀缺资源投入不确定环境中的经济决策总是存在风险和有争议。当拉尔夫·科迪纳第一个试图界定绩效和成果时——之前没有人尝试过，企业财富创造能力在那时肯定是相当含糊不清的。现在，经过许多人 40 年的辛勤工作，它已变得非常清晰。所有投入流程中的要素都可以相当严格地量化，事实上，量化专家、日本大公司及德国银行的规划部门也是这样做的。

第一次对相关概念进行清晰的界定可能是我 1954 年的书——《管理的实践》(*The Practice of Management*)，里面列出了公司的 8 大关键目标领域。这些目标领域（或其变形）仍然是日本大公司进行企业规划的出发点。从那时起，管理分析专家做了大量的工作，研究如何通过战略把目标转化为绩效。

财务目标需要把所有这些都联系起来。事实上，财务责任制度是公司和管理层取得绩效的关键。没有财务责任，就谈不上其他责任。没有财务责任，企业在其他方面也不会取得成果。美国人普遍相信日本人不关注利润，这是完全不正确的。事实上，在日本企业中，与资本成本相对应的利润目标往往比大多数美国公司高得多。不过，日本人不是以利润为出发点，而是把它作为终点。

理清绩效与成果的概念也有助于确定机构投资者的角色及其与企业的关系。德国和日本的管理架构与风格迥异，但是两个国家的机构投资者都同样支持管理层，它们不需要关注短期目标，只要公司根据按企业财富创造能力最大化设定的商业计划正常运作即可——这种商业计划必须得到管理层和股东机构的一致认同。这使得双方都去关注公司成果，使管理层负起责任来。此外，它能够给予管理层运营公司所需的持续性和安全性。

我们现有的并不是"最终答案"。它还不是理论，只是经过检验的实践。从德国和日本企业的绩效来看，它所创造的成果要明显优于以下两类公司——把公司看作利益相关者的"受托管理者"或者追求股东短期收益最大化的公司。

在美国，我们还必须解决一件事（而且必须由我们自己解决）：如何对管理层的责任进行重新界定并使之成为公司管理结构的一部分。我们需要的是政治学家眼中的宪法，就像德国的公司法一样，详细规定管理层的职责和任务，并且指明其他利益群体（尤其是股东）各自的权利。德国人和日本人能告诉我们应该做**什么**。但是，具体的**实施方式**会有很大的不同之处，这必须要适应美国的国情。

在德国和日本，管理层被严密监视和仔细评估。在德国，凡是银行持有大量股份的公司，开户银行都会派一名高级经理做董事会成员，通常是做监事会[⊖]主席。当管理层不能达到比较严格的标准时，银行代表就会采取快

⊖　supervisory board，这是德国特有的，一般译为监事会。如果直译应当是监督性董事会，它实际上发挥着董事会的职能。——译者注

速的行动。在日本，一个企业集团（由集团银行的 CEO 或集团贸易公司的 CEO 领导）内大公司的总经理联合起来发挥作用，相当于整个集团的执行委员会。他们定期会面，例如三菱集团的高层经理每隔一周的星期五开一次会，时间为三四个小时。他们仔细审查集团内每家公司的商业计划，并评估每家公司的管理层的表现。尽管通常不会大肆声张，但是，那些被认为不合格的总经理会被调离、明升暗降或委以闲职，这种事情已经屡见不鲜了。

在这两个国家中，对管理层绩效的分析和审查都是一套系统的工作。在德国，这是由大银行的秘书处（sekretariat）完成的——此机构是德意志银行在 19 世纪 70 年代的发明，它是仿照普鲁士军队的参谋制建立的。秘书处持续监督那些把本银行当作开户银行的公司，以及那些银行高级经理担任董事的董事会。因为银行控制着这些公司的商业银行业务，秘书处就能够接触它们的财务和商业信息。日本没有秘书处，但是企业集团的主要银行和贸易公司有大规模的、位高权重的规划部门，它履行着相同的职能。它们也有机会接触各企业的商业信息和财务信息。

即便是美国最大的养老基金，也只持有单一一家上市公司很少量的股票，所以无法控制它。相关法律明智地设定了上限：养老基金最多只能持有一家公司 5% 的股票，实际上很少有基金接近这个最高上限。因为无法控制企业，基金就没有机会接触商业信息或公司信息。基金不是以商业为中心，也做不到这一点，因而只是资产管理机构。然而，它们需要对各家基金共同控制的公司进行深度商业分析。它们需要一套能够让管理层负起责任的框架制度安排。

在美国环境中，商业分析（可以叫商业审计（business audit））必须由一些独立的专业机构来做。有些管理咨询公司已经开始做这项工作了。但这只是临时性的业务，而且通常是在企业陷入危机之后才会接手做，实际上为时已晚。一些大型会计师事务所的咨询部门也做商业分析。毕马威国际会计公司（KPMG Peat Marwick）⊖就是其中之一，它实际上为非营利组织提供系统的商业审计，称之为资源开发系统。最近一些公司开始给养老基金（多数是公共雇员养老基金）提供咨询服务，对它们投资的产业和公司进行商业分析。

我估计将来会形成一种正式的商业审计制度，可能类似于独立的专业会计公司的财务审计制度。尽管不必每年都进行商业审计——在大多数情况下三年进行一次就足够了，但是，它需要基于预先设定的标准，并需要经过对企业绩效的系统性评估——首先是企业使命和战略，然后是市场营销、创新、生产率、人力资源开发、社区关系，一直到企业的盈利能力。这种商业审计的各种要素都是已知的并且是可以获得的，但是必须把它们整合为一套系统性程序。总的来看，这项工作由一个专门从事审计的机构来做是最佳选择，无论它是独立的公司或是会计师事务所的新设独立部门。

因此，以下想法不会被认为太天真——10年之后，如果某家公司不接受外部专业公司的商业审计，大型养老基金就不会投资于它的股票或固定收益证券⊖。当然，管理人员会抵制。但是，仅仅60年前，管理人员也同样抵制（实际上是强烈反对）外部公共会计师（public accountants）的财务审计，更是竭力反对公布其审计结果。

但是，仍然存在问题：谁来利用这个工具？在美国，只有一个可能的答案：重新恢复生机的董事会。

⊖ 毕马威公司在全球155个国家拥有85 300名雇员，为全球最大的500家银行及100家保险公司中的半数提供服务。KPMG于1987年由Peat Marwick International（PMI）和Klynveld Main Goerdeler（KMG）的各个成员机构合并而成。毕马威历史悠久，发展跨越3个世纪，KPMG的4个字母分别代表其主要创办人的英文名称缩写。

⊖ 通常是公司债券。——译者注

在过去的 40 年间，每一个研究上市公司的人都会强调，我们需要一个有效的董事会。为了经营好一家企业，特别是复杂的大型企业，管理人员需要拥有相当大的权力。但是如果他们不承担责任，这种权力就会变成优柔寡断或独断专行，通常是两者兼有。当然，我们知道怎样使董事会这个公司治理机构变得更为有效。优秀的人才并不是关键，普通人也可以做得很好。为了使董事会更有效，我们需要明确界定其工作，设定业绩和贡献的具体目标，并定期根据这些目标评估董事会的绩效⊖。

长时间以来，我们对此心知肚明。但是，总体而言，美国公司的董事会变得更差了，而不是更有效。假如董事会只是代表一群好心人⊖的利益，那么它就不会有效。假如董事会代表的是一群对企业负责、强大的股东，那么它就会有效。

大约 60 年前，1933 年，阿道夫·伯利（Adolph A. Berle, Jr.）和加德纳·米恩斯（Gardner C. Means）出版了《现代公司与私有财产》（*The Modern Corporation and Private Property*）一书，这可以称得上是美国商业史上最有影响的一本书。他们提出，传统的"所有者"，即 19 世纪的资本家，已经消失了，所有权被迅速地转移给了不知名的、成千上万的投资者，他们对企业不感兴趣也不负责任，只关心短期收益。他们指出，这就最终导致所有权与控制权的分离，股东只是在法律上有意义，并不参与公司运营，因此经理层不用对任何人或任何事负责。20 年后，拉尔夫·科迪纳写了《专业化管理》（*Professional Management*）一书，他接受了所有权与控制权已经分离的现实，并试图说明这种模式也有它的优点。

现在，时代又有了新的变化。养老基金与 19 世纪的企业巨头相比，虽

⊖　译者（李亚）在机械工业出版社还翻译出版了一本《董事会绩效》（2005 年），有兴趣的读者可以参考。——译者注。

⊖　此处是指管理层都是具有良好动机的管理者，董事会由他们控制，体现了他们的利益。——译者注

然都是股东，但是有很大的不同。它们不想成为股东但是别无选择。它
们的股票不能轻易售出。它们也无法成为同时也是股东的经理人（owner-
managers）。尽管如此，它们毕竟还是股东。因此，它们拥有很大的权力。它
们有责任确保美国最大、最重要的公司达到应有的绩效和成果标准。

[1991]

营 销 四 课

在高度竞争的 20 世纪 90 年代，最重要的营销教训可能就是收买顾客是没有用的。我目睹了过去几年中两起惨痛的营销失败案例：现代汽车 Excel 的失败和美国三大汽车制造商（Big Three U. S.）⊖的折扣与奖励政策所引发的惨败。

Excel 是 1987～1988 年表现最佳的汽车。这款韩国汽车进入美国市场 15 个月之后，它的年销售就超过了 40 万辆——这是全球汽车销售历史上单一车型最快的增长纪录。但是到了 20 世纪 90 年代中期（仅仅是两年后），Excel 就销声匿迹了。

汽车本身没有问题。但是，现代公司为了挤进美国市场，大幅压低汽车售价。最后，由于没有利润，公司没有钱做促销、服务、代理体系或提升汽车自身性能。现代公司是在照搬日本模式，抢占低端市场。但是日本人很早

⊖ 指福特（Ford）、通用（GM）和克莱斯勒（Chrysler）。——译者注

就明白：这么做需要在日本本土市场上有牢固的利润基础。他们总是引用据说是亨利·福特（Henry Ford）80 年前说过的话："我们能够以如此低价出售 T 型汽车，只是因为它有相当可观的利润。"

没有新顾客

通用和克莱斯勒（福特的程度要轻一些）在 20 世纪 80 年代后期也试图收买顾客，结果同样是悲剧。面对越来越多的顾客转向日本公司，三大汽车制造商发动了一轮又一轮的特别优惠攻势：折扣、现金奖励、低息或无息汽车贷款。每次促销都能带来销量的增加，并被认为是成功的。但是促销活动一结束，销量立刻下降，甚至降到比促销前还低的水平。

这些促销没有吸引到什么新的买主；那些已经决定要买一辆美国车的顾客会选择等待，等待下次促销的到来。然而，潜在客户会转向别的公司，因为他们认为："假如它们只能靠促销活动销售汽车，说明汽车质量不怎么样。"于是，美国公众对三大汽车公司过去 5 年中在质量、服务和车型方面所做的实质性努力视而不见。

结果，通用和克莱斯勒让日本公司抢去了很多市场份额——福特也仅仅是守住了自己的份额。三大汽车厂商在财务上也表现不佳。和主要竞争对手丰田相比，即便是通用公司的利润也不算多。

如何确认市场是第二个营销教训，这个案例既是重大的营销成功又是重大的营销失败——美国的传真机市场争夺战。

5～7 年前，只是在一些大公司里有传真机。今天它们已经随处可见，并迅速地从办公室涌入家庭。传真机的发明、技术、设计和开发都是美国人完成的。美国厂商也做好了一切销售传真机的准备。但是今天在美国，没有一台传真机是美国制造的。

美国人没有把传真机投入市场，因为市场调研让他们相信：这种小机器没有市场需求。但是，我们很早就明白，对于市场中没有出现过的东西，是不能做市场调研的。那时，他们所做的就是问人们："你愿意花1500美元买一个电话附属设备吗？你可以用它传递信件，1美元1页，同样的信件在邮局寄大概要花25美分。"可想而知，答案肯定是"不需要"。

而日本人则是去分析市场而不是做市场调研。他们知道，在信息产品和通信产品市场上，经济学不能很好地发挥指导作用。从20世纪50年代初到现在，在这两类市场上，没有一项成功可以用经济学解释，不管是大型计算机、个人计算机、复印机、汽车电话，还是录像机。这些产品既不能减少成本，也不能增加利润。更重要的是，日本人是用另外一种方式界定市场的。他们不问："这个**机器**的市场是什么？"而是问："它的**功能**有什么市场？"当他们看到快递业务的高速成长时，例如20世纪70年代和80年代初的联邦快递公司，他们立刻意识到传真机的市场已经形成了。

另一个失败的教训是：美国大城市百货公司的迅速衰落。它们在1980年是不可一世的霸主，10年后却陷入了严重的困境，甚至可能破产了。衰败的原因不是像大家认为的那样——财务操纵和过度负债。假如百货公司今天还能保持它们10年前的市场份额，这些债务是可以承受的。导致它们衰败的原因正是最普遍的营销失误：忽视了那些本可以成为其顾客，但现在还不是其顾客的人。

大型百货公司拥有最为丰富的顾客信息，它们对此的研究也非常认真。但是，这些资料都是关于那些已经在商店里购物的人们的。20世纪80年代，百货公司总体上重视维护老顾客，但是它们的新顾客市场份额不断萎缩——特别是在一个最重要的市场群体上，即受过教育的、富裕的双职工家庭。它们不知道：这些人喜欢在晚上一起购物，比传统的百货商店顾客更注重商品价值。如果一个产业或一家企业的新顾客份额下降，早晚有一天顾客的总数会下降，其客户基础也会变得不稳固。到那时，它就会陷入困境。

营销的对象是市场上**所有**的顾客而不只是**我们**的顾客。即便是一家强大的公司，其市场份额也很少超过30%。这就意味着70%的顾客要从别人那里购买产品。而大部分公司或产业就像百货公司一样，根本不关心这70%的顾客。

最后一个经验是新"牧师"教堂（pastoral church）通过研究人口结构的变化并把它作为营销机会获得了成功。

在过去的40年里，美国传统的基督教堂和犹太教堂不断流失教徒，不论是"主流教徒"还是"异端教徒"（dissident）；不论是自由派教徒、保守派教徒、福音派教徒还是原教旨主义教徒；不论是新教教徒、天主教徒还是犹太教徒；不论是白人教徒、黑人教徒还是混血教徒，统统都在流失。但是，在过去15年间，新型教堂得到了快速发展。它们对各个教派兼容并蓄，教众的信仰也差异很大（从超自由主义者（ultraliberal）到坚定的原教旨主义者），很多教徒没有明确的宗教派别。但是这些教堂有一个共同点，就是看到了美国人口结构变化中的一个重要机遇：大量老年人口的出现，特别是新的受过教育的、富裕的双职工家庭的出现。

这些群体都厌倦了传统的教堂，越来越多地待在家里。传统的基督教堂不把他们视为"顾客"，牧师教堂则视他们为"潜在顾客"，询问他们在教堂里有什么需要和愿望。而后，牧师教堂聚焦于这些人的精神需求，同时关注这些人的另外一种需求——希望参加一个可以自由选择的并且联系比较紧密的社区团体，此外，还设法满足富裕的年轻人想参加教堂工作和参与教堂管理的愿望。

大型的牧师教堂

15年前这样的教堂还不常见，大多数的规模非常小。今天美国有大约20 000家大型牧师教堂，每家有2000名教徒，甚至更多。其中大约5000家牧师教堂拥有4000人或5000人以上的教徒。

这些营销经验没有一条是新的。近30年内，任何一个上过营销课的人或看过营销书的人都知道这些。我们早就知道，收买顾客反而会害了自己；只能对市场上存在的产品进行市场调研；市场由顾客而不是厂商确定；潜在顾客是一个值得关注的重要群体；充分利用社会变化，视之为机遇，而人口结构变化是最重要的（同时也是风险最小的）机遇。

但是，在这个动荡不安、竞争激烈、快速变化的年代里，正确的营销**知识**不会有很大的帮助。我们真正需要的是正确的营销**行动**。

[1990]

未来公司：从"着装"看企业成功[⊖]

大公司占据着报纸头条。但是中型企业正在迅速地取代大公司，成为驱动美国经济发展的新引擎。

1985～1990 年，美国制造业出口总量上升了 80% 多，实际上对日本的出口也增加了 1 倍。然而，在美国大公司中只有两家公司——波音公司和通用电气公司（分别销售飞机和飞机引擎）的出口显著增加。其余的增长（美国和平时期最快的增长纪录，也是所有国家历史上最快的增长纪录之一）是由中型企业完成的，它们的销售额（以 1990 年的美元价格计算）介于 7500 万美元到 10 亿美元之间。

自从 1987 年股票市场大危机以来，大型跨国公司陆续裁员。事实上，这是自 20 世纪 30 年代大萧条以来，大公司首次大批量地裁减白领职员。然

⊖ 约翰·莫莱，曾写了一本书——《为成功而着装》（*Dress For Success*），他在书中说："我站在纽约的大街上，从过往行人的着装和身上的饰物就能一眼辨认出他是一个高级经理还是一个皮条客，是一个赌徒还是一个暴发户。"——译者注

而，直到去年下半年，美国就业总量增长仍然比人口增长速度快。劳动者的就业率保持在历史的最高水平上（同时也是发达国家和平时期的最高纪录），而失业率则处于经济扩张时期的低水平。从 1975 年开始，美国出现了爆炸式的就业增长，至少有 75% 发生在中型企业中。

障 碍 排 除

在过去 10～20 年，中型企业变得更富于竞争力，而大型企业的竞争力有所下降。中型企业过去在就业方面的劣势已经大大减少了。尤其是因为大公司不再像 10 年以前那样为管理人员或专业人员提供终身劳动保障，中型企业迅速成为很多年轻精英的就业选择。

但是，比中型企业崛起更为重要的是大企业优势的下降。

在过去百年间统治整个产业的制造型公司——通用电气、西门子和飞利浦；宝洁、联合利华和雀巢；杜邦、德国赫司特（Hoechst）、英国帝国化工公司（ICI）；美国国际收割机公司（International Harvester）、美国国际纸业公司（International Paper）；标准石油公司、荷兰壳牌公司和美国德士古公司（Texaco）；通用汽车、福特、菲亚特（Fiat）和戴姆勒 – 奔驰——都相信同一种理论。贝尔电话公司也是这样。按照理论，每个产业都有一种明确的技术，它会衍生出一系列专业知识——企业可以用它们引领整个产业的发展。反过来，源于产业特有技术的知识又可以转化为公司的盈利产品。同时，该理论进一步指出，在不同技术之间和基于这些技术的不同产业之间几乎没有重叠的地方。

这个理论还相当支持第二次世界大战以后大公司的崛起，如美国的 IBM、日本的松下、日立和丰田。它也支持 1950 年之后药业巨头的崛起，如瑞士霍夫曼罗氏有限公司（Hoffmann-La Roche）、美国默克公司（Merck）

和美国辉瑞公司（Pfizer）。仅仅在 20 年前，还有一家药业巨头声称自己是"应用生物化学知识，提供人类健康保障所需的各类产品"的公司。而花旗银行的战略是成为世界上排名第一的金融机构，即跨越国界的"全球性银行"，其战略基础也是同一套公司理论。

类似的理论也可以论证大型零售商的崛起，如美国的西尔斯－罗巴克百货公司、英国的玛莎百货公司和美国、西欧及日本的大型百货连锁店。该理论认为：虽然它们是同一类企业，但面对的是完全不同的大众市场，相互之间很少有交叉重叠。在价格、质量或生活方式吸引力方面，顾客在一家商场内购买的所有东西都属于同一种价值类型。

这种理论使成功的零售商实现了转型，从受外部制造企业制约的商品"经销商"转变为自己创造、自己设计、自己销售的"买主"[⊖]——这方面的先驱就是 20 世纪 20 年代和 30 年代初的西尔斯公司和玛莎百货公司。当然，第二次世界大战后这种理论依然有用，例如凯玛特公司就是按照这种理论创建的。

此后，再也没有出现大公司能够赖以发展的新理论。但是，旧理论也变得不再可靠。技术不再是孤立的，它们相互重叠交错。没有一个产业或企业能够单凭一种技术为生，无论它的工作多么出色，即使 AT&T 著名的贝尔实验室，也不能提供电信业所需的每一样东西，IBM 同样出色的实验室也不能提供 IBM 计算机需要的所有软件或半导体设计。相互竞争的保健产品现在可能出自多种技术领域，如有机化学、药理学、遗传学、分子生物学、物理学和电子工程学。

反过来，单项技术也不再只供应一个行业。现在，那些大公司的研究实验室所开发的大量新技术在公司外甚至行业外得到了广泛应用——例如，以贝尔实验室为例，就是在电信业之外找到了用武之地。最重要的是，"行业"

⊖ 指商场推出自有品牌产品，其产品由外部厂商生产，但由商场定制。——译者注

的边界现在已经越来越模糊。

25 年前，计算机和电话是两个不同的行业。现在 AT&T 已经决定，为了维持它在电信业的领导地位，需要并购一家大型计算机公司——国家现金出纳机公司（The National Cash Register Company，NCR），一个有着上百年历史的现金出纳机制造商，同时在计算机办公设备领域也是领导者。25 年前，复印机、打印机、打字机和计算机是完全独立的行业，它们各自的技术和市场都不一样。现在，施乐公司推出了一种新机器，它集复印机、高速打印机、文字处理器和小型计算机于一体。

同样，大型零售业赖以发展的理论假设也站不住脚了。所有市场都在不断地细分，它们之间出现了越来越多的重叠和交叉。例如，在办公家具市场上，很难辨别哪一家企业是生产商、批发商或零售商。

大公司不会消失，相反，我们还需要更多大公司，有的规模甚至比我们今天最大的公司还要大。信息和资本越来越全球化，新的挑战（例如环境问题）要求跨国协作，只有非常大的公司才能够做到这一点。同时，只有大企业才能够有效地提供部分产品和服务，例如：建造一个大型发电站或输油管道；生产客运飞机；造纸；经营长途电话服务；制造用于全球各地或至少横跨一个大洲的汽车和卡车——真是不胜枚举。

高技术方面的全球竞争，几乎肯定要求企业的规模要大。竞争对手威胁着美国在高技术领域的全球地位，无论是半导体、计算机、工厂自动化还是高清晰度电视，它们不再是偏僻地区车库里的工程师公司⊖了，而是有着几十亿美元资产的企业巨头。目前能成功与它们对抗的美国公司也都是一些非常大的公司，例如 IBM、英特尔、摩托罗拉和施乐（Xerox）。

因此，大公司面临的挑战是在规模很大的基础上如何变得富有竞争力。这就意味着要成为市场驱动型企业，也就意味着要有计划地放弃昨天的产品

⊖ 有些高技术企业是从车库起家的，这里形容高技术领域的一些小企业。——译者注

和技术，并使之成为公司制度的一部分。它还意味着要让整个公司以创新为中心。大公司不仅必须要超越以前，而且也必须与众不同。"协同效应" ⊖ 已经过时。一家公司（特别是大型公司）越是能明确地聚焦于一个产品系列或一个市场，越有可能表现得更好。

另一个可能的影响是：无论一家大公司需要什么样的多元化——例如，为了得到一种不同的技术或占领一个不同的市场，最好是通过战略联盟（如合作、合资、少量参股）完成，而不是通过收购或自己从头开发。

最后，对于多产品、多技术、多市场的公司来说，只是分权已经不够了，公司各个单元必须成为真正独立的企业，例如通用电气正在努力建设的13个"战略业务单元"（SBU）。有的大公司可能更进一步，学习通用电气的欧洲竞争对手——德国西门子的组织方式：每家公司都是独立的企业，有自己的CEO和董事会，它们联合起来又成为一个企业"集团"。

适当的企业规模

将来，多元化的大公司甚至可能不再进行"集中管理"（central management），而会模仿过去20年间两个最为成功的大型企业帝国的缔造者——投资家沃伦·巴菲特和汉森。他们俩都是以"投资者"的身份进行"监督"。他们确保自己投资的各家公司都有正确的业务计划、正确的战略和他们所需要的管理团队，但是他们并不参与"管理"。

然而，大规模本身已经不再是人们追求的方向，它必须要提供有效的职能。在过去100年间，卓越绩效总是隶属于行业中的最大企业。从今往后，我们将会越来越多地强调**适当的**规模。在很多领域中，这就意味着打造中型

⊖　Synergy，指通过扩大规模，包括并购，获得协同优势，如更低的成本、更高的市场份额等。——译者注

企业——就像它们已经成为美国工业品出口的主导企业一样。

经济重心从大型企业转为中型企业，是对统治发达国家经济领域 100 多年的趋势的彻底逆转。到现在为止，经济学家、政治家和媒体都忽视了这一点。这给我们的一个启示就是，如何做到规模又大同时还富有竞争力将会迅速成为新的管理挑战。

[1991]

企业绩效的五大指标

在可以预见的未来，证券分析师和资产管理人员所施加的短期收益压力不大可能会减小。因此，企业必须适应它。但是，现在很多首席执行官都已经知道，作为企业真实绩效的测量指标，短期收益是非常不可靠的，实际上它经常具有很强的误导性。

很多有经验的经理也知道，评估一家企业的绩效并没有魔法公式。就像一辆汽车一样，它的仪表板上有一些指标，同时，隔一段时间还要给轮胎做压力测试，企业也需要一些"指标"进行监控。但是指标的数量不多，通过五个"指标"就可以看出企业的运行状况和它的方向是否正确。

第一个有用的公司指标是它的市场地位。市场地位是上升了还是下降了？在正确的市场中，其地位是否有所改进？例如，一家制药企业可能需要知道其产品的总体市场表现，也要知道它们分别在人类健康和动物健康市场上的表现；还需要知道年轻医生对人类保健药品的使用情况，因为他们是企业未来的主要客户；还需要知道它们在医院和医生（以及特定医生群体，如泌尿科医生）中的使用情况。它可能也需要知道在某个具体竞争领域（如消炎药市场）中的市场地位。

但是，一家企业还需要知道在市场份额方面，自己的产品或服务与客户可以选择的其他竞争性产品的相对表现。例如，我们公司生产的是钢结构产品，那么，与商业设施和写字楼建筑上可以用的其他材料（如预制混凝土和直接浇铸混凝土）相比，它的表现如何？

预　　警

公司"仪表板"上的第二个"指标"是创新。公司在创新方面的表现是不是与它的市场地位相适应？或者说是否落后于市场表现？一家公司在创新能力方面的急剧、持续下滑，是最为可靠的公司即将衰落的早期预警。同样危险的是创新周期的变长，创新周期就是从一项创新开始，到它的产品或服务成功地进入市场，这两者之间的时间间隔。

创新成功与创新失败的比例是有所改善还是更低了？这个指标还要体现公司在重要细分市场（特别是将来有可能会增长的那些市场）上的创新活动。数字设备公司（DEC）这几年比很多计算机公司（包括 IBM）都要表现得好，主要不是因为它有更多的成功创新，而是因为它把创新集中在数据处理这个高成长的市场上。

管理控制面板上的第三个指标是生产效率。它把所有生产要素投入（包括资金、原材料、人力）与它们产生的"增加值"联系了起来，增加值就是商品或服务的总价值（经过通货膨胀调整）减去所有购买外部原料、零部件或服务的费用。每种要素都必须单独测算。事实上，在大型组织中（无论是公司、医院或大学），不同要素在不同部门中的生产效率都要分别测算，例如蓝领工人、职员、管理人员和服务人员。

　　理想的情况是，每种要素的生产效率都在稳步增长。但是，一种要素（如人力）生产效率的提高，不应该以牺牲另一种要素（例如资本）的生产效率为前提——美国在这方面经常出现失误。这种"权衡"往往破坏企业运营的盈亏平衡点。繁荣时期的生产效率提高要补偿萧条时期的生产效率下降——而萧条时期恰恰是最需要生产效率的。

　　每个人都知道美国的生产率正陷入困境，全世界都是同样的情况。自1973年以来，所有发达国家的生产率增长速度逐步下降，包括日本和西德。不管原因是什么——截至目前没有一个原因能够令人信服，对于单个企业而言这是一个巨大的机会。那些有计划地提高生产效率的企业几乎注定会非常快地获得竞争优势。

　　第四个"指标"是资产流动性和现金流。这是一个很早就为人所知的常识：即便一家企业没有利润，只要它有足够的现金流，也可以长时间地经营下去。然而，反过来就不行了。我们周围有很多企业（并不都是小企业）不得不放弃盈利前景良好的发展机会，因为它们缺乏现金。例如，通过销量快速提升而获得的利润增加，往往是一个危险信号，它损害了（而不是增强了）资产流动性和现金流状况。这通常意味着企业在"收买"顾客而不是"赢得"顾客——例如，通过非常宽松的客户融资⊖。"收买的"市场是不可持续的。

　　假如一家公司提前不做准备，只是在（例如要投资去深度开发某个非常有前景的生产线）需要时才去筹集资金，那么，最后它可能必须把这条新生产线以清算价出售给竞争对手。事实上，资产流动性不足比利润短缺更具破坏力。在利润短缺时，企业通常会出售或砍掉它利润最薄的和过时的业务或产品。在资产流动性不足时，公司通常会出售它利润最高或是最有前途的部

　　⊖　即向客户提供贷款便于其购买商品或服务。例如国外的汽车巨头大多有自己的汽车贷款公司。——译者注

门，因为这些能在最短的时间内带来最多的现金。

不过，资产流动性易于测算，可以相当准确地被预测。一个普通的现金流预测往往只需要确认未来的现金流和现金需求。

最后一个"指标"是公司的盈利能力——高于还是低于普通利润率。盈利能力体现了一家公司利用资源创造利润的能力。这不包括那些非经常性交易（例如销售或放弃一个部门、一家工厂、一条生产线等）所创造的利润或亏损，也不包括分摊的间接成本[⊖]。这个指标不是去评估某一时间段的利润多少，而是关注企业长期盈利能力。

最简单的办法可能是分析以 36 个月为会计周期的营运利润——如果需要，可进行通货膨胀调整或汇率调整。例如 1986 年 11 月的数字要调高，而 1983 年 11 月的数字要调低，依此类推。我们可以从三个方面分析盈利能力的变动趋势：①资本成本；②新项目、新产品和新服务（它们会使盈利能力上升还是下降）；③盈利能力的质量和构成。

总利润是利润率乘以资本周转量。通常，如果要提升盈利能力，比较容易的方法是增加资本周转量——要么减少单位产量的生产、销售和服务费用，要么用同样多的资金生产更多的产量或供应更大的市场，而用提高利润率的方法则要困难得多。不过，理想状况是两者同时增加。假如某个盈利能力要素的提高要以另一个要素的下降为代价——例如，更高的利润率来自给顾客及经销商更宽松的融资政策，在这种情况下，即使绝对利润保持不变甚至上升，盈利能力的质量也已经下降了。

没有精确的测评结果

在测量各个指标时，到底什么是最佳的测评方法，引起了经济学家、会

⊖　通常是指不直接与生产过程相关的管理费用等。——译者注

计师和管理学家的热烈讨论。但是，对实际从业人员来说，采用哪种测评方法没有什么差别。每种方法都不完美，但又都能满足实际所需。无论一家公司选择哪种具体方法，都不会得出精确的结果。它们都有很大的误差，因为在测评时各个方面的基础信息都不是绝对精确的。

但这对实际从业人员也不是很重要。他们关注的不是每个指标的具体数值而是其变动趋势——数学家称其为"曲线的斜率"——无论这些数据结果多么粗糙与模糊，这些方法还是会得出一个趋势。没有这些信息，一家公司实际上无法了解它的绩效表现以及发展方向是否正确；在出现问题时也无法及时采取纠错行动。这些绩效测评方法可以加强企业控制。每个季度最后一个月的第二个星期一，它们都应当出现在 CEO 的桌子上或被做成图表挂在墙上。

[1986]

研发：最好由商业驱动

仅仅在几年前，证券分析师还经常按照公司研发费用占其销售额的比重给不同股票评级。但是研发费用与商业成果并不是密切相关的。

瑞士的制药业巨头霍夫曼罗氏公司，在这个行业里拥有最多的研发预算。但是从 20 世纪 60 年代开始，它就没有推出过重要的新产品。德国电气巨头西门子公司，尽管以研发质量高和研发预算充裕而闻名，几年来也没有开发出什么新产品。美国最著名的研究中心——AT&T 的贝尔实验室，在声学、光学、计算机科学和数学方面连续诞生了一个又一个科技"奇迹"。但是，与贝尔实验室以前的研究发现相比，这些新的科技突破并没有带来巨大的商业成就。贝尔实验室的东京同行——NEC 公司的实验室，同样不能把它在电信研发方面的巨额投入转化成适销对路的商品。

但是，另外一些公司（大部分研发费用非常少）取得了显著的研发成果。美国的默克公司和一些英国公司，如葛兰素 – 威廉（Glaxo Wellcome）

公司⊖，推出了一种又一种成功的新药。在老式电机制造商中，瑞典的阿西亚公司（Allmänna Svenska Elektriska Aktiebolaget，ASEA）是最小的，但是它通过成功创新在三个竞争激烈的领域（电动机车、直流电传输和工业机器人）内成为全球领导者。去抱怨那些影响研发的外部因素，例如"过度的政府管制"，是不会有用的。

失 败 之 路

100年来，研发必须是公司的一个独立职能（自己独立完成科学和技术工作）已经成为天经地义的了。但是现在，医药和计算机领域中的成功创新（当然也包括其他领域）都是跨部门团队合作的结果，从一开始，来自销售、生产和财务部门的人员就共同参与研发工作。

很多公司仍然相信，一项创新（无论是产品还是服务）越能适应顾客当前的工作，它在市场上就会越成功。它们认为，顾客没有多少需求去购买昂贵的新设置。但是，这种看法是一条失败之路。

几年前，联邦快递准确地预测到文件传真领域会有一个大的发展。它开发了一种新的服务，给顾客提供了很便利的传真服务，而且为顾客节省了购买新设备的昂贵费用。这种服务是一个巨大的失败——因为顾客现在纷纷购买自己的传真机。NEC公司想成为电话机市场上的主要企业，但失败了，其失败的原因很大程度上是由于它采用了一种融合性的新技术——它的交换机只有一半是电子化的，这使得潜在顾客能够继续使用原来的机电设备。但是，最终顾客都从NEC的竞争对手那里购买全电子化的交

⊖ 葛兰素－威廉公司（Glx）是世界一流的制药公司，成立于1995年3月，由葛兰素公司和威廉公司合并而成。产品主要集中于呼吸道疾病、细菌性感染、病毒性感染、中枢神经系统紊乱、胃肠道疾病、肿瘤、心血管疾病、皮肤疾病、麻醉药等9个领域。该公司1998年的营业额达到79.8亿美元。——译者注

换机。

自从 90 年前工业研发实验室创建以来——首创者是德国的化学工业和美国通用电气的查尔斯·斯坦因梅茨（Charles Steinmetz），成功的研发成果就都是"技术驱动"的。例如，斯坦因梅茨先生对小马力摩擦电机进行了开创性的研究，其方法就是研究它的具体技术特性：动力输出与输入、运转速度、摩擦、温度、耐久性以及可靠性。这使得他能够明白：必须创造出何种新型科技知识和新型工程能力，才会得到理想的终端产品。这种方法很有用，使我们在 20 世纪取得了很多重大技术成就，包括美国国家航空航天局（National Aeronautics and Space Administration，NASA）的人类登月工程。但是，除了非常新的技术领域（如生物遗传学）以外，技术驱动型研发的效果越来越差。我们越来越需要一种"商业驱动型"研发战略。

很多美国半导体公司的研发活动基本上还是技术驱动的。日本公司已经很大程度上超过了我们，因为它们进入半导体产业时非常关注以下问题："什么是正确的企业战略？"它们得出结论：必须将自己的研发和生产与大型客户（例如计算机生产商）联系起来，大型客户能够提供巨大的市场，从而使企业具备对半导体行业固有的价格剧烈波动问题的抵御能力。尽管美国人是机器人方面的开拓者，但是今天他们已经远远落后了，因为他们的战略把研发新技术作为基础。瑞典阿西亚公司则把商业战略作为研发的基础——这使得它能够为差异很大的各种市场开发出完全不同的工具。

最好的商业驱动型研发战略的案例（也是最早的一个）也和美国有关。美国无线电公司（RCA）的创始人戴维·萨尔诺夫（David Sarnoff），长时间担任公司的首席执行官，他创造了彩电这种新产品。20 世纪 40 年代中期，当黑白电视机刚开始产业化时，萨尔诺夫先生已预见到了彩色电视机市场，思考通过什么产品满足顾客要求——价格、色彩保真度、频道数量、外观和尺寸。之后，他研发出了能够满足这种产品所需的技术。

结果，彩电所需要的技术条件几乎与那时公认为最有前景的技术方向正好相反，美国无线电公司的大部分技术人员认为这种做法很荒唐，不可能成功。但是萨尔诺夫先生坚持住了，选择精兵强将建立了一个规模非常小的研发团队——12年后，彩色电视机诞生了。

后来，日本人非常自觉地仿效萨尔诺夫先生，用同样的战略开发出来了录像机。一开始他们就有一个商业目标和商业战略，然后组织一小组富有能力的专家研究所需的新型科技知识。第一个把图片放到胶片上的是美国公司，它是技术驱动的，但最终只建立了一个没有多少利润的小规模利基市场（niche markets）。现在日本人在全世界拥有了一个高达几十亿美元的录像机消费市场。

虽然这些成功研发非常引人深思，但它们只是一些表象。公司实验室这个概念本身正在引起争议，因为它假定一种材料、产品或服务只适用于某个特定的市场。

例如，钢铁制造厂商仍然坚信，它们的产品有天生的市场，自己注定要在这些市场上占据统治地位。可能会有替代性产品，但它们都是不入流的——德国人轻蔑地称之为**替代品**（ersatz）。但是，几乎在每个"天生的"钢铁市场上，越来越多的竞争性产品提供了更好的（或至少不同的）性能，例如可以用于汽车制造的特种塑料。

40年前，手工打字机被电动打字机取代。电动打字机仍然是打字机，只不过增加了发动机，而且仍然由传统的打字机制造商生产。今天，文字处理器正在取代打字机，它们源于计算机技术，由计算机公司制造。

60年前，美国最高法院裁定：电报是传递文字的"天然"方式，电话是传递语音的"天然"方式，并且据此划分了电子世界的领地。今天，电话、可视图文（在欧洲增长迅猛）、电报、传真、电子邮件在电子传输领域中展开竞争。每一个都代表着一种基于不同产业的不同技术。

今天在几乎所有的公司中，研发实验室主要关心自身传统技术（不管是钢铁、造纸还是打字机）的发展。但是，我们越来越需要了解和关注自己实验室之外、领域之外、产业之外的科技知识。

那么，传统的实验室还有很大的价值吗？它假设本公司需要的所有技术都能由自己的实验室研发，反过来，实验室研发的绝大部分技术都能转化为本公司的高利润产品。这肯定是不正确的——美国优秀的研发管理专家、斯坦福研究所所长威廉·米勒说得好："一流的实验室的成果是如此丰富，不应该仅仅附属于任何一家公司。"

独立的商业机构

之所以创建贝尔实验室，是因为研发电话产业需要各种技术——多年来也是这么做的。反过来，它的母公司美国电话电报公司也希望能够利用这个实验室所发明的任何一项新技术——多年来它也是这么做的。但自第二次世界大战以来，贝尔实验室的很多技术突破（例如晶体管）在电话产业之外找到了真正的用武之地。另外，越来越多的最新电话技术来自非电信产业的公司及其实验室。

西门子有一个很成功的新产品——人体扫描仪，就不是产生于自己的实验室，而是由一个英国唱片生产商发明的。

今后，技术发展将不再是平行的，而会更多地相互交叉，经常从一个领域外溢而进入别的领域中。

因此，研发实验室将会逐步变成独立的商业机构，按照合同受许多企业的委托进行研发。而每家委托企业需要一个"技术主管"而不是"研发主管"——技术主管能够根据技术潜力以及基于商业和市场目标的技术战略制定业务目标，并且能够界定和购买为了达到企业成果所需的技术研发工作。但是今天，没有一个人（当然包括工程学院或商学院）知道如何去教技术管理，实际上甚至没有人知道从哪里下手。

[1988]

卖掉收发室：20 世纪 90 年代的外包

越来越多在企业内部为企业工作的人实际上是在外部独立承包商那里领取薪水。企业、医院、学校、政府、工会（各种大大小小的组织）越来越多地将文秘、维修和后勤工作进行"外包"。

当然，这种趋势并不是全新的。很多美国医院（欧洲和日本的医院也一样）已经把维修和病人膳食工作进行了外包——40 年前没有人这么做。30 多年前开始出现"临时帮助"公司，但开始时它们只提供管理文秘和打字员，现在则提供计算机程序员、会计师、工程师、护士，甚至车间主管。城市也外包了"垃圾管理"（以前的街道清扫和垃圾处理）工作，甚至监狱也由私营承包商进行管理。

外包文秘工作

这种趋势在所有发达国家中都会得到加速发展。在未来 10～15 年，尤其是在大型组织中，以下行为可能会成为一种惯例：外包所有不涉及员工晋升的工作。实际上这可能是在文秘、维修和后勤工作上取得较高效率的唯一途径。而如何在这些领域内提升效率已经逐步成为发达国家面临的重要挑战，因为现在这些领域雇用的人数和制造工人一样多。

后勤工作迅速成为一个资本密集型产业。在很多制造企业中，在信息技术上给每个办公室职员的投资现在等于在机械设备上给每个生产工人的投资。然而文秘、维修和后勤工作的生产率极低，即便有增长，提高速度也很慢。外包本身不会使得这些工作更有效率，但是如果不外包，大家就不会认真对待文秘、维修和后勤工作的生产率问题。

内部服务和后勤工作实际上是垄断性的。它们没有动力去提高自身的生产率（毕竟没有竞争）。事实上，还有很多因素会限制它们提高生产率。在典型的组织（企业或政府）中，一项活动的标准和影响力是根据它的规模与预算判定的——尤其是那些如文秘、维修和后勤之类的工作，它们不会对企业利润产生直接的、可以测评的影响。因此，要想提高这种活动的生产率，很难取得进展和成功。

当我们批评内部服务支持人员表现不佳时，这些部门的主管很可能会雇用更多的工人解决问题。外部承包商知道：如果它不能提高质量和削减成本，企业会放弃它，换用一个表现更好的竞争对手。

从事内部后勤服务的人员也不会去做那些能够提升其生产率的艰巨的、创新的且通常是高成本的事情。我们迫切需要服务工作的系统创新，就像从19世纪70年代的弗雷德里克·温斯洛·泰勒到20世纪20年代的亨利·福特——在这50年间，人们对机器创新的迫切需求一样。对每项任务、每项工作都要进行分析并重新组合。实际上，甚至需要对每件工具都进行重新设计。

当麦当劳的创始人雷·克洛克（Ray Kroc）开始提高汉堡包店的效率时，他重新设计了每一个餐厅用具，包括汤勺、餐巾盘和锅。为了提高生产率，医院的保洁公司必须重新设计扫帚、簸箕、废纸篓，甚至被单和毯子。在创建联邦快递时，弗雷德·史密斯（Fred Smith）研究了收集、运输、递交包裹以及收费的每一个环节，然后就是一而再，再而三地培训人员。这要求你一心一意地、近乎执着地追求某个具体目标（做汉堡包、做医院病床维护、投递包裹），忘掉其他一切事情。但是，这种专心致志、全情投入更可能适合于一个外部独立企业的创业者，而不适合于组织内部的团队成员——部门经理。

然而，外包最重要的原因是经济学家和工程师所不重视的"无形因素"：后勤工作的生产率不可能提升，除非相关人员因为干得好有可能被提升为高级管理。对于后勤工作而言，只有在它们是由一家独立的企业来做时，才有可能出现上述现象，否则，雄心勃勃和有才华的人不会干后勤工作；即使进入了这个领域，他们也会很快离开。

20 世纪 60 年代初，财务管理和市场营销取代了生产管理，成为员工晋升为高级管理的主要领域，与此同时，美国企业的生产率开始下降，这绝不是巧合。证券经纪机构一方面不断地增加文秘与后勤工作的人员与预算，另一方面，又被不断出现的"后勤部门"（back office）⊖危机所困扰，这也不是巧合。在这类机构中，直到最近，负责后勤事务的管理者（虽然他负责着公司一半的费用支出）最多也只是一个"名义上"的合伙人。整体而言，晋升、奖金以及高管层的时间都是为证券交易员⊜、证券分析师和销售人员准备的。

他们称这些人是"自己人"，后勤部门是"其他人"。为什么第二次世界大战后大学非教学成本的增加速度是教学成本的两倍——非教学成本现在几乎已经占总预算的 2/5，其中有一种解释是：那些管理宿舍或办公室的人

⊖　就是为公司日常运作提供后勤服务的部门，通常是指信息技术、会计、人力资源等部门。——译者注

⊜　即我们平常所说的从事证券交易的"红马甲"，或叫操盘手。——译者注

没有博士学位，所以学校的财务管理系统对他们不加关注（也就不注重对他们的控制）。

40年前，服务和后勤成本占大学总成本的比例还不到10%～15%。既然如此不重要，它们的生产率低也没有多大关系。现在，这个比例很可能已经高达40%，使得人们再也不能忽视它们了。但大学的财务管理系统没有改变。毕竟，大学的任务不是喂养孩子，而是教育和研究（因此更注重有博士学位的教师）。

然而，假如文秘、维修和后勤工作由一个外部独立承包商来做，这些人就有可能获得机会、尊重和影响力。作为一个大学的雇员，学生食堂的主管只能是一个从属人员。而在一家独立的餐饮公司，他可能晋升为负责多个学校学生用餐的副总，甚至有可能成为公司的总经理。假如他有什么问题，也可以求助于公司内懂行的专家。假如他找到了改善工作、改进设备的方法，他就会受到欢迎，人们也愿意听他的意见。这种情况同样适用于那些为共同基金从事客户会计服务的独立公司。

真空吸尘器

在一家大型医院保洁公司中，有些12～15年前参加工作（用真空吸尘器打扫卫生）的妇女，现在已经是部门主管或副总裁了，并拥有大量的公司股票。而在医院工作的同行，大部分仍然在用真空吸尘器打扫卫生。

当然，外包也有价格。假如很多人都不再为目前工作着的组织服务，一定会产生很大的社会问题。然而，到现在为止，除了外包之外还没有别的选择，能让我们解决好发达国家越来越重视的生产率问题。

［1989］

有效研发的 10 条规则

一些公司（不是很多）能够得到 50 倍或甚至 100 倍的研发投资回报，更多的公司则得到很少或者得不到回报。成功的关键不是知识、智力或勤奋，更不是运气。下面是有效研发的 10 条规则：

1. 当一个新产品、处理器或服务第一次达到盈亏平衡时，它就开始变得过时了。

2. 因此，自己让你的产品、流程或服务变得过时是阻止竞争者从中获利的唯一方法。

美国大型企业——杜邦公司很早就知道和接受了这条规则。当 50 年前尼龙刚刚出现时，杜邦就立即组织化学家研发能够与尼龙竞争的新型合成纤维，同时也开始主动降低尼龙的价格，这样就减少了杜邦专利对于竞争者的吸引力。这就解释了为什么杜邦是世界上主要的合成纤维制造商，同时市场上依然可以看到杜邦的尼龙产品，而且有利可图。

毫无意义的区分

3. 假如研发是为了取得成果，那么最好忘掉19世纪"基础理论"研发和"应用理论"研发的区分。在大学里这种区分可能还有意义，但是在企业界，即便这种区分不是阻碍因素，也是没有实质性意义的。例如，在制造一个小零件的过程中，如果要进行一个小调整，这可能需要进行基础理论研发，分析结构问题。而制造一个全新的产品或建立一个全新的流程，可能只需要认真阅读标准手册。与重新界定一个问题，然后应用已知理论寻找解决方案的应用性研发相比，基础理论研发也不一定更为困难。

4. 在有效研发过程中，物理学、化学、生物学、数学、经济学等都不是"学科"，而只是工具。当然，这并不意味着有效研发需要靠全能型天才完成。今天，最出色的物理学家或化学家也只是明白自己学科的一小部分。但是，有效的企业研发需要项目主管或研究主管知道在何时、通过何种方式召集哪些专家。最好的例子是20世纪60年代，肯尼迪总统在任时的美国国家航空航天局局长吉姆·韦伯（Jim Webb），他动员了众多不同学科的专家，大家共同努力，最终把一个人送上了月球。韦伯先生不是一个科学家，而是一个律师兼会计师。

5. 研发不是一种活动——它包括三种活动：改进、有管理的开发（managed evolution）和创新，三者相互补充却各不相同。

- 改进的目标是让已经成功的变得更好。这种无止境的活动需要设定具体的量化目标，比如在成本、质量和顾客满意度等方面每年提高3%或5%。改进始于一线人员、销售人员和至关重要的用户的反馈（一线人员是指那些实际生产产品或提供服务的员工）。然后，公司自己的科学家、工程师或产品设计人员必须把一线人员的建议和问题转化为产品、流程或服务的调整。

今天，持续改进最著名的实践者是日本人。然而，持续改进的发明者和长期坚持者是一家美国公司，即隶属于原来的贝尔电话系统公司的西方电气公司（Western Electric）。

- 有管理的开发是指用一个新产品、流程或服务孕育产生一个更新的产品、流程或服务。它的格言是"每个成功的新产品都是下一个新产品的基石"。

最著名的实践者可能就是索尼公司，它利用最初的录音机有计划地开发了许多种新产品，例如随身听。而最著名的成功实践者可能是一家"没有技术"的美国公司——芝加哥城郊的服务专家公司（Service Master），这是一家几十亿美元的跨国公司，它在美国、日本和西欧都非常成功。刚开始时，服务专家公司系统地把工业工程应用于医院保洁以及对低技能人员的培训中。然后它一步步地进行服务开发，推广到办公室维护、老年人护理。有管理的开发通常是市场驱动的，然而，它常常需要用到新的或至少是新开发的技术和工具。

- 最后，创新是指系统地利用变化带来的机会，这包括社会经济变化、人口变化和技术变化。

有效研发的关键在于同时（分别）进行改进、有管理的开发和创新，最经典的案例还是杜邦公司的合成纤维战略。正如我前面提到的，杜邦公司一推出尼龙后就立即开始研发竞争性的纤维，但是，它也立刻开始改进尼龙技术和追求有管理的开发。尼龙最初是用来制造女式长筒袜的，而不久它就被改进用于汽车轮胎的帘子线——这可能是多年来尼龙技术盈利最好的一项应用了。

前面五条规则是讲做什么，接下来的 5 条是讲如何做。

6. 目标高远！小修改往往与根本性变革的难度一样大，而且同样会遭到顽固的抵抗。成功的研发会考虑：假如我们成功了，顾客的生活或工作会不会有实质性的变化？虽然美国人发明了录像机和传真机，但是日本人控制了这两个市场，这是因为他们制定了任何美国公司都认为不可能实现的研发高目标（包括产品尺寸、性能和价格）。

7. 有效研发需要取得长期成果和短期成果。由于投入的劳动非常巨大，不可能只是满足短期成果。短期成果必须是持续性长期研发过程中的一个步骤，两者之间的平衡是难以掌握的。但是，通常通过回溯分析（retro-spective analysis）⊖可以做到这一点。

研发人员早就知道他们应该不断重读自己的实验记录。是不是有些现象被忽略了，可能是因为它们出人意料或者似乎不会导向理想的实验结果？假如这样，它实际上是不是代表着一个机会呢？更重要的是，它是不是意味着一个可以使用的、有价值的短期成果呢？最著名的例子是亚历山大·弗莱明（Alexander Fleming）意外地发现了青霉素，他曾因为青霉素破坏了自己的细菌培养基而把它扔掉。

在改进过程中，成果都应当是短期的，这样可以使研发人员从中寻找长期成果的线索。他们会带着这样的问题分析过去两三年的工作：成功的改进是不是围绕着一个特定的应用、一个特定的市场、一个设计、一个流程、一个产品而展开的呢？如果是，这往往表明存在着一个长期性的重大创新或重大改变的机会。

⊖ 也有人译为回溯性分析或回顾性分析，是指对以前内容的分析，其目的是指导当前形势，常见于医学领域和电子领域中。——译者注

能够熟练掌握这种平衡的大公司是默克，它是世界上最大的制药公司之一。另一个例子是通用电气公司的医疗电子部门。一方面，它致力于一些重大的创新，如人体扫描仪和核磁共振仪；另一方面，它系统地从这些重要的长期创新中得到知识，持续不断地改进其传统的 X 光机。

8. 研究是独立的工作，但不是独立的职能。开发（把研究成果转化为那些能够生产、出售、配送、服务的产品、流程和服务）必须与研究紧密联系起来。从一开始，制造、营销和服务就要介入和影响企业的研发工作，正像研发成果反过来会影响它们一样。在大学里，科学研究可能是把探索新知识本身作为它的目的。而在企业、政府和医药领域中，研究的目的是探索和寻找新的功用。

9. 有效研发需要企业进行有计划的放弃——不仅包括产品、流程和服务，而且包括研发项目。每隔几年，都要测试每个产品、流程、服务和研发项目的可行性，并且要问自己：就我们现在所知，能否开始启动这个产品、流程、服务或研究项目？

有三条线索可以帮助我们确定何时应该放弃：

第一，已经没有重要改进了。

第二，通过有管理的开发，已经无法再得到新产品、新流程、新市场或新应用了。

第三，长时间的研发只能得到"有意思"（interesting）的结果⊖。

创 新 评 估

10. 与其他东西一样，要对研发进行评估。对于改进来说，设定具体目标和进行评估是很容易的事情。而对于有管理的开发来说，目标也是可以设

⊖　而不是有用的结果。——译者注

定的，例如每年一个新的重要产品、重要市场或重要应用。然而，创新才是真正需要评估的。大约每隔3年，公司就需要评估它的创新成果。我们是否做出了能够大大提升公司财富创造能力的创新？这些创新的数量、质量、影响力是否与我们的市场地位和我们在行业中的领导地位相称？在接下来的几年中，我们需要做出何种创新（数量、质量和影响力）才能达到我们希望的市场地位和行业领导地位？

美国公司的研发投入（在过去几年中保持平稳甚至有所下降）又开始回升了。投入本身并不能确保公司取得成果。但是，应用这10条有效研发的规则会有帮助。

[1989]

企业联盟的发展趋势

当并购、进出口抓住媒体的目光时，企业联盟却很少受重视。通常，统计数据中也没有它们的位置。然而，对于中小企业来讲，联盟越来越成为它们走向国际化的方法。对于大公司来讲，联盟则是它们介入多个技术领域的方法。

各种类型的联盟变得越来越普遍，尤其是在跨国公司中。常见的联盟方式有：合资企业；参股（特别是交叉持股，每家合作企业拥有其他合作企业相同的股权比例）；研发和营销合作协议；交叉授权和知识交流协议；辛迪加[⊖]等。这种趋势可能会加速。营销、技术和人员的发展都对联盟提出了需求。

唯 一 选 择

在 20 世纪六七十年代的日本，外国公司只能通过与当地公司成立合资

⊖ 辛迪加是垄断组织的一种基本形式，它是指同一生产部门的少数大企业为了获取高额利润，通过签订共同销售产品和采购原料的协定而建立起来的垄断组织。——译者注

企业才能进入日本国内市场。逐渐地，欧洲和美国也要求成立合资企业。

几年前，美国电话电报公司与一家意大利电话垄断企业结成了联盟，以便进入政府垄断企业⊖所主导的欧洲市场。更为常见的情况是，联盟是获得某种独特的外国最新技术的唯一途径。大型计算机制造商参股小型软件公司；大型电子制造商参股特殊芯片的小型设计商；大型制药企业参股生物基因方面的创业公司；大型商业银行参股证券交易机构或保险公司。

联盟也越来越成为获取专业人才的途径。美国大学和欧洲、日本（及美国）大企业之间的大量合作研究协议就是很好的例子。

在行业内部也出现了跨国联盟。两年前，两个中型特殊机械制造商（一家日本企业和一家美国企业）签订协议，相互交换各自的研发成果，并且互换 16% 的股票，以便在各自的本土市场上销售对方的产品并提供相关服务。三大美国汽车厂商都在独立的日本和韩国汽车公司中拥有一定数量的股份，并且在美国市场上销售这些亚洲"朋友"制造的汽车（贴上美国厂商的牌子）。

这些都是危险的合作。虽然在初期，它们的失败率不会高于自建新厂或并购，但是，当它们小有所成时会遇到严重的（有时甚至是致命的）问题。

常常是在一个联盟表现很好时，联盟各方的目标冲突才会体现出来。既然这个"孩子"已经"长大"了，不同的合作者可能对它有不同的期望。对于用什么样的人经营这家成功的企业、他们应当来自何种领域、他们要向哪一方效忠等问题，不同的合伙者会有不同的想法。更糟糕的是，通常没有方法解决这些分歧。等到大家意识到需要恢复合资企业的活力时，往往已经太晚了。

但是，这些问题是可以预测的，并且在很大程度上是可以防范的。

联盟成立之前，所有合作方必须全面考虑各自的目标与"合资企业"的

　　⊖　指政府办的，具有垄断性的一些企业，如电信、铁路、邮政和航空等。——译者注

目标。它们想要合资企业最终成长为一家独立自主的企业吗？一开始就允许甚至鼓励合资企业与某个或所有母公司竞争吗？如果是这样，在哪些产品、哪些服务和哪些市场上允许竞争呢？

例如，有一家非常成功的投资公司，各方合资成立这家公司是为了开拓非常有希望的东南亚市场，最终它被母公司破产清算，主要原因就是没有提前通盘考虑好这些问题。这家投资公司已经发展到必须要向行业客户提供部分商业银行服务了。四家母公司都是欧洲银行，尽管其中三家的亚洲业务并不活跃，但是，它们仍然觉得合资企业做商业银行业务是一种忘恩负义的举动，所以毫不犹豫地扼杀了它。

一家德国的和一家美国的化学公司成立了一家非常有前景的西班牙合资企业，最后失败了，原因很类似，主要是没有想到合资企业的成功会（而且应该）使它变成一个潜在的竞争对手。当时，合资公司在一个产品线上变得富有竞争力，尽管这种产品线的北欧市场很小，但它在西班牙和葡萄牙的市场可能很大，于是，它的欧洲母公司收回了对它的支持，并慢慢地让这家合资企业走向衰亡（每隔三五年，母公司与合资企业都必须重新修订自己的目标，特别是在合资企业业绩很好时）。

同样重要的是，在合资企业的运营方式上要达成一致。例如，利润是否要留给合资企业用于再投资？或者尽快将利润汇往母公司？合资企业是否要有自己的研发活动？或者它应该和一家或两家母公司签订合同委托它们进行研发？在研究成果申请专利时，用谁的名字——用提供了科学家和实验室的大学名字，还是用支付了研究经费的公司名字？

美国公司在美国销售其日本合作企业（小股东）的特殊产品，有根据美国市场的情况调整产品设计和价格的权利吗？或者只是作为日本产品的经销商？这就是几个月前，上述两家特殊机械制造商的合作关系最终分裂的关键所在，当时，美国公司已经为日本合作企业的产品赢得了 26% 的市场份额。

各方还需要认真考虑由谁来对联盟进行管理。无论它采用何种具体管理形式，合资企业必须要进行独立管理，而且管理人员必须要有积极性使其走向成功。

新联合汽车制造公司（New United Motor Manufacturing Inc.，Nummi）是丰田和通用汽车的合资企业，同一批工人在同一家工厂（位于加利福尼亚州弗里蒙特）为两个母公司生产同样的汽车。这种汽车在美国以丰田品牌销售获得成功，而以雪佛兰品牌销售却近乎失败。对丰田的人来说，这种汽车是他们的主要美国产品——他们在丰田的职业发展要依靠这款汽车的成功。但在雪佛兰，没有人把销售 Nummi 汽车看作一项重要的工作。对雪佛兰的很多人来讲，尽管它打的是雪佛兰牌子，但这种汽车很可能是"我们自己汽车"的一个竞争对手。出于同样的原因，其他一些由亚洲合作企业为美国厂商制造的汽车在美国市场上也表现欠佳。它们就像没人管的孤儿一样。

无论采取何种法律形式，联盟只能由一家合作企业进行管理，而不能交由委员会管理。从一开始就必须明确，对合资企业管理人员的评估标准只能是他的业绩。他们的责任是为合资企业服务，而不是对某个母公司负责。关于合资企业管理人员的工作，绝对不宜出现以下这种评价："约翰的工作做得并不好，但是，当我们与其他合作者出现争议时，他总是照顾我们这边的利益。"

每家合作企业都要明确：本企业通过何种管理架构处理自身与合资企业及其他合作企业之间的关系。即使合资企业主要从属于某一家合作企业——例如，卢森堡有一家小型股票承销公司，一个大型商业银行占其 1/6 的权益——它的管理人员也要能够接近母公司做决策的人，而不是经过层层中间渠道。

对于企业尤其是大型企业而言，最好的方法是把所有这些"危险的联盟"交给一位高级经理全权负责。

仲　裁　人

最后，对于如何解决分歧必须要有一个事先的约定。在联盟内部，母公司的命令是没有用的。最好的办法是在争议出现之前，推选一个相关各方都了解并且尊重的仲裁人，各方也都会接受他的裁决并把他的意见作为最终裁定。他应该被授权，并且不局限于具体争议问题。例如，他能够决定：根据事先安排的办法，任何一方都有权收购另外一家联盟企业的股份。他也能够建议：清算合资企业或者把它变成一家独立于母公司的单独企业。

这些都是很激进的办法，但正是由于这个原因，仲裁被视为最后的手段。这些条款使联盟各方都能够认识到：把自身的个体利益、主张、自豪感置于次要地位并服务于联盟的持续成功，能够从中获得多少利益。

［ 1989 ］

资本主义危机：谁来负责

　　"公司资本主义"（corporate capitalism）这个名词在 20 世纪 60 年代风靡一时。畅销书《美国面临的挑战》（*The American Challenge*）的作者，法国著名学者塞万·施瑞伯（Jean-Jacques Servan-Schreiber）曾预言，到了 20 世纪 80 年代，全世界的生产将掌控在少数几家美国的超级跨国公司手中。

　　在公司资本主义中，这些超级经济体实行的是自我管理。公司的所有权分散在大量的个人投资者手中，公司的管理层拥有自己任命自己的能力，他们只需要对自己负责。这些高管职位非常稳固（除非是发生严重的公司丑闻或者公司破产，否则他们的职位不会发生变化）。然而，这些管理层自称是"开明的专制君主"，他们在经营公司的过程中会合理地平衡股东、雇员、客户、供应商、所处城市以及经济团体整体的利益——在公司的年报中，他们也是这样宣传的。

　　即便是塞万·施瑞伯也会同意，20 年后，他的预言出现了明显的偏差。那些制造业中的跨国巨头正在竭尽全力地应对技术和人口变化带来的挑战，即便这些挑战没有让它们淘汰出局，也给它们带来了落伍的威胁。美国上市公司的高管层，不管公司的规模和绩效如何，都瑟缩在金降落伞的保护之下，对恶意并购者及其致命武器——垃圾债券充满恐惧。

敌意接管者与公司并购者（例如布恩·皮肯斯（T. Boone Pickens）和卡尔·艾坎（Carl Icahn））吸引了人们的眼球。但是，敌意接管是结果而不是原因，它可能只是一种表象。真正终结公司资本主义的是那些新兴的"机构投资者"（主要是养老基金），它们是美国上市公司的控股股东。在美国，养老基金的资产高达 15 000 亿美元，很快就会上升到 20 000 亿美元，现在它们已经拥有了全部美国上市公司 1/3 的股权，在大型上市公司中则拥有 50% 甚至更多的股权。当然，养老基金有成千上万个。但少数大型养老基金是主导力量，大部分其他养老基金只是忠实的跟随者。

恶　性　循　环

因此，在美国，上市公司现在的股权集中度要高于历史上的任何其他阶段。所以，任何一家需要资金的公司（公司早晚都会面临的问题）必须设法达到养老基金经理对企业的要求。此外，养老基金经理的选择余地也很小，他们只能关注短期收益，因为他们的工作要求他们快速获得收益。在大多数情况下，基金以季度为单位对他们的绩效进行评估。这是因为向养老基金提供资金的那些公司，其营业收入在很大程度上也要依靠养老基金的短期收益。如果能够获得可观的短期收益，那么该公司就可以少负担一些养老费用，其财务利润就会上升。

相反，如果养老基金某年表现不佳，公司就要多缴纳一些养老费用，公司收益会下降。这样，公司管理层就会给养老基金经理施加强大的压力，力争获得短期收益；反过来，基金经理又向自己投资的上市公司的管理层施加压力，要求创造短期收益。再推下去^㊀，这又会迫使基金经理创造短期收益，从而形成一种恶性循环。

但是，养老基金也是公司雇员（而不是公司本身）的受托管理机构。如果并购者提供的报价比股票当前的市场价高一些，基金经理就会自动地说"接受"。如果他们不接受，并且几个月之后，以低于并购者报价的价格卖出股票，那么，他们可能会面临一场诉讼，人们要求索赔，并且状告他们没有很好地履行受托责任。

公司资本主义向人们承诺：大公司在运营过程中会充分考虑各种"利益相关者"的利益。实际上，公司的管理层被迫将所有其他东西（甚至不考虑一些长期因素，如市场地位、技术、公司基本的财富创造能力）放置一边，专注于获取短期收益和提升近期股价。有人也许会说，公司资本主义已经蜕变成了"投机资本主义"（speculator's capitalism）。

公司资本主义从一开始就是一种错觉，而且是一种高傲的错觉。大公司的管理层拥有（而且必须拥有）足够的权力。同时，为了使这种权力具有合法性，它必须与责任相匹配。开明的专制主义^㊁最后往往会变成无能的、受人批判的对象。在公司受到攻击的时候，没有人愿意支持它——在并购者出现时，美国公司的管理层就遇到了这种情况。大多数美国高管层不愿意采用能够真正分清责任的合法保护手段：建立一个强有力的、独立^㊂的董事会，董事会富有能力，可以建立一套有效的绩效标准，并且可以开除达不到绩效标准的管理层。

但是，投机资本主义是一个错误的药方。它的副作用非常大，甚至会让

㊀ 大部分上市公司同时也是基金的投资人，它们每年向基金提供一定的费用，员工退休后向养老基金索取养老金。——译者注
㊁ 参见本书第30章"公司治理"中的相关论述。——译者注
㊂ 董事会的独立性是指董事与公司不存在利益关联，比如，不在公司持股、没有亲人在公司任职或不与公司发生业务往来。——译者注

"病人"送命。

即便对于股东来说，投机资本主义可能也不是一件好事。至少对于美国公司的重要股东——养老基金来说，结果是这样的。在恶意并购过程中，它们被迫将自己手中的股票卖给敌意并购者。但是，在多数情况下，它们对被并购的上市公司就不再关心了。它们要么要求获得现金，要么尽快卖掉从恶意并购者那里换来的其他证券。它们知道为什么要这样做；相当一部分（或者说大多数）公司在被恶意收购后，过上一两年，其经营业绩肯定会不如以前。而在西德和日本，公司的经营还是以长期收益为主，而不是专注于短期收益，股东的整体表现要好于（肯定不会差于）美国的同行。

但是，即使对于养老基金来说，其短期利益也不尽如人意，这方面的证据越来越多。尽管证券中介机构、投资咨询机构和养老基金以高薪雇用了大批证券分析师，但是大多数养老基金仍然表现较差，最好的也就是与股票市场的平均收益持平。它们的绩效表现充分证明了一句古话："注重短期利益会让交易商发财，让投资者赔钱"。确实，现在出现了越来越多的抱怨——例如，缅因州国会议员威廉·科恩（William Cohen）⊖的抱怨——投资者过分关注短期收益使得养老基金表现不佳，这样，就使养老基金与最终的受益人（未来的养老金领取人）之间出现了难以调和的利益冲突。

最后可以看出，毫无疑问，投机资本主义所崇尚的短期收益给公司管理层施加了强大的压力，这对于美国企业界和美国经济来说都是有害的。在有些案例中，这可能是公司在重要行业或重要市场上失去竞争地位的主要原因，甚至是唯一原因。其中有一个例子就是美国自己研发的录像机。现在，美国没有公司生产录像机，它们将这个产业拱手让给了日本人。原因只有一个，就是这项业务不能立刻产生短期投资回报，反而需要进行好几年的长期投资。

⊖ 此人 1997 年被克林顿总统任命为国防部长，在美国有一定的影响力。——译者注

在另外一些产业和市场上，专注于短期利益也是美国公司业绩下降、美国产业地位下滑的主要原因之一；这也可以在很大程度上解释为什么美国通用汽车在面对日本公司的市场攻击时没有及时做出反应。每一个在美国管理体制下工作的人都可以证明：为了满足养老基金经理对下个季度获得更好收益的要求，以及害怕受到敌意收购者的攻击，公司高管层会被迫做出一些他们明知代价高昂甚至是自杀性的决策。在我们最重要的领域中，这种情况造成的损失也是最大的：对于高速成长的、中等规模的高科技公司或者高水平工程公司而言，它们需要把所能获得的每一分钱投向未来（研发、产品改进、市场开发、人员开发、服务），否则，它们自身以及美国经济就会失去领导地位。

皮肯斯先生可能会反驳说（华尔街和美国证监会也会这样做），所有这些都是不重要的。股东是公司的所有者，公司是他们的，股东可以做任何他们认为有利于自己短期利益的事情。但是，机构投资者真的是公司的所有者吗？它们对公司的业务毫无兴趣：它们唯一关心的就是快速赚钱。更重要的是，所有者应该有权自由决定是买进、售出还是持有公司股票。但是，养老基金只有买进的自由。在需要出售的时候⊖，它们不能说"不"，即使它们想继续持有股票。从经济甚至法律角度上看，它们并不真正拥有所有者本该拥有的自由。这是一种前所未有的全新现象，我们还没有应对办法。但是，我们还是称它为"所有权"，这可能更多的是一种偏离现实的法律幻觉。

或许日本人是这么想的，因为他们的法律同我们的完全一样。但是在实际操作中，他们不将公共机构股东看作公司的所有者，而是将其看作利益索取者，他们的利益（除非是在公司财产清算时）从属于公司（财富创造者、商品生产者和工作岗位提供者）的生存发展。在美国，我们正在逐渐朝着这一方向努力。

⊖ 例如在退休人员需要领取养老金时。——译者注

我们已经开始限制机构投资者的投票权，具体方法就是将公开上市公司的股权分为两个（或更多个）群体：一类是"内部投资者"，拥有全部投票权；另一类是"外部投资者"，他们的投票权受到很大限制甚至完全被取消。通用汽车公司和福特汽车公司已经实行了这一改革。机构投资者和华尔街都提出了抗议：它们强调，应当遵循传统规则"同股同权"。但是，机构投资者一方面在提抗议，另一方面它们很高兴地购买前景看好的上市公司的低投票权或无投票权的股票。

此外，正如国会议员科恩所指出的那样，只有出现了重大的公司丑闻，才会使我们修订现行的法律，禁止公司把养老金计划所获得的收益算作公司自己的收入——这会大大缓解公司管理层追求短期绩效的压力。在养老基金自己的阵营中，也出现了越来越多的担心。里根总统任期内的养老金利益保障委员会主席罗伯特·蒙克斯（Robert A. G. Monks）成立了机构投资者服务公司，以便向养老基金管理层灌输"社会责任感"。这样，投机资本主义的好日子也就不多了。

但我们还是要面对现实中的难题。与其说它们是财务或经济难题，还不如说是政治和道德难题。在现代民主社会中，在上市公司这样的重要组织中，我们能够容忍所有其他目标和重要事务都向短期利益让路吗？我们能够容忍所有其他利益相关者的利益都要为股东（即便它们具有"社会责任感"）这个群体的利益让路吗？

短期和长期

公司资本主义之所以会失败，主要是因为公司管理层不必向任何人对任何事负责。在这种体制中，敌意收购者绝对是正确的。在企业中，最重要的绩效目标就是财务指标。确实，对于企业来说，首要的一项社会责任就是创造足够的利润，它至少要能够补偿资本损耗以及企业维持运转的最低成本。足够的盈利能力可以使企业承担未来的风险，满足企业成长的需要，提供更多的就业岗位。然而，所有这些都依赖于企业的长期收益而不是短期收益。我们都明白一个事实，要想对未来负责（生产与服务型企业需要这一条，交易型企业不在乎这个），企业长期利润的获得不能靠短期利润的累加。短期收益只代表一种前景，它本身并不是真正的经济成果。

但同样重要的是：我们所要的经济成果（甚至长期的可持续性经济成果）是上市公司的唯一目标吗？为了实现它，可以调整和牺牲所有其他目标吗？只是通过平衡各方的利益要求，我们可以实现最佳的经济目标吗？自亚里士多德以来，所有保守的学者都同意：让一个重要组织只追求一种价值（其他一切都是从属的）是严重的错误，最终这个组织不会创造出**任何**价值。事实上，我们应该努力实现公司资本主义所宣称的平衡。这也就是"自由企业"的真正意义所在——显然，它并不只是资本主义的一种委婉说法，更不是指投机。但是，我们要怎样做，才能建立起与这种平衡相匹配的公司责任，并使之变成管理制度呢？此外，这种责任要由谁、以何种形式承担呢？

20年以前，公司资本主义的支持者认为：他们的答案是正确的，投机资本主义已经被证明是错误的了。这很可能指出了一些真正的问题，既然投机资本主义不适用，并且事实上已经对美国未来经济的长期发展构成了威胁，那么，我们有必要回过头来解决这些问题。而自由企业的未来（或者它们是否还有未来）在很大程度上要依赖于我们怎样解决这些问题。

[1986]

新的生产理论

我们现在还不能建造一个新式工厂论。但是，我们可以对1999年将会出现的"后现代"工厂做一些描述。它的核心特征并不是机械化，尽管工厂里也有大量的机器设备。它的精髓表现为先进的理念——4项原则和实务共同构成了新的生产方式。

这些理念是分别由不同的人在不同的时间按照不同的顺序开发出来的。不同的理念有不同的目标，也会对企业产生不同的影响。①统计质量控制（statistical quality control，SQC）正在改变着工厂的组织形式；②新的生产会计理论能够使我们像制定企业决策一样制定生产决策；③生产流程中的"小团队"或模组（module）系统使得我们可以将标准化与灵活性的优势结合起来；④最后，我们用系统方法将生产产品的实体流程融入公司的商业流程，而这种商业流程是能够创造价值的。

随着这四种理念的不断发展，逐渐改变了我们对制造过程及生产管理的看法。现在，美国大多数从事生产制造的人员都明白，我们需要一种全新的生产理论。我们知道，对旧理论的修修补补是没有用的，那只会让我们更加落后。以上这四种理念组合起来，就构成了我们所急需的新理论的基础。

在这些理念中，流传最广的统计质量控制思想实际上并不是什么新理论，它的理论基础是 70 年前罗纳德·费舍尔（Sir Ronald Fisher）首创的统计学理论。20 世纪 30 年代，贝尔实验室的物理学家沃尔特·休哈特（Walter Shewhart）首先提出了统计质量控制的初始思想，用于对复杂的电话交换机和电话的大规模生产过程进行零缺陷管理。第二次世界大战期间，戴明和约瑟夫·朱兰（Joseph Juran）——他们以前曾是休哈特的合作者——分别提出了我们今天所使用的统计质量控制理论。

日本之所以能够在生产质量控制方面处于全球领先地位，主要是得益于 20 世纪 50 年代和 60 年代对戴明思想的学习。朱兰也对日本的质量控制有很大的影响。但是，美国在整整 40 年的时间里忽略了他们的思想，只是到了现在才开始关注统计质量控制，福特公司、通用汽车公司和施乐公司都是新的追随者。西欧基本上也不重视统计质量控制。更重要的是，即便是统计质量控制的成功实践者也不能完全领悟其精妙所在。通常我们认为它是一种生产工具，但实际上，它的最大贡献是对工厂的社会组织的影响。

现在，每一个对生产管理有兴趣的人都知道，统计质量控制是一种精确的科学方法，它可以鉴别当前生产条件下的生产质量和生产率，从而使对这两大要素的控制成为生产流程中的一个组成部分。另外，统计质量控制能迅速发现生产过程中出现的纰漏，并且准确地指出具体纰漏所在——一件工具的损坏、一个变脏的喷雾枪、一个温度过高的锅炉。因为它只需小样本就可以发现这种纰漏，所以生产问题很快就能够被发现，这使得机器操作人员可以实时地解决问题。此外，统计质量控制能够辨别生产中的任何变化对整个生产流程的影响（实际上，戴明的部分日本"信徒"，已经可以用计算机提前模拟预测某种变化对生产过程的影响）。最后，统计质量控制能够指出在什么地方、用何种方式持续地改善整个生产流程的质量和生产率。刚开始这被称作"休哈特环"，之后被叫作"戴明环"⊖，现在则被称为**精益生产**（kaizen），这是日本对生产持续改善的一个专门说法。

但是，这些技术上的特点只能说明统计质量管理在日本的生产管理中所做贡献的一部分，而不能说明为什么日本和美国工厂之间存在生产率差异。日本企业对外部供应商非常依赖，但经过调整后，丰田、本田和尼桑中的每个工人还是能比美国或欧洲同类工厂的工人多生产两三倍数量的汽车。对于这种差异，生产流程中的质量控制顶多只能解释 1/3。日本企业的生产率优势主要源于统计质量控制思想所导致的社会变革。

与福特和通用汽车公司相比，日本企业在直接生产过程中所雇用的机器操作工人要更多一些。事实上，统计质量控制思想的引进几乎总是导致机器操作工数量的增加。但是，这种增加是可以抵消的，因为非操作人员数量的减少会多得多：首先减少的就是那些检查人员，其次是那些不从事生产只负责处理问题的人员，如维修工和各种"救火队员"。

在美国，特别是在那些以大规模生产为主的工厂中，这种非操作性蓝领工人的数量远远多于操作工人的数量，在有些工厂中甚至可以达到 2∶1。但是在引入统计质量控制思想之后，这些人员就没有必要存在了。更重要的是，一线的主管数量也会不断减少，只保留一少部分培训人员来取代他们的位置。也就是说，统计质量控制系统不仅可以让机器操作工控制自己的工作，而且可以让这种控制成为一种标准性的活动。除了他们之外，没有人掌握统计质量控制过程提供的反馈信息，而这种一手信息是高效率行动所必不可少的。

除了让信息与责任人统一起来之外，统计质量控制体系还能够解决一个以前认为无法解决的冲突。在过去的 100 多年间，特别是在美国，流行

⊖　Deming Cycle，也有人译为戴明循环或戴明管理环。——译者注

过两种基本的生产管理学说：一种是起源于泰勒"科学管理"的机械学说，另一种就是第一次世界大战前由西尔斯公司的安德鲁·卡内基（Andrew Carnegie）、朱利叶斯·罗森华德（Juliius Rosenwald）和哈佛大学的心理学家雨果·芒斯特伯格（Hugo Munsterberg）共同提出的"人际关系"（或者是"人力资源"）学说。人们一直认为这两种学说是相互对立的，甚至认为它们势不两立。但是，在统计质量控制理论中，它们很好地融合了起来。

泰勒及其信徒就像戴明一样坚信：质量和生产率控制可以成为生产流程的一个内在组成部分。泰勒坚决认为他的"科学方式"能够保证零缺陷生产，但也遭到了强烈的反对，正像现在戴明遭到工厂检查人员的反对一样。亨利·福特也是如此，他认为可以在生产流水线中融入质量控制和生产率控制（尽管他对泰勒的科学管理理论不感兴趣，甚至可以说一无所知）。但是，如果没有统计质量控制系统这种精确的方法，不论是管理科学还是生产线都不能真正做到内生性流程控制。这两种方法虽然成功，但不得不严重依赖大量的检查监督，它们可以简单地解决问题，而不能真正地消除问题。

人际关系学说将生产线工人的知识和自豪感看作控制和提高生产质量及生产率最重要的资源。这种学说也取得了极大的成功。但是，如果没有统计质量控制所提供的信息支持，你很难真正区分生产性活动与瞎忙活，也无法判断所提议的调整方案是能够真正改进生产流程，还是只让某一部分有所改善，但总体上趋向恶化。

质量环[⊖]实际上是美国企业发明的，并且第二次世界大战期间在美国企业界得到了广泛应用。但是，它在日本取得了成功，因为它是在日本企业应用了统计质量控制思想后才引入的。因此，质量环和质量管理都能够得到相关员工建议所产生影响的客观信息。可资对照的是，在过去的 20 年中，尽管大家投入了很大的热情，特别是在工人方面，大多数美国企业的质量环还

⊖　quality circle，也有人译为质量圈或品质圈。——译者注

是失败了。那么，原因何在？答案是它们没有建立统计质量控制系统，从而缺乏精确可靠的反馈信息。

相当数量的美国企业在生产过程中并没有采用统计质量控制，而且只用少量的检查和维修就实现了质量控制与生产率控制，强生公司（Johnson & Johnson）就是这样一个例子。另外一些企业在不用统计质量控制的情况下，成功地让机器操作人员对生产流程进行了很好的控制。IBM 公司很早以前就用少数培训"经理"替换掉了所有的一线主管，而米勒公司（Herman Miller）则通过持续的培训以及生产率激励措施，实现了质量零缺陷和高生产率。

但是，它们只是一些例外而已。总的来看，美国企业在把质量和生产率控制融入生产流程方面缺少有效的办法。同样，我们也找不到办法使机器操作人员承担相应的生产流程及流程控制的责任，从而无法实现数学家诺伯特·韦纳（Norbert Wiener）所提出的"对人的正确使用"。

统计质量控制思想有可能会帮助我们实现传统的两大商业理想：一方面是高质量和高生产率，另一方面是发掘人类自身的工作价值。它实现了传统工厂的目标，从而成为泰勒和亨利·福特所设想的 20 世纪生产理论的最高成就。

统计专家并不喜欢近期的大量媒体曝光，人们责怪说正是他们带来了美国制造业中的种种问题。但是，这些统计学家能够最后证明自己是正确的。在 1999 年的工厂中，生产会计理论将会发挥非常重要的作用，甚至比以往更加重要。但是，生产会计理论将与以往有所不同。新的生产会计理论（更为精确的称呼是"生产经济学"），在基本概念上与传统的成本会计理论有很大的差异，其目标是将生产与企业战略结合起来。

生产成本会计（成本会计的全称，平常很少使用）是现代制造业的三大支柱之一（另外两个分别是科学管理和生产流水线）。如果没有生产成本会计，另外两个支柱也不能完全发挥作用。生产成本会计也起源于美国。20世纪20年代，通用汽车公司、通用电气公司和西方电气公司开发出了生产成本会计，这种新的成本会计并不是一种技术，但是它为通用汽车和通用电气公司建立了竞争优势，并使它们成为全球的领袖企业。在第二次世界大战之后，成本会计已经成为美国向国外输出的一种重要管理经验。

但是，在那个时期，成本会计的缺陷也变得日益明显。非常重要的有以下几个方面。第一，成本会计以20世纪20年代的社会现实为基础，当时，80%的生产成本来自直接的与蓝领工人相关的费用，而不是原材料。结果，成本会计也就等同于直接人工"成本"。其他的所有成本都是"杂项"，被统称为间接费用。

然而现在，直接人工成本占生产成本达到25%的工厂已经很少见了。即便是汽车这样一个劳动密集型产业，在最新建立的一些工厂（例如在美国建立的日本汽车工厂和福特汽车公司的一些新工厂）中，其直接人工成本所占的比例也已经下降到了18%。在一般产业中，8%～12%正迅速成为标准化的比例。一家劳动密集型的大型生产企业——贝克曼仪器公司（Beckman Instruments），现在把人工成本看作"杂项"。但值得注意的是，成本会计系统仍然详细、精确地计算直接人工成本，并把它们作为基础内容，而其他的成本（这些可能要占80%～90%）则是按照武断的、误导性的方式进行比率计算，例如与某件产品中人工成本的比率关系或者与人工成本总费用的比率关系。

第二，生产流程调整或生产方法改变所带来的收益主要是用人工成本的节约衡量的。即便是考虑了其他方面的费用节省，其成本基础通常也是按照上述武断方式进行的成本比率计算。

第三种缺陷更加严重，它是传统成本会计系统本身固有的。就像日晷一样（它只能在晴天告诉我们时间，在阴天或夜晚则完全失效），传统的成本会计只测算生产成本，而忽视了非生产成本[⊖]，包括工厂由于机器检修造成停工或者由于质量缺陷造成废品 / 返工等形成的成本。

标准成本会计假定：企业在 80% 的时间内能够生产出合格产品。但是现在我们都知道，即便是做到了最高水平的统计质量控制，非正常生产时间占总生产时间的比例也要远远高于 20%。在有些工厂中，这个比例高达50%。此外，非正常生产时间所耗费的成本几乎与正常生产时间一样多，包括工资、供热、照明、利息、酬金，甚至还包括原材料。但是，传统的成本会计系统是不考虑这些的。

最后，生产成本会计假定：工厂是一个独立的实体。成本节约在工厂中是"真实的"。其他的节约则是"推测"——例如，生产流程的改变对某种产品的市场接受程度或者对产品服务质量的影响。为了说明这一点，我们以20 世纪 70 年代通用汽车公司所遇到的困境为例。当时，市场营销人员并不赞成高管人员所定的方案：从雪佛兰到凯迪拉克，各种款式的汽车都使用相同的少数几类车身、车架和发动机。但是成本会计表明，这种共享性设计会得到大量的人工成本节约。所以，市场营销部门的反对意见被认为只是一种推测而置之不理。他们认为如果这样做，不同种类的通用汽车会看起来非常相像，从而失去对顾客的吸引力。实际上，传统的成本会计几乎无法评估某种产品改进的好坏，更不必说产品或流程创新了。例如，生产过程的自动化总被认为是一种成本，几乎从来没有被当作一种利润源泉。

我们了解以上这些问题已经有近 40 年的时间了。在近 30 年的时间里，会计学家、政府会计专家、企业会计师以及会计师事务所一直都在努力寻求改革之道，并且他们已经取得了不少进展。但是，由于这种改革只是对传统成本会计系统的改良，因此原来的那些缺陷仍然存在。

新的生产会计理论变革的起因是自动化设备厂商所遭遇的挫折。那些潜

⊖　nonproducing costs，也有人译为非生产性成本。——译者注

在用户，也就是企业的工人，非常需要新型设备，但是高管人员不愿意把钱花在数控机械或机器设备上，虽然这些设备能够很快地更换生产工具、装置和模具。现在我们知道，自动化设备所带来的好处主要是非正常生产时间的减少，因为它们能提高质量（也就是说第一次就做对）和大大减少模具转换或者产品转换中间的停工时间。但是，成本会计并不考虑和记录这些好处。

出于这种原因，产生了由自动化设备制造商、跨国制造公司和会计师共同组成的计算机辅助生产国际联盟（Computer-Aided Manufacturing-International，CAM-I），它们联合开发了一种新的成本会计系统。成立于1986年的CAM-I只是刚刚开始影响制造业，但是它已经引发了一场知识革命。今天，管理学中最激动人心、最具有创新性的领域就是会计理论，出现了许多新概念、新方法和新工具，甚至出现了新的经济哲学，它们正在迅速地成为一个整体。尽管对于具体的细节问题还存在诸多争议，但是，新的生产会计理论的基本框架正在日益明晰。

CAM-I刚开始运作不久，人们就发现，传统的会计系统是无法进行改革的，它只能被替换掉。在制造业中，人工成本显然是一个错误的衡量标准。但是，生产过程中的其他要素也不能作为衡量标准（这是一个新发现）。新的衡量标准应该是时间。一定时间内的成本必须被看作固定的，不存在"可变"成本。即便是材料成本也是固定的多于可变的，因为合格产品与劣质产品所耗费的材料是一样多的。唯一既可以变动又可以控制的因素就是某个生产流程所用的时间。只要能够减少这个时间，就可以为企业带来"收益"。这种方法可以轻而易举地消除传统会计系统中四大弊端的前三个。

但是，这些新的成本概念可不仅仅是重新界定到底什么是成本和什么是收益。例如，在传统的成本会计系统中，产成品的存货是没有成本的，因为它不需要再投入直接的劳动。它被看作一种"资产"。然而在新的生产会计中，产成品的存货是一种"沉没成本"（这是一个经济学术语而非会计学术语）。这种以存货形式存在的资产，并不能产生任何收入。事实上，它们占用了昂贵的资金并导致了时间损耗。结果，它们的时间成本非常高。新的会计系统既考虑产成品存货的时间成本，也考虑它带来的收益（例如快速的客户服务）。

不过，新的生产会计仍然面临着传统成本会计系统中第四个弊端所带来的挑战：不能测算生产流程调整对企业整体经营活动和绩效的影响——例如，自动化设备的购置对企业市场的影响，或者不购买能够加快生产批次调整的设备所带来的风险。这些决策对于工厂内部成本和收益的影响，现在已经可以相当准确地测算出来了。但是，它们对于企业整体的影响实际上还是推测性的。我们只能说："确实，这可以帮助我们达成更多的销售。"或者"如果我们不这样做，在客户服务方面我们就有可能落在竞争对手后面。"但是，我们应当如何量化它们呢？

成本会计的优势一直是注重量化结果，因此能够给出客观答案。但是如果我们在其中引入无形因素，那么成本会计只会造成更多的问题。关于下一步如何走，人们一直存在激烈的争论，并且都有充分的理由。尽管如此，所有的人都同意，还是要将这些整体性影响纳入对企业绩效的测评，也就是说，要将其纳入生产成本理论中去。无论如何，生产会计系统都会强迫管理人员（无论是工厂内部的还是工厂外部的）像制定商业决策一样制定生产决策。

亨利·福特的名言是："你可以选择任何一种颜色，只要它是黑色。"[⊖]这已经成为美国的一句俚语。但是很少有人了解福特这句名言的真正含义：灵活性是要花时间和金钱的，并且消费者是不会为此付费的。更没有人明白，20 世纪 20 年代中期，正是采用了"新的"成本会计，才使通用汽车公

⊖　当时福特汽车公司只生产黑色汽车。——译者注

司击败了福特汽车公司，这种方法使通用汽车在不增加成本的情况下给予消费者多种颜色选择和一年一度的车型变换。

今天，大多数生产厂商都可以做到通用汽车在大约70年前所达到的水平。实际上，他们在标准化和灵活性生产的结合方面取得了很大的进步。例如，他们能够用少数标准化零部件生产出不同种类的最终产品。此外，人们还做到了像福特一样思考：你要么选择用低成本实现生产标准化，要么选择用高成本实现生产柔性，但是不能二者兼得。

然而，1999年的工厂不但可以做到而且必须做到二者兼备——成本还很低。但是要做到这些，工厂必须进行重大结构重组。

如果说今天的工厂就像是一艘战舰，那么1999年的工厂则是一个"小型联合舰队"，由一系列模块组成，以生产流程中的某个阶段为中心，或者围绕一系列密切相关的运营活动展开工作。尽管总体的指挥和控制依然存在，但是每一个模块都有自身的指挥和控制系统。就像小型联合舰队中的船只一样，每个模块都是机动灵活的，可以自主决定自己在整个流程中的位置，并自主处理同其他模块的关系。这种组织形式既可以让每个模块都享受到标准化的好处，同时也可以使整个生产流程具有更大的灵活性。这样，企业就可以进行快速的设计调整和产品调整，对市场需求做出快速响应，并且以低成本实现小批次的"配置客户自选"或"客户指定要求"生产。

今天还没有这样的工厂，也没有人能够建立这样的工厂。但是有很多大大小小的生产厂商都在朝着这种小型联合舰队的方向努力：其中包括美国西屋电气公司的工厂、瑞典ABB公司的机器设备工厂和几家大型印刷厂（特别是在日本）。

这种发展趋势最大的推动力很可能来自通用汽车在自动化设备上的大规模投资失败（至少300亿美元，也可能是400亿美元）。通用汽车公司看起来是用新的设备改进了现有的生产流程，也就是说让组装线更有效率。但是，这些生产流程反而失去了灵活性，不能做到快速的调整。

同时，日本的汽车制造商和福特汽车公司花了较少的钱，却取得了更高的灵活性。在这些工厂中，生产线依然存在，但它们不再像以前那样紧密相连，而是不连续的。企业用新设备加快调整速度，例如自动更换夹具、工具、装置。所以，这种生产线使得传统的批量生产在标准化的基础上还可以获得很大的灵活性。这样，标准化和灵活性就不再是一个二选一的问题了，它们可以（而且必须）融为一体。

但是，这就意味着对于生产流程的不同环节来说，其标准化和灵活性之间的平衡状态是不同的。如果整个工厂都采用一种"平均化"的平衡状态，将不会取得比较好的绩效。如果整条生产线都采用同一种平衡水平，那么，它只会导致整个生产流程比较僵化，成本比较高，很显然，通用汽车公司就是这样。这时需要做的就是进行流程重组，使之模块化，每个模块都有自身的最佳平衡状态。

另外，在产品、流程或营销渠道有所变动的时候，这些模块之间的关系也需要进行相应的调整。例如，企业准备从出售重型机械设备转为对外租赁，可能需要彻底改变产成品与零部件两者之间的生产比例关系；或者，一个相对较小的模具调整可能就会改变主要零部件组装成产成品的整个过程。当然，这不是什么新观点，但是，传统的生产线架构并未重视这个问题，或者说根本无法实现这种调整。随着市场竞争的日益激烈和产品生命周期的不断缩短，我们无法继续忽视这种调整，而必须做到快速调整。所以，这种小型联合舰队一样的模块化组织就应运而生了。

但是，这种组织需要的并不仅仅是对工厂的实体结构进行重大变革。首先，它需要采取不同的沟通方式提供不同的信息。在传统的工厂中，每个部门都要分别向各自的上级汇报工作，并且按照上级的要求进行汇报。在1999年的未来工厂里，它们必须考虑需要向谁提供何种信息，以及谁又需要向它们提供什么信息。大量的信息会在部门之间横向流动，而不是流向上级。这样，未来的工厂就构成了一张信息网。

因此，所有的工厂管理人员都要掌握和了解整个生产流程，正像驱逐舰的指挥官需要了解整个舰队的战术安排一样。在1999年的工厂中，管理者需要像一个团队成员一样思考和行动，时时关注企业整体绩效的变化。首先，他们要问：对于我们部门的特点、能力、规划和绩效，其他模块的人们想要了解哪些内容？反过来，我们又需要了解他们部门的哪些东西？

改变制造业的最后一个新理念就是系统设计（system design），按照这种思想，企业要将整个制造过程看作将原材料转换成商品（即经济满足形式，economic satisfaction）的一个整合过程。

英国的零售连锁企业玛莎百货公司在20世纪30年代就设计了这样一个系统。玛莎百货公司对要出售的商品（不管是服装还是食品）进行设计和测试；它指定一个制造商依照合同生产一种产品；它与制造商一起在适当的价格上提供达到适当品质的适当商品；最后，它还建立了即时送货系统，使商品能够及时送到商店。整个过程的核心是详细的预测：什么时候消费者会将产品从仓库的货架上放入自己的购物车中。在最近10年里，这样的系统化管理在零售业中已经变得很普遍了。

尽管系统化组织在制造业中还很少见，但制造业实际上是第一个吃螃蟹的产业。20世纪20年代初，T型车正在大行其道时，亨利·福特决定通过它的新工厂，即庞大的红河工厂（River Rouge）控制整个生产流程，其方法就是自己生产和运输所有需要的原材料与零部件。他建立了自己的钢铁厂和玻璃厂，又在巴西建了一个橡胶农场为汽车轮胎提供原料。他还买下了铁路，以便将材料运到红河工厂，将汽车运出去。他甚至还设想要在全美范围内建立自己的汽车服务中心，并由福特自己办的学校培训各个中心的技术人员。但是，福特实际上是将它们看作以产权关系相联结的金融大厦。他没有创建一套系统，而是建立了一个庞大的企业联合体，这只笨重怪物的成本很高，难于管理，最要命的是没有什么利润。

相反，新型生产系统根本不用"控制"。大多数环节是独立的——一边是独立的供应商，另一边是消费者。它也并不像福特公司那样以工厂为中心。在新的系统中，工厂只是生产流程中的一个点。就像玛莎百货公司所做的那样，生产流程的规划和时间安排是从向最终客户交货的时点倒推的。在系统中也会充分考虑相关过程的延误、暂停和重复——比如这里有个仓库，那里的零部件和工具有点多了，有些旧型号虽然不再生产但还是要有一些存货，因为市场上偶尔还有需求。这些都是连续流程中很正常的一些小问题，可以通过相关信息进行管理和控制。

美国制造商进行这种系统设计的推动力是：在他们学习日本的 JIT 方法供应原材料和零部件时，遇到了不少困难。这种困境实际上是可以预测到的。原因就在于，日本的成功是建立在其独有的社会和物流基础之上的，而这些东西对于美国而言是完全陌生的。然而，美国制造商却只是将它看作一个小小的运作程序问题。但是，越来越多的公司发现，JIT 的供应方式给整个工厂带来了混乱。尽管没有人知道真正的原因何在，但有一件事是显而易见的：随着 JIT 系统的引进，工厂已经不再是一个按部就班的有序过程，即始于接收原材料，终于产成品进入发货仓库。取而代之的是，工厂一定要从后端程序往前倒推，进行组织重新设计，并且对整个流程进行整合管理。

二三十年来，制造业的专家、高级管理人员和教授一直在大力宣传这种思想，并且有些产业，例如石油冶炼和大型建筑业，已经对此进行了实践。但是，总体上说，美国和欧洲的制造工厂既没有进行系统设计也没有进行系统管理。实际上，几乎没有哪家公司掌握了足够的知识，对自己的工厂进行系统化运作。然而，JIT 系统迫使管理者进行系统思考：在工厂的哪些地方需要有重复？哪些环节需要进行调整？在某个环节中用什么样的成本使另外一个环节的延误、风险和不稳定程度降到最低？

少数公司甚至开始把工厂中的系统概念扩展到市场中去。例如，卡特彼勒公司（Caterpillar）⊖系统地设计了自己的制造流程，48 小时之内可以在世界各地替换任意一个零部件。每一家公司都应当达到这样的服务水平，但这样的公司现在仍然是个别现象。一旦我们将生产制造过程定义为将原材料转化为满足经济需求的事物，那么很显然，当产品离开工厂的时候，生产过程并没有结束。产品销售和售后服务仍然是生产过程的一部分，并且应该将它们整合起来，相互协调，统一管理。目前大家普遍认同的是，在产品的生产和设计过程中，服务是一个重要的考虑因素。到了 1999 年，系统化生产将会对工厂的设计改造以及生产管理方式产生越来越大的影响。

传统上，制造企业是"系列化"组织，按照职能逐步推进，如工程、生产和市场营销。近年来，很多企业通常再辅之以一套并行的团队型组织（宝洁公司的产品管理团队就是一个众所周知的例子），这种组织在新产品或者流程项目的一开始，就将各种不同职能组织到一起。然而，如果生产制造是一个系统的话，企业的每一个决策实际上都是生产决策。因此，每个决策都必须考虑生产的要求和需要，反过来，这些决策要充分利用本企业生产制造系统的优势和能力。

当六七年前本田汽车公司决定向美国市场推出一个新的面向高端消费者的汽车品牌时，最激烈的战略讨论并不是设计、性能或价格问题，而是继续沿用本田现有的经销网络分销讴歌（Acura）品牌的汽车，还是投入巨资、冒着风险建立另外一套讴歌车的经销体系以便深度开发其细分市场。当然，

⊖ 卡特彼勒公司是世界最大的工程机械和建筑生产商。早在 1979 年，卡特彼勒就开始了在中国的业务。1995 年，卡特彼勒与中国最大的工程机械制造企业——徐州机械工程集团合资兴建了卡特彼勒徐州有限公司，生产液压挖掘机和筑路机械。卡特彼勒公司在 1997 年全球最大的 500 家公司中排名第 198 位，全球各行业最受赞赏公司评选中列工农业设备领域中的第一名。——译者注

这是个市场问题，但是这个决策要由设计、工程、制造和营销等人员组成的团队共同制定。另外，最终选择单独的经销体系也是出于生产的考虑：适合单独分销及服务的产品设计也是最能充分利用本田生产能力的设计方案。

在制造业中充分地应用系统思想还需要再花几年时间。我们并不需要另外一位亨利·福特，但是确实需要完全不同的管理方式和不同类型的管理人员。未来制造业中的每个管理者都要深入理解生产系统。我们很可能采用日本的方法：刚刚进入公司的管理人员必须下工厂，先在制造部门待上几年。实际上，我们甚至能更进一步，要求整个公司的管理人员在其职业生涯过程中都要轮换着担任工厂管理者——就像军官定期下基层一样。

在新的制造企业中，生产就是一个枢纽，将企业的各个部分紧密联系在一起，为各种要素和人员创造经济价值。因此，生产系统这种思想，影响最大的方面并不是生产过程本身。比如 SQC，它的最大影响是在社会和人的方面（比如对职业晋升过程的影响），更重要的是将**职能型**的管理者转变成**企业型**的管理者——虽然每个人有其特殊的角色，但是每个成员都关注共同的生产过程，并且都归属于同一个团队。可以肯定的是，未来的制造企业不会像今天的许多美国公司那样，让没有多少生产管理经验的财务精英、营销高手或者律师掌控全局。

这四种理念存在着非常重要的差异。比如，在每一种思想中，"工厂"到底意味着什么。在 SQC 中，工厂就是人们工作的地方。在管理会计或者敏捷生产的小型联合舰队中，工厂是完成任务的地方——不管任务是由人还是白鼠或者机器设备完成，都没有区别。在系统思想中，工厂并不是一个地方，而是使原材料获得经济增值的一个流程中间阶段。至少在理论上，在企业深入理解全部"生产"流程（从产品的生产直到将产品转移到消费者手中）之前，是无法设计也不应当设计工厂的，更不必说建造工厂了。所以，对工厂进行界定，并不仅仅只是理论探讨或者词语辨析，它直接影响到一系列实务操作：工厂设计、选址和规模，在一个生产中心内应当包含哪些生产活动，甚至影响投资金额和具体投资内容。

同样，不同的理念反映的也是不同的思维方式。要应用 SQC 的话，你不需要做过多思考，只需要进行实践即可。管理会计关注的是技术性分析，而小型联合舰队的思想则聚焦于组织设计和工作流程。系统思想容易引发人们过于关注持续思考，而不去行动。每种理念都有自己的工具、术语和适用的人群。

尽管如此，我们还是要说，这 4 种思想的相同之处比它们的不同之处更为重要。最明显的一点就是，它们的前提假定都是将生产流程看作一个整体结构，整体大于各部分的简单加总。传统的观点认为，工厂就是各种机器和操作环节的加总。19 世纪的工厂只是一个机器的汇集地。泰勒的科学管理将每项工作分解成一个个操作环节，然后再将这些操作环节重新组合完成另外一些新的工作。20 世纪出现的"新"思想（流水线和成本会计）认为绩效意味着各个操作环节都做到了成本最低。但是，这些新思想都关注各个环节的绩效。实际上，即使真的按照这些理论去做，各个环节的绩效也不会好。真正的工作成果来自整体流程。

管理学的发展也反映了这种新的认识。对于管理者来说，在应用过程中，SQC 思想是最接近传统理念的，因为它只是将工作转给了工人，而没怎么改变管理人员的工作。但是，即便是没有什么职责（在 SQC 体系中，工厂管理人员没有什么职责）的管理者，也必须要学会从更宽广的角度考虑商业问题，而不仅仅是局限于本工厂的利益。每一个生产经理都要能够整合人员、物料、机器和时间。这样，10 年后的生产经理就必须要学习和实践下述管理理论：将工程学、管理学、企业经济学整合为一体的生产流程学。当然，现在已经有不少管理者开始这样做了——尽管他们通常还没有意识到自己是在创新。但是，这门理论现在还没有体系化，工程学院或商学院中也不教这门课。

　　这 4 种管理理念可以发挥协同效应，这个词现在被大量滥用。综合应用它们（也只有综合运用它们）才能够解决 20 世纪从事大规模生产的传统工厂所面临的各种冲突和难题：人与机器的冲突、时间与金钱的冲突、标准化与灵活性的冲突以及职能与系统的冲突。关键的一点是，每种思想都把绩效看作生产率，把生产看作一个为原材料提供经济增加值的实体流程。虽然它们用不同的方式提供经济价值，但是它们共享着同一套生产理论。

[1990]

20 世纪 90 年代和更远的未来

瞬息万变的世界经济

首先我要说，1992 年毕竟不是一个极其重要的年份，很多重要的事情要在 1992 年以后才会确定。然而，一项重要的事件已经发生了，但它与政府无关。因为与 19 世纪不同，政府已经不再是一个能够创造绩效的机构。这个重要的事件是：欧洲企业家已经决定要建立统一的欧洲经济体。这有先例可循吗？有，而且就在不久之前。

我第一次去美国是在 20 世纪 30 年代末期，当时我是英国五家报纸的记者，那时美国才刚刚开始形成全国性的市场。150 多年来，全国市场一直是一个行政单位，当时美国几乎没有全国性的企业，没有一家大银行、大保险公司是全国性的，10~12 家汽车公司中仅有 3 家是全国性的，还有少数几家钢铁厂是全国性的（那也仅仅是为了满足美国海军的需要），其他企业都是地方性的或区域性的。大部分公司不熟悉美国的其他地方——毕竟在当时，从纽约或华盛顿到洛杉矶要在没有空调的火车上颠簸六天。除了电影明星以外，几乎没有人从东部去那里。

然后，非常突然地，20 世纪 30 年代中期，每家企业都要学会进行全国性思考，但实际进行全国性运营的企业还是非常少。与大部分外国人所想的相反，美国只有少数公司是真正全国性的。到目前为止，大部分公司仍旧是位于东海岸、西海岸或中西部的区域性公司。不过，在全国性市场问题上，美国公司必须要迅速学会如何思考和采取行动。这正是欧洲现在所发生的。

然而，这个例子并没有告诉我们一家企业在其特定环境中应该如何去做。要小心别人给你开的药方。公司必须通过分析本企业、市场和竞争对手以及哪些地方可能会出现新的竞争，最终做出自己的判断。即便 CEO 除了度假以外从未去过西班牙，但许多美国人都去过西海岸，这些地方都有可能出现新的竞争对手。无论如何，企业必须根据这一根本性变化重新考虑其竞争策略：市场选点、扩张、联盟和组织架构。无论如何它都会发生，一旦出现了这种情况，1992 年就不再是一个重要年份了。

新的国际变化也很重要

然而，欧洲统一市场是世界经济运行方式重大变化的一个征兆。不论你是否喜欢（我就不喜欢），世界经济整合的方式正在迅速变化。未来的发展是，世界经济的整合不再像过去那样通过自由贸易或保护主义，而是越来越多地通过双方合作得到实现，我们称之为互惠。互惠代表着什么呢？国际贸易已经由商品和服务的互补性交易发展为竞争性交易。在竞争性交易关系中，如果一个进攻性的国家排斥外国的竞争、拒绝进口，就像日本那样，而防守者又不能够进行有效的反击，它无法在竞争中取胜，那么它能做些什么呢？

一种办法是建立经济集团或区域集团，像 1992 年计划成立的欧洲经济共同体那样。这一组织为较小的经济体提供了满足其竞争需要的大规模市场。同时，区域化能够制定优于保护主义和自由贸易的有效贸易政策。这样，世界经济新的指导原则——互惠原则迅速兴起了，换言之，原则上某个贸易集团内的企业享有进入其他集团市场的同等权力。这可能是防止极端贸易保护主义的唯一办法。

人们还不十分清楚在实践中互惠原则会导致何种局面。是否欧洲银行可以与美国银行按照同等条件在美国开展业务，还是说它们可以用在欧洲做业务的方式拓展美国市场？这一点仍然悬而未决。诸如此类的问题将在不断的摩擦与妥协中得到逐一解决，只是在不同的情况下，解决的方法可能略有不同。可以肯定的是，欧洲共同体将采用互惠原则作为其主要的贸易政策，这已经对其他区域产生了一定的影响。

例如，欧洲统一市场的建立直接导致了美国和加拿大自由贸易协定的签署。如果没有统一市场的威胁，这是不可能的。自由贸易协定影响了加拿大的利益。即便是现在，加拿大也没太高的热情，它只是别无选择，只能将经济命运交给霸道的邻国。继加拿大之后，出现了一个更大的问题，美国另一边的墨西哥是否也别无选择？世界上没有哪两个国家像美国和墨西哥那样，具有完全不同的文化和价值体系。150年来，墨西哥一直视其邻国为危险的巨大怪物，避之而唯恐不及。然而，即便在政治和文化上双方关系极为紧张，墨西哥也很可能被迫加入北美经济区，其可能性要大于50%。这一计划已不再是荒谬的了。

东方也一样

还有一些其他正在兴起的地区。在中国，一方面面临着巨大的失业压力；另一方面沿海地区活力四射，内地经济发展缓慢，两者之间存在不平衡。如果能形成一个从天津到广东的沿海经济带（这是很有可能的），那么我们很快将看到一个新的远东经济集团。尽管有些国家对中国还存在着不了解，然而中国的城市已经在经济上朝着新的地区明星和地区中心方向发展了。在这一过程中，很可能会形成一个环太平洋经济区。

国际经济新秩序正在兴起

在世界经济新秩序（跨国、区域整合、信息密集）中有两个突出的变化。第一，未来的跨国公司不可能是制造企业。目前日本 256 家公共医院中的大部分都是由芝加哥的后勤服务公司进行维护和管理。曼哈顿几乎所有大的写字楼都是由丹麦奥胡斯（Aarhus）的一家后勤服务公司进行维护和管理。由于日本缺少管理学和工程学的教师，因而会将学生送往国外；令人难以置信的是，就在几年前，东京三所主要的私立大学已经在美国西海岸为日本学生建立了校区。在跨国发展方面，银行和金融业更是走在前列。由于政府在制定政策时非常关注蓝领工人的需要，所以相对于制造业来说，服务业国际化的速度更快一些。

第二，在新的世界经济秩序中，投资的增长比贸易快得多。传统经济理论认为，投资是伴随着贸易而进行的，在 19 世纪确实是这样的，然而在 20 世纪却正好相反。举一个热门的例子吧，即日本的汽车公司及其英国的供应商。本田、尼桑或丰田在英国的工厂一经设立，很快就引入其本国的供应商到英国投资设厂，以便供应零配件。从某种程度上说，是因为日本人不习惯从一个独立的供应商那里购买零配件。在日本，一家企业要么是主人，要么是仆人，而同时向多家厂商供货的供应商被认为是不可信的。让我们再来看看另一个不那么明显的例子。为什么在 20 世纪 80 年代中期美元升值的那些年份，美国的出口贸易没有崩溃？原因很类似，即即便是在价格上有所损失，美国在日本的分公司仍然从美国的值得依赖的供应商那里进口设备、零件和原材料。

　　然而在一个投资导向的世界经济中，以出口为目的的战略已经过时了。具有讽刺意味的是，英国在 19 世纪丧失了经济上的领导地位，其中一个原因就是其出口上的优势。这意味着在世界上的每一个港口，主要的进口商都是苏格兰人，他们只从曼彻斯特和格拉斯哥进口货物。美国和西德的公司无法通过出口渗入主要国际市场，因而只能在那里投资设厂。进行贸易之前，它们首先要进行投资。在这种情况下，接近市场和熟悉市场就至关重要了，而这就需要拥有一定的市场份额和一定的市场地位。所以，一个公认的事实是经济史（而不是经济学教科书）告诉我们，如果一家公司不在其主要的市场中进行生产制造，它就不可能在该市场中占据领导地位。在美国的汽车市场中，外国厂商占据 30% 的市场份额，其中日本就占了 20%。但在日本所占的市场份额中，只有一半瓜分的是美国四大汽车公司的市场，其余瓜分的则是欧洲厂商（尤其是大众汽车）的市场。1969 年，大众汽车的市场占有率要高于 12%，可惜啊，刚开始时由于工会的阻挠，大众汽车无法在美国设厂进行生产。1973 年石油危机时，大众汽车还不是一家在美国生产的厂商，因此错误地估计了形势。而当大众想重返美国在当地设厂生产时，已经太迟了。

　　这再一次说明，投资是经济发展的驱动因素。基于商品和服务的实体经济不再主导跨国经济了。在伦敦同业拆借市场上，每天交易的欧洲美元、欧洲马克或欧洲日元的数量，是全世界商品和服务贸易所需资金量的 10～15 倍。虽然外汇市场上的资金交易数量还没有确切的数据，但可以肯定的是，其数额会更大，远大于商品交易所需要的资金数额。这些金融资本的流动主要用于资本运作和投资。如果一家公司在其主要市场上没有一定投资额的话，那么它也不会得到好的销售结果。

　　当然在过渡时期，这种形式对于在国内市场上创造财富的部门是不利的。但我们现在遵循的前提假设还是 19 世纪的，即企业缺乏流动资金。然而今天，事实上是流动资金过剩。其中一个原因是发达国家的经济变得越来越知识密集型，资本密集型和劳动密集型企业正在减少。另一个原因是小规模的储蓄账户和大规模的养老基金积累了数额巨大的资本。所以，现在大型投资商所要做的不是分配资本（这是它的传统职能），而是找地方投资。除了短期以外，这种做法在经济上并不一定会导致最佳结果。

再看看垃圾债券。实际上，垃圾债券不过是股权融资的另外一种形式，其主要目的是向企业和收购专家提供成本很低的资金（因为这是债务，其利息免税），而给投资者以高额回报。毫不奇怪，银行积极参与这一奇迹般的市场，它们以 6% 或 7% 的利率吸纳存款，然后在债券市场上投资获得 15% 的收益。而这是否有利于国家经济，颇值得怀疑。哪里有超额流动资金，哪里就会有短期投机带来的投资风险，无论是把钱借给扎伊尔（Zaire）⊖还是借给最近的并购专家。

金融是未来的发展模式：适应还是消亡

正如标题所显示的，到目前为止，在所有变化中最快、最广泛的变化就是金融体系的改变。与信息一样，货币是没有国籍的，实践结果表明，各个国家在经济发展的相似阶段，其金融体系惊人地相似，而无论这个国家具有什么样的法律制度和社会风俗。所以，我们可以看看发达国家经历了什么，然后据此预测其他国家将要发生的事情。在这方面美国发展得最快，一部分原因是极其严格的管理，另一部分原因是美国金融市场很少受几个大集团的控制，具有很大的弹性。

当 1960 年金融革命开始时，所有人都预测金融超级市场即将取得胜利。一系列资金产品，一个极端是流动性最高、风险最小，另一个极端是流动性最差、风险最高，它们都有适合自身的不同价格。但我们都错了，原因有两个。第一，对于大多数人来说，资金不是一种商品。美国零售商西尔斯公司

⊖　非洲一个国家，由于政局动荡而使投资风险大增。——译者注

一直以来都在为美国家庭服务，并引以为豪。该公司曾经关注过大众的投资需求，并收购了一家大的经纪公司，但多年的经营证明这是一个彻底的败笔。我们中很少有人愿意在卖儿童内衣的地方购买投资品，即便它是国库券也不愿意买。这种做法是错误的，并不合适。资本即便不是神圣的，但至少与一般商品有所不同。

第二，每个发达国家都有两类特点完全不同的独立市场——零售市场和组织市场，而一个单位能否同时为这两个市场服务还不清楚。零售市场是一个怪物。50多年前我在伦敦工作时，非常聪明的老板对我说："德鲁克先生，千万别忘了，在世界上最富有的国家中，只有1/20家庭的存款能够除了支付长辈的葬礼费之外还有剩余。"今天在发达国家中，这样的家庭可能至少有一半了吧。他们的储蓄并不多，大部分人过了50岁后，所花费的钱将接近其收入。日本是个例外，在那里工资与年龄成正比，收入是有所倾斜的，当孩子长大、花费降低了时，他们的收入开始上升。当他们年纪变大、消费习惯难以改变时，突然他们发现自己有了一点钱——这些小额的积蓄加起来，就成了一笔巨额的资金。

几乎每个人都大大低估了这一数字，而有些公司发现了这个商机，推出了各种新的金融产品。美国的储蓄率在全世界是比较低的，但在1983～1987年，共同基金的销售暴涨，有两年甚至超过了官方公布的储蓄总额。此外，共同基金并没有影响其他形式的储蓄。很明显，这些数据是有问题的。但是，对于相关公司来说，所面对的巨大挑战是如何服务于这笔巨大的资金。首先，大型人寿保险公司有合理的分销体系吗？当然，每个小镇都有几位人寿保险的代理商。他们有顾客名单，有些顾客的年龄很合适——50多岁，正好有钱。但大部分人寿保险公司仍很顽固，坚持只卖一种产品，那就是终生人寿保险，这种产品的寿命肯定不会超过20世纪。在经济繁荣时期，终身人寿保险没有任何意义。一个人只要不穷，那么在金融市场上投资于这种产品是一个最差的选择。定期寿险和团体寿险可以用 1/6 的保费提供更多的保障，即使这样，它也是一项前景堪忧的投资。如果可以调整，同样的资金可以获得两倍的人身保险和 50% 的其他投资。但至少在欧洲，这项糟糕的生产还很兴隆。不过，哪怕是遇到轻微的通货膨胀，这些保险公司都注定会遭到灭顶之灾。人们没那么傻。到目前为止，没有一家人寿保险公司在代理渠道的使用上取得过成功。在服务于零售的金融市场上，保险代理体系还没有做出适当的反应。

机构市场也必须改变

金融市场的另一边是规模巨大的养老基金，它很快将成为各个发达国家唯一的真正资本家。我们该如何将这些资金用到有价值的投资上呢？由于养老基金的性质，目前其收益还是纯财务性的。假如能够通过买卖它们赚钱的话，人们早就那样做了。每个商人都知道，短期的财务考虑并不足以构建一家企业。所以，我们必须考虑，如何才能让养老基金变成真正的所有者，进而成为企业建设者，而不是单纯的投资者？那么，我们需要什么样的工具？什么手段？这些才是关键问题。

关于金融体系的最后一个关键问题是，商业银行如果不能继续获得利率差，它们是否还能活下去？公众已经越来越精明了，资本成本已经上升得很高了，而且需要资金的企业有很多融资渠道，传统的商业贷款是最没有吸引力的选择。现在花旗银行的收入有 60% 来自服务收费，而大多数银行的服务费收入最多只占 20%。从提供贷款获利到提供信息服务获利，银行能实现这种转变吗？银行的资产将逐渐成为一种负担，未来的银行将不再有资产。银行将会靠市场套利而不再靠利息套利。这一挑战对欧洲银行尤其残酷，它们在荷兰、比利时、奥地利和西班牙就像巨人一样，可如果在全球范围内比较，它们只是一些小矮人。在服务本国方面，欧洲银行可以说是最好的银行了，它们确实成功地构建了欧洲各国内部的经济，因为它们的规模非常大，有能力做任何事，相对规模又比较小，能够充分了解各方信息。它们还能够生存下去吗，要靠什么方式生存呢？

这些就是世界经济变化带来的部分问题。1992 年这些问题更为人关注，但实际上它们一直都存在。据我猜测，在理想状况下，1993 年以前人们将会解决这些问题，但不是通过彻底地想清楚，而是通过具体实践。

知 识 社 会

信息非常重要

正如现代货币在不到一个世纪内就渗透到了世界各地并彻底改变了人们的生活和理想一样，我们完全可以说信息现在已经渗透到了每一个角落。最近一次去中国时，我花了将近 3 周的时间参观它的工厂和棉花种植基地。最大的棉花种植基地在一个最偏远的省份，靠近最北边的中蒙边境。去那儿路途遥远艰辛，种植基地非常穷，也很原始，例如只有会议厅才有电灯。我们开了个会，22 位种植基地的总经理 6 点时起身向我道歉，说需要出去一会儿。半小时后，他们回来了，我们继续讨论。我向他们打听为什么会议中断了，是有其他会议还是有参观团？"不"，他们回答说，"是参加达拉斯的电视会议。"

信息意味着一种新型管理

信息渗透到了每个角落，其影响也渗透到了每个角落。对于企业而言，如果围绕信息构建其组织，其管理层级将迅速减少，至少减少一半，通常都会减少 60%。最早、最引人注目的案例是麦西公司（Massey Ferguson）。麦西公司是世界上最大的农用设备和柴油机生产商，当时近乎破产，它需要进行彻底的改革。在组织方面，麦西公司是一家复杂的企业，它的总部在加拿大，生产主要是在欧洲，60% 的市场是在美国。由于麦西公司的管理人员曾在通用汽车和福特公司工作过，因而该公司的组织构架非常类似于美国的汽车公司，有 14 个管理层级。现在，麦西公司只有 6 个管理层级，并且还在减少。

麦西公司认为应当用信息运作企业。在它这样做时，发现了一个重要的事实：实际上，许多管理者什么都不管。他们不做决策。实际上，他们仅仅是扩音器，放大本组织中由下而上和由上而下的微弱信号。如果一家公司能根据信息需求构建其组织结构的话，这些层级就变成多余的了。

我们有充足的理由解释为什么大型组织要以信息为基础。第一个原因是人口变化，劳动力逐渐由知识工作者组成，他们不再服从传统的控制型管理方法。第二个原因是需要进行系统化的创新和创业，这就要求开展高级的知识工作。第三个原因是要适应信息技术。计算机产生大量的数据，但数据不是信息，信息是具有相关性和实用性的重要数据。公司必须确定它的运营需要什么信息，否则就会被淹没在数据海洋之中。

以这种方式组织企业就需要建立新的结构。虽然现在描绘以信息为基础的组织结构还为时过早，但我们现在可以进行一些相关的思考。

125 年前，大公司刚形成时，可以供其模仿的组织结构只有军队：层级制、命令和控制、专业化与参谋人员。明天的组织模式将会类似于交响乐团、足球队或医院。演奏马勒（Mahler）的交响乐需要 385 名音乐家上台表演，这还不包括演唱者。假如乐团以现在的大公司形式组织的话，那么一个现代的管弦乐团需要一名首席执行官、一名董事长指挥家，还要配有两名非执行董事指挥家、6 名副董事长指挥家，还有数不清的副总裁指挥家。而乐队只有一名指挥，所有专业演奏家都直接听命于他，因为所有人的乐谱都是一样的。换句话说，在专业人才和最高领导之间没有中间层，其组织结构就像一个巨型的任务小组。这种组织完全是扁平化的。

20世纪20年代，关于当时新的工业工程理论有一个著名的笑话，这个笑话在今天也有一定的新意。这个故事是关于一名德国工程师的（不用问就是德国），他参加了一场交响乐音乐会，在音乐会上，他写了一份报告，指出大部分时间里大部分音乐家围坐在一起什么都不做，如果他们同时演奏罗西尼、贝多芬和勃拉姆斯（而不是依次演奏），那不是更有效率吗？这样每一个乐师就可以用全部时间进行演奏。确实，围绕信息组织企业的一个教训就是：必须认识到，不能让人们对信息感到困惑。乐队能够准确地表演因为成员知道自己正在演奏莫扎特，而不是海顿的作品。医疗小组做手术实际上也有一个"乐谱"，虽然并没有写出来。企业和政府机构都会在发展过程中创造自己的"乐谱"，或许是多个"乐谱"。所以，以信息为基础的企业必须围绕企业目标进行组织，目标应清楚地界定企业和个人的期望与目的。企业必须要获得合理有序的反馈，这样每位成员就能够通过将期望与实际结果进行比较而做到自我控制。

所以，我相信，我们正朝着更为集中的组织和组织单元方向发展，其基础是更为清晰的企业目标和个人目标以及自我控制与系统反馈。如果确实能这样的话，企业必须构建新的沟通体系，使信息能够自下而上传递，而不是自上而下。只有当接收者能够理解和接受时，信息才能成为沟通要素。假如信息只是向下传递，沟通是不可能发生的。组织结构必须基于自下而上的信息沟通，这样才能使最高管理者了解最底层的情况。

社会变化：佣人的减少

20世纪已经出现了人类历史上最伟大的一些社会结构变化。这些变化并不剧烈，很少有人关注。但是，如果让 19 世纪的经济学家或社会学家评估这些变化，他们根本就不会相信，可能会嘲笑你。让我们看看家庭佣人和农民的情况。1910 年的英国人口普查是第一次科学的人口普查，这次普查最著名的分类是：如果一个家庭雇不起 3 个以上的佣人，那么它就是中低收入阶层。现在很少有人还能看见佣人了，除非是在杜莎夫人蜡像馆。佣人在历史上已经存在几千年了，1913 年，在任何一个发达国家中，佣人都是最大的单一受雇人群。在所有的工薪阶层中有 30% 是家庭佣人。但这一切已经过去了。

农民

农民几乎也一样。现在世界上发达国家的农民所占人口比例都不到 8%。农民的政治影响力已经消失了。在 1988 年的美国大选中，农民已经变得微不足道了。两个总统候选人都去了艾奥瓦州，都在那里待了两个小时，但也仅此而已。他们不可能指望靠 3% 的农民的投票影响竞选结果。政客有很好的直觉，他们知道农民的力量已经成为柴郡猫脸上的微笑⊖。在日本，农村的选举权仅占城市选举权的 1/7，但有 1/3 的军费来自农村合作银行。由于出现了里库路特丑闻（the Recruit scandal）⊖，这一权利很可能已经被削弱了。即便是在日本，农民的力量也将很快消失。

⊖　柴郡猫：《爱丽丝漫游奇境》里描写的一种动物，据说老是在微笑，而且身体消失后微笑还会保持一会儿。——译者注
⊖　1988 年被揭露出来的“里库路特”丑闻是一起权钱交易案件，在日本社会引起轩然大波。里库路特是一家以提供就职、房地产信息等为业务的公司，自 1984~1986 年，该公司将大量原始股以优惠价格出售或变相赠送给政界、财界要人近百人，数目达几十亿日元。尤其值得注意的是，自民党几乎所有头面人物，包括在位首相竹下登、前首相中曾根康弘、副首相兼大藏相宫泽喜一、自民党干事长安倍晋太郎、自民党政调会长渡边美智雄等人，尽皆有份。1989 年 6 月，面对议会内外的强大压力，竹下登终于黯然下台，其他涉嫌的 12 名政客也相继辞职，有关官员有 10 多人被逮捕起诉。——译者注

工人

蓝领工人正在经历同样的过程。工人以前从来没有像 20 世纪这样经历如此大的起落。就在不久前，工人群体似乎必然会控制整个社会、政治和市场。在 20 世纪 50 年代的美国试销一种新产品时，公司都会走访地位稳固的蓝领群体，他们的意见将会决定是否推出该产品。但这一切已经过去了。20 世纪末，在每个发达国家中，蓝领工人不会比农民更重要或人数更多。在过去的 20 年间，蓝领工人的数量下降了 1/3。

然而，不仅仅是工人数量下降了。现在，几乎没有哪家制造企业蓝领劳动力的成本能够超过 15%。像西班牙这样的国家，在今后 5～7 年，受过高级培训的低廉的劳动力储备依旧将是一笔财富。但到 20 世纪末，如果它的制造业不能将劳动力成本降到 15% 以下的话，那么劳动力将变成一种负担。没有哪个西方国家能与中国的上海竞争，在上海每天 1 美元的工资已经算是高薪了，而且只有最优秀的 10% 劳动力每天能挣 1 美元。

西方制造业的出路不一定非得是自动化。信息与自动化不一样，甚至与信息技术也不一样，而且创立一家公司不会从购买机器开始。相反，第一步应该理顺流程以确定哪些设备是必要的。刚开始就购买机器设备或使现有流程实现自动化的公司，必将浪费大量的金钱，其流程的生产率也不会高。通用汽车公司证明了这一点，它在自动化设备上的花费高达 300 亿美元，但结果劳动力的成本没有下降，反而上升了。现在通用汽车的劳动力成本是 28%，而福特是 15%，丰田是 16%（在美国）。对于设在高工资地区的一家新的本田工厂而言，这一数据将下降到 11.5%。记住，汽车业是相对传统的产业，而在新的产业中，劳动力的成本将会更低。

大部分人都认为，资本主义垂青于资本的拥有者——资本家。一个更好的候选人是蓝领工人。1850 年，他们还是按小时雇用的劳动力，收入微薄，没有社会地位和政治权利，被人们所忽略和鄙视。到了 1950 年，他们已经成为处于主导地位的社会阶层。他们享受健康保险、养老基金、失业保险和政治权利，而这些在两代人之前是难以想象的。当然，他们还有经济福利。但是，这一短暂的主导地位又突然消失了，并且所有这一切没有引起真正的社会动荡。

学习型社会的到来

在蓝领工人时代，能否从事好工作取决于你是否加入了工会，现在则是取决于学校文凭。1950～1980 年，美国男青年如果上学的话在经济上是不划算的。一个 16 岁的高中辍学生到一家有工会的钢铁厂工作，他 3 个月赚的钱要比大学毕业后干成本会计的哥哥一辈子赚得还多。但这样的日子已经一去不复返了。从现在开始，知识才是关键。这个世界将不再是劳动密集型，不再是原料密集型，也不再是能源密集型了，而是知识密集型。

今天，日本的制造业能够用与 25 年前一样多的能源消耗量与更少的原材料，生产出 2.5 倍的产量。这在很大程度上应归功于向知识密集型工作的转变。20 世纪 20 年代的典型产品是汽车，当时原材料和能源占的比例为 60%；20 世纪 80 年代的代表性产品是半导体芯片，其中原材料和能源占的比例还不到 2%；20 世纪 90 年代是生物技术，其原材料和能源所占的比例大约是 2%，但有更高的知识含量。组装芯片仍然是劳动密集型的（10%），生物技术则实际上完全不需要劳动力，而且，发酵厂还可以产生能源而不是消耗能源。这个世界正在变成知识密集型的，既表现在劳动力身上，也表现在制造流程上。

知识一直都是专业化的。伦敦爱乐交响乐团吹双簧管的人不会有想法去成为一流的小提琴家。在近 100 年间，只有一位乐器演奏家托斯卡尼尼（Toscanini），成为一流的指挥家。专家仍然是专家，他们在阐释乐谱方面的技巧更为高超了。但是，专业化也带来了一定的风险。事实上，有知识的人容易变得过度专业化，因为有太多的东西需要研究。作为乐团的一分子，双簧管演奏家一个人是不能演奏音乐的，只会产生噪声。只有整个乐队演奏同一个乐谱才会产生音乐。对于独唱和指挥，要让乐队演奏好音乐，不仅意味着要了解乐谱，而且还要学会管理知识。伴随知识而来的是巨大的责任。过去，掌握知识的人通常用（也可能是滥用）知识控制人们的想法和不同的意见，并且向人们灌输盲从权威的思想。知识和知识分子必须要承担自己的责任。

大部分教育并不提供知识

知识社会的出现对教育具有广泛的影响。在未来 30 年中，学校将发生巨大的变化，比印刷版书籍发明后出现的所有变化都要大，原因之一是现代学习理论。我们知道人们怎样学习，并且学和教完全不一样。例如，我们知道没有哪两个人会以完全相同的方式学习。印刷版的书籍导致了学习活动的爆炸性增长和人们对学习的热爱，这是前所未有的。但从书本上学习是相对于成人来说的，印刷版书籍基本上是针对成年人的。相反，新的学习工具是针对孩子的，如果你的孩子八九岁而且会使用电脑，你就会明白这一点。到了 11 岁，大部分孩子（除了怪才之外）都开始厌倦电脑，因为它们仅仅是工具而已。但到了那个年纪，孩子们已经把电脑当作自己的延伸。如此强有力的工具的出现使学校不得不做出改变。

组织必须自己进行教育

但还存在另外的问题。学习在人类历史上首次变得如此重要。当摄政王问布吕歇尔元帅（Marshal Blucher）他是否认为不识字是一个巨大的弱点时，这位为惠灵顿公爵赢得了滑铁卢之役的男人回答说："尊敬的殿下，这正是我的牧师的工作。"直到1914年，即便不能读写，大部分人也可以过得很好。然而现在，学习至关重要。知识社会需要所有人都受教育，不仅仅是读、写和数学，还要具备基本的电脑技能，掌握政治、社会与历史知识。此外，由于知识体系迅速扩展，知识社会要求人们学会如何学习。

在知识社会的背景下，学校教育的社会目的将会得到也应该得到认真的讨论。这肯定有助于学校的改变，但是，最急需的是学习和培训必须扩展到成人。这样，学习的焦点将从学校转变为雇主。每一个雇用机构都要成为教育机构。许多美国、日本的雇主和部分欧洲的雇主已经认识到了这一点。但采取哪种学习方式呢？在乐队中，乐谱告诉人们该做什么；乐队的演奏是团队合作。在以信息为基础的企业中，相应的学习和培训过程是什么呢？当然，让人们具有整体观的一种方法是组建跨部门任务小组。但是，让专业人员进行轮岗，放弃原有专业换到一个新专业上，应该做到什么程度才合适呢？此外，谁可以成为以信息为基础的组织的管理者（尤其是高级管理者）呢？是才华横溢的双簧管演奏家，还是处于一定的位置能够理解整个团队的人，抑或是来自小型乐队的年青指挥家？我们还不知道答案。最重要的是，我们应当如何运用非常昂贵的知识（一种新的资本），以让它具有更高的生产力呢？

据称，全球最大的银行在信息通信系统上已经投资了15亿美元。相对于大型制造公司来说，现在的银行更是资本密集型的。医院也是这样。就在50年前，一家医院还只有一张床和一名护士。今天，一家中等规模的医院，就有400张床位、几百名主治医师和多达1500名护理人员，他们分为大约60个专科，每个科都配备有专门的设备和实验室。50年前，这种专业化还非常罕见。可是现在我们并不知道如何利用它们创造生产力，我们甚至还不知道在这种新环境中生产力意味着什么。在知识密集型的领域中，我们现在的状态非常像19世纪我们对制造业的了解。19世纪20年代，罗伯特·欧文成立了一家纺织厂，设法测量其生产力，但从未成功。直到 50 年后，人们才对生产力给出了令人满意的界定。对于新型组织，我们现在大概正处于罗伯特·欧文阶段。我们开始考虑知识的生产力、产出和绩效，但我们无法测量它们，甚至也无法评价它们，虽然我们对于自己需要什么确实有一些想法。

例如，著名的指挥家如何建设一流的乐团？他们告诉我说，首先，演奏者要不断提升自身水平，要对自己的职业引以为豪。演奏者首先是艺术家。其次，设法让每个人都有集体荣誉感："我是在为克利夫兰、芝加哥或伦敦爱乐乐团演奏，它是世界上最好的乐队之一。"最后，这也是一名普通指挥与一名伟大指挥的区别，就是使整个乐团听到和演奏的海顿交响乐与指挥听到的完全一样。换句话说，高层必须要有一个清晰的愿景。乐队的例子为知识型组织的领导者提供了一个范本。

创新与企业家精神

现在我要说的问题对于知识社会的管理者极其重要，即创新与企业家精神。

这两个重要概念的重新流行并不是偶然的。长期以来，它们被忽略了，公司并不关注它们。只是在近 15～20 年，这两项实践（创新与企业家精神，它们既不是科学也不是艺术）才重新回到人们的视线之中。

近年来出现了大量新的创业企业。它们比 19 世纪的创业企业可能要好一些，但还不够好。到目前为止，我们已经相当清楚地知道什么是公司生存和发展所必需的：创业实践和管理实践一样，有其规则和知识基础。但是将创新与企业家精神限制在创业企业就太狭窄了。如果创新只存在或者主要存在于新创立的公司中的话，那么我们的社会很可能就无法生存了。

19 世纪创新风潮的启示

近 20 年的创新风潮与 19 世纪末期的创新风潮有很大的不同。现在，创新（社会创新和技术创新同样重要）的速度很快，但 19 世纪几乎所有的组织、企业与其他机构都是新出现的，它们都是在 50 年左右的一个时期内出现的，介于 1865（这一年出现了帕金斯的苯胺燃料、第一台西门子发电机）年到 1914 年（第一次世界大战使西方的创业浪潮近乎瘫痪）之间。在那个时期，每年至少会出现一种新型组织、一项重大创新或发明。有些发明创立了新的产业，但它们并没有取代原有的组织，而是出现在一些"真空"地带。因此，1856 年英国内务部从零开始创立了英国地方政府。在这一时期，美国建立了第一所现代大学。今天就不一样了，我们得学会使现有组织具备创新能力。我们知道自己需要什么，并且它不是很复杂，尽管也并不容易。但如果现有组织无法学会创新，那么社会后果将会相当严重。

创新至关重要，因为现在是以知识为基础的社会

知识的变化极其迅速。这并不新鲜，知识的变化一直很迅速。新变化使知识变得至关重要。在手工业社会（美国实际上持续到了 19 世纪末），大约每 80 年发生一次重大的变化。在军事技术上，从伊丽莎白一世统治时期的弓箭消失，到 1906 年无畏号（Dreadnought）军舰下水，每 60 年发生一次重大的创新。今天，在美国五角大楼的推动下，可能每 60 天就会出现一次重大的创新。我们已经学会了如何创新，因为当前积累的能力、技术、知识、产品、服务和结构不大可能会使用很长时间。出现这种变化并不是因为积累的速度大大加快，而是因为知识重心在不断地变化。

我前面讨论的是组织而不是企业，这是有意而为的。在市场经济下，创新对企业来说更为容易。事实上，在其他领域中创新也是相当重要的。虽然

创新和企业家精神的原则也适用于政府机构和大学，但在实践上是不同的。没有什么比大学的教职工群体更保守的了，这种保守无出其右。美国大学的座右铭是，当一个学科完全过时时，才可以给它设立一门必修课。为了生存并提高自身价值，大学必须学会如何创新。

创新意味着摒弃过时之物

关于创新我们了解什么呢？首先，创新与天才及灵感几乎无关，它是一项艰苦的、系统的工作。企业家依靠灵光一闪而大获成功不过是一种神话而已。我已经与企业家合作 40 年了，那些依靠灵光一闪的企业家会被迅速淘汰。

创新更大程度上取决于我们所说的"有组织的放弃"。法国经济学家伊萨（J. B. Say）200 年前创造"企业家"这个词时，本意是指那些从事颠覆和破坏活动的人。之后熊彼特（Joseph Schumpeter，唯一真正重视企业家精神的现代经济学家）正式定义了"企业家精神"，把它描述为"创造性破坏"的过程。为了获得更新、更好的事物，你必须摒弃过时的、无用的、不再具有生产力的事物，还要摒弃过去错误的和失败的努力方向。让我们换一种说法，想想以前医疗上的谚语："只要病人能排泄，就还有机会。"一旦肠子和膀胱不起作用了，那病人就已经病入膏肓了。假如组织不放弃无用的产品，那无疑等于服毒自尽。它们必须有组织地放弃，这是一项非常困难的工作，因为大部分组织对自己的产品有着强烈的感情。

举一个典型的例子。25 年前，一家制笔公司的老板发明了自动铅笔。当时所有人都嘲笑这个想法，但他致力于生产这种产品，并取得了成功。现在他仍然是这家公司的老板，他看待公司比自己的妻儿还重要，他对这家公司和这种产品充满感情。现在他手下有个年轻气盛的青年人，像他 30 年前一样有个新的想法，要淘汰原来的产品。他不会喜欢这样的人，也不会鼓励其坚持自己的想法，除非他在公司中应用"有组织地放弃"这一原则。

如果创新不是天赋的话，那它也并不必然是（或主要是）技术创新。将卡车车体从轮子上卸下来装上船，并不需要多少技术。但是集装箱运输的生产力大约是远距离散货船的 4 倍，并且为近 40 年世界贸易的巨大发展提供了条件。类似的是，没有几项创新能比得上普通的教科书、报纸或保险的影响。一个美国农用设备制造商发明了分期付款制度，使贫穷的农民能够买得起设备，这实际上完全改变了美国经济。还有很多此类的例子。虽然以科学为基础的创新引人注目、成就非凡，但与其他种类的创新相比，它实际上不太可靠，也无法预料，并且不大可能给公司带来利润。

零基审计

现在我们已经知道创新不是什么了。更肯定地说，我们也知道我们需要采取哪些行动。创新的关键是每 3 年坐下来研讨一次，系统地审视公司的各个方面，考察其生命力：每一项产品、服务、技术、市场和分销渠道。

我提供一条线索，今天没有什么比分销渠道变化得更快。似乎没几个经济学家或报纸评论员意识到，迅猛发展的服务经济与商品经济并不矛盾，或者不会损害商品经济，而只是商品经济的一个分销渠道。增长最快的渠道就是娱乐休闲。目前在发达国家中，人们的工作时间还不到 1910 年的一半。经济学家并没有把休闲娱乐作为经济的一部分，但它带来了巨额的商品销售。这种增长在其他服务机构中也很显著，如医院和学校。60 年前，卫生保健产值占发达国家国民生产总值或居民总消费的比例还不到 1%。现在，卫生保健产值，特别是医院，占国内总产值（比 60 年前已经大大增加了）的 7%～11%。再重复一遍，从经济学上讲，服务经济是产品的分销渠道，而且分销渠道的变化比产品或服务本身变化要快得多，所以应该密切关注它们。

零基预算要求管理者关注组织内的每个流程和步骤，当然包括每一名员工的活动，并且问自己：我们现在还没有改变，将来我们会不会保持不变？假如答案是否定的话，不要说："让我们找一名管理顾问研究一下。"而要说"我们该做些什么？"做正确的事有时就是做些微小的改变，有时则是将公司整体重组，有时答案就是要进一步简化。如果有六条产品线，可能需要砍掉一两条，有时可能要全部放弃，但最重要的事是要采取行动，这时组织就开始走向创新了。约翰逊（Johnson）博士说：如果一个人知道两周内自己将被绞死，那么没有什么比这个更能让他集中注意力了。没有什么能像知道自动铅笔将被取代这件事更磨炼一个人的意志了——这时，他就会开始创新了。

创新意味着将变化视为机会

系统地创新需要将变化视为机会。创新并不必然引起变化——那是非常少见的。如果创新成功的话有可能带来巨大的变化，但大部分以改变社会、市场或顾客为目标的创新都是失败的。成功的创新是利用变化，而不是试图创造变化。

我在《创新与企业家精神》(*Innovation and Entrepreneurship*，1985）一书中写道："系统的创新在于有目的、有组织地寻找变化，并且系统地分析变化给经济和社会变革所带来的机会。"接下来我指出了 7 个创新机会的标志和来源，其中 4 个是企业（本企业或其他企业）或行业内部的，这些基本上都是变革的征兆。它们是意料之外的成功或失败，不一致（现实和假设的差异），基于流程需要的创新，人们没有意识到的行业和市场变化。其他 3 个因素主要是行业或企业外部的变化，它们是人口变化，不断变化的偏好、感觉和含意，新的科学知识与非科学知识。

在创新的这 7 个来源中最有用的总是意料之外的事物（因此我最先提到了它），尤其是意料之外的成功。这种来源风险最小，且不费力，但是它几乎完全被忽略了。更糟的是，管理者常常排斥它。

现代会计的基本产品是什么？月度或周度财务报告。这确是重要产品，以前没有企业统计过系统的数据。但大部分人都只看报告的第一页，它可以显示是否超支，有多少人会关注哪些地方节约了预算呢？他们应该要求会计马上提供这类数据，如果没有这一信息，那么组织将只盯着问题。通常当公司在某一方面做得比预期要好得多时，这往往预示着一个机会。当然，大部分的数据和变化并不明显，而且管理者能很快对其做出解释。但大约每 20 个中就会有一个是有价值的，它可能预示着一些我们所不知道的事情。

一家一流的医疗器械供应商投产了一种新的临床检测设备，这种新产品销路非常好。而后，突然收到来自以下罕见领域中的订单：大学、企业和政府的实验室。没人注意到公司已经进入了一个新的、更好的市场。公司甚至没派一名销售人员拜访新的顾客。结果，竞争对手不仅意识到了这一点，而且抓住了企业实验室这一市场，充分开发了这一新的细分市场，由于规模优势又扩大了医院市场。这是一个非常典型的例子。第一家公司没有认识到意外成功的重要性，现在它已经被一家制药公司收购了。

在创新的其他来源中，科学和技术研究被放在了最后，这是因为虽然不可否认科学和技术研究也很重要，但它也是难度最大的、周期最长的、风险最高的创新。关于如何进行研发管理，我们已经知道很多了。但是，与其他的变化机会一样，重要的是系统地找出这些来源并进行确认：对于公司来说，这是一个机会吗？如果是，是何种机会呢？对于大多数公司来说，大部分变化并不是机会。人口结构的变化对某些企业来说是机会，但对其他企业来说可能一点也不重要。例如钢铁厂，只要人口变化不会影响到劳动力供应，它对人口结构的变化就不感兴趣。另外，环保意识的变化则对钢铁厂极其重要。

创新最重要的是做功[⊖]

我们都知道热力学第二定律：所有的功都转化为热和摩擦力。德鲁克第一定律是所有事情都转化为行动，并且如果不转化为行动的话，那就什么事也做不了。大部分行动之后会转化为"热"和"摩擦力"，但首先得行动。如何组织起来进行创新是每家公司都要面临的问题。官僚化的大公司可以和灵活的小公司具有同样的创新性。我不是在提倡官僚机构，关键在于有系统的组织、清晰的策略和辛勤的工作。

杜邦公司是一家著名的官僚化企业，但它以成功、迅速的创新而闻名。3M 公司不是官僚化的，但也是一家非常大的公司，它将创新融入公司制度并且变成公司的目标——在任何一个时期，最近五年新发明的产品的营业收入不能少于 25%。该公司总是能够达到这一目标，并且这一目标已经融入企业内部的方方面面。在 3M 公司中，毫无创新精神的人不可能成为中高层管理者，所有人都知道这一点。40 年前我们还不知道如何进行创新。现在没有借口了。等着天才的灵机一动已经不能再成为借口了。每家公司，无论是做什么的，今天都要具备系统的企业家精神，进行有目的的创新。

个 人 效 能

现在我们来讨论调查的第四部分和最后一部分。当前的大背景是世界经济的不断变化、以信息为基础的组织的出现以及对系统性创新和企业家精神

⊖　此处有双关之意，既指做功，也指行动。——译者注

的需求，那么，未来的高效经理人需要什么样的技能和素质呢？当然，以前的技能仍然是有用的，但有些新技能可能会变得越来越重要。我能想到三种技能。

技能1：外出式管理

现在，所有的管理者都信奉"追求卓越"。汤姆·彼得斯（Tom Peters）提倡管理者应该实施走动式管理（walk around）。在公司内部，走动式管理仍然是有用的，但我认为重点已经变了。现在，最重要的是在公司外部待一段时间，审视公司并得出正确的结论。

当与公司有关的每件事（市场、技术、分销渠道和价值观）都在不断变化时，在办公室里等着报告送到桌上可能太慢了。我对高级管理者最重要的一条建议是：下次某个销售人员度假时，高级管理者应当顶替他的位置。虽然返回的销售人员可能会抱怨说顾客投诉顶替人员不称职，但先别管这些。这种做法迫使你走出去，走入市场，市场才会带来公司绩效。记住，公司内部不会产生有价值的成果。在顾客重复购买之前，公司内部只会产生成本⊖。

例如，外部视角可以促使公司关注潜在消费者。在大多数行业中，市场份额占到22%的公司就是市场的领导者了。但更重要的数据是还有78%的顾客购买了其他公司的产品。为什么？弄明白这个通常预示着机会。

我曾经与两家最大的汽车公司（通用和福特）的联合管理及劳工委员会合作过几年。我无法说服工会或管理层相信，他们理解的"质量"与顾客理解的并不一样。当福特和通用的汽车从生产线上生产出来时，它们十分自豪自己的产品质量比日本车好。问题是管理者和工人一样认为质量就是

⊖　在重复购买时，公司内部的相关销售资料就可以发挥作用了。——译者注

他们交付汽车时的汽车状况。但是应当由顾客定义质量而不是生产商。例如，我在科罗拉多州洛基山有一栋别墅，离我加利福尼亚的家1200英里。如果在途中我的车出了问题，我希望下一个小镇的经销商那里有零配件并且能够修车。但通用和福特的奖励制度只激励经销商卖新车，而不激励其提供服务，因此，经销商当然不会储备零配件，所以要从公司仓库提货，为了配一个零件我必须等一周。而丰田就鼓励提供服务，因此经销商就会储备零配件，当顾客需要时可以马上更换。为什么我不能说服福特和通用同意我的观点呢？因为当我告诉它们走出去时，它们只是去和自己的经销商交流。

所以最重要的是走出去，去产生结果的地方。走出去的唯一方法是去那里工作，而不是去参观。没什么比参观巴塞罗那的子公司更浪费时间的了，而站在柜台后面工作两天，管理者就会惊奇地发现，可以从中了解很多东西。

技能2：找到你需要的信息

人们必须学会自己去找需要的信息。人们逐步认识到对其他人也要承担起信息责任，但在以信息为基础的组织中，每个人都需要不断地考虑，要想在工作中创造有价值的贡献，他需要什么信息。这可能会对目前的工作方式带来很大的改变。即便在信息化程度最高的公司中，可能尤其是在这些公司中，真正拥有信息的人很少。确切地说，他们拥有的是数据，由于数据太多，导致了信息过量或者"中断"。

信息责任还解决了另外一个关键问题。大部分管理者仍然认为需要信息专家告诉自己需要什么样的信息，但信息专家只是工具的提供者，他们可以告诉我们用锤子把钉子钉进椅子中，但他们不能告诉我们是否应该在椅子的那个位置上钉钉子。找出自己需要何种信息正是管理者的工作。

1. 他目前正在做什么。

2. 他现在应该做什么。

3. 如何从前一种状态变成后一种状态。

这绝不是一项简单的任务。但只有当这一任务完成了，信息才开始成为一种工具并为我所用，负责管理信息系统的部门才能成为成果中心，而不是现在的成本中心。

信息的出现是一件很晚的事情。以前我们只有经验和故事。现在，我们第一次有了数据。将数据转换成信息意味着提出这样的问题：你需要什么信息？何时、以什么方式从谁那里得到这些信息？另外，你还要确保提供信息的人也知道他们的责任。管理者也必须自问：其他人需要从我这里得到什么信息？

在以信息为基础的未来组织中，人们在很大程度上将进行自我控制。这并不意味着我们将工作在一种自由组织中，这是无稽之谈。地球上没有骨架的陆地动物不会高过 6 英寸[⊖]。公司也一样。达到一定规模后，每家公司都需要一个"骨架"——正式的指挥系统。但动物并不是用骨架工作或感知的，它有神经系统和肌肉系统。同样，信息系统能够使人们对工作进行组织与整合，他们也要受某个人控制并对其负责。这样，那些需要团队合作才能完成的工作任务看起来就没那么困难了。跨部门团队是关键所在，没有哪个部门还可以继续独立运作了，无论它是负责纯研究、应用研究、设计、开发、生产还是营销。如果还像以前那样，可能企业花了很长时间，也设计出了完美的产品，但就是没人买。

关注效能

同样，管理者应该花一点时间思考公司未来 18 个月在贡献和成果方面

　⊖　1 英寸＝2.54 厘米。——译者注

应该承担什么责任。"哪件事情是只有我能做的,而且做好的话会对公司产生重大影响?"明确优先次序是非常重要的。不要范围太广,不要精力分散,不要一次做太多的事情。如果没有优先级别,管理者可能同时要关注 5000个方向,这尤其适用于高层管理者。教科书中十分详细地分析了授权的必要,这是完全正确的。但书中没有提到,真正的责任分配通常是自下而上的。最后,各种问题通常堆积在老板的办公桌上。当然,这是老板的工作。但他首先需要有时间去做他自己的工作,而且他首先需要了解自己要先做的、最重要的一两件事是什么。

作为管理者,我们的效率并不高,因为我们总是试图做太多的事情。组织的另一个大问题是我们认为自己所做的事情是显而易见的,所以没必要告诉其他人。现代心理学始于贝克莱主教(Bishop Berkeley),他指出任何两个人都不可能处于完全相同的境遇,因此对一个人来说显而易见的事,另一个人就可能看不到。你依靠的人必须要理解你的努力方向,而且你也必须把自己工作的优先次序告诉他们。

技能 3:把学习变成制度

效能的第三个要素是把学习变成制度。

历史上的几大谜团之一发生在 16 世纪。1560 年,欧洲处于两个机构的控制之下,北部是加尔文教,南部是天主教,它们在 25 年之前甚至还不存在。这两个教派都形成于 1535 年,到 16 世纪 70 年代它们已经居于统治地位。大部分教会成员都是单独工作,承担着巨大的危险和压力。他们的秘密是什么呢?根据现代学习理论,我们可以看一看当时发生了什么。加尔文(Calvin)和罗耀拉(Loyola)运用了学习理论最重要的原则——反馈。在任何一个关键性活动领域中,第一阶段是确立你希望实现的目标。9 个月后,检验实际结果,并与最初预期进行比较。

正像罗耀拉和加尔文所发现的，对于学习而言，反馈是最重要的。如果一个人在工作中用的是他的劣势，就不会有生产力，而反馈能够确定你的优势所在，这一点至关重要。学习者需要知道他们的优势以便进行改进。是不是有什么坏习惯限制了他们的优势发挥呢？在哪些方面，他们确实没有能力？大部分学校和教育都是问题导向的，它们关注如何改正缺点。从某种意义上说，这是必要的，每个学生都需要具备基本的技能，但是真正优秀的绩效表现源于个人的优势。当进行有组织的学习时，学习速度将是惊人的，原因很简单，因为学习有了重点。

此外，学习必须是持续不断的。我们可能不得不承认，一个人走出校门五年后，他的知识就已经过时了。现在美国权威部门要求医生每五年进行一次更新性学习，并且需要重新接受资格考试。这起初引起了医生的抱怨，后来则有很大的思想改变，因为他们发现医学的变化是如此巨大，自己的遗忘是如此快。同样的方式也应该适用于工程师，尤其是营销工程师。因此，每周回学校学习一次应该是每位管理者工作的一部分。目前许多大公司正在建设自己的内部教育机构，对此我认为要小心。对于大公司来说，最大的危险是持有这样一种观点——世界上存在正确的方法、错误的方法以及我们自己的方法。内部训练通常会强化这种观点。当然可以在内部培养技能，但是，如果要扩大视野、质疑现有信条、有组织地放弃现有产品，最好是去面对多种观点和挑战。所以，管理者应该接触不同公司中以不同方式做事的人。

作为一个在充满挑战的世界中奋战的经理人，如果想提高自己的效能，以上这些是关键所在。我们面临无数的机会，因为变化**就是**机会。但它是不确定的。懂一点数学的人都知道，湍流（turbulence）[⊖]的特点就是不可预见

⊖　湍流，也称紊流，属于物理学术语，是指流场中某点流动速度的大小和方向随时间不规则地变化的流动。飞机在大气中飞行时有可能遭遇到大气湍流。大量的湍流研究需要用到数学方法。——译者注

性。世界上肯定会出现意料之外的事件，但是不可能预测它们会在哪里、何时或以何种方式发生。我们生活在一个非常混乱的时代，不是因为有如此多的变化，而是因为这些变化的发展方向是如此的不同。在这种环境下，有效的管理者必须要能够识别和利用机会、不断学习并且时时更新自己的知识基础。

[1990]

彼得·德鲁克全集

序号	书名	要点提示
1	工业人的未来 The Future of Industrial Man	工业社会三部曲之一，帮助读者理解工业社会的基本单元——企业及其管理的全貌
2	公司的概念 Concept of the Corporation	工业社会三部曲之一，揭示组织如何运行，它所面临的挑战、问题和遵循的基本原理
3	新社会 The New Society：The Anatomy of Industrial Order	工业社会三部曲之一，堪称一部预言，书中揭示的趋势在短短十几年都变成了现实，体现了德鲁克在管理、社会、政治、历史和心理方面的高度智慧
4	管理的实践 The Practice of Management	德鲁克因为这本书开创了管理"学科"，奠定了现代管理学之父的地位
5	已经发生的未来 Landmarks of Tomorrow：A Report on the New "Post-Modern" World	论述了"后现代"新世界的思想转变，阐述了世界面临的四个现实性挑战，关注人类存在的精神实质
6	为成果而管理 Managing for Results	探讨企业为创造经济绩效和经济成果，必须完成的经济任务
7	卓有成效的管理者 The Effective Executive	彼得·德鲁克最为畅销的一本书，谈个人管理，包含了目标管理与时间管理等决定个人是否能卓有成效的关键问题
8 ☆	不连续的时代 The Age of Discontinuity	应对社会巨变的行动纲领，德鲁克洞察未来的巅峰之作
9 ☆	面向未来的管理者 Preparing Tomorrow's Business Leaders Today	德鲁克编辑的文集，探讨商业系统和商学院五十年的结构变化，以及成为未来的商业领袖需要做哪些准备
10 ☆	技术与管理 Technology，Management and Society	从技术及其历史说起，探讨从事工作之人的问题，旨在启发人们如何努力使自己变得卓有成效
11 ☆	人与商业 Men，Ideas，and Politics	侧重商业与社会，把握根本性的商业变革、思想与行为之间的关系，在结构复杂的组织中发挥领导力
12	管理：使命、责任、实践（实践篇） Management:Tasks,Responsibilities,Practices	
13	管理：使命、责任、实践（使命篇） Management:Tasks,Responsibilities,Practices	为管理者提供一套指引管理者实践的条理化 "认知体系"
14	管理：使命、责任、实践（责任篇） Management:Tasks,Responsibilities,Practices	
15	养老金革命 The Pension Fund Revolution	探讨人口老龄化社会下，养老金革命给美国经济带来的影响
16	人与绩效：德鲁克论管理精华 People and Performance: The Best of Peter Drucker on Management	广义文化背景中，管理复杂而又不断变化的维度与任务，提出了诸多开创性意见
17 ☆	认识管理 An Introductory View of Management	德鲁克写给步入管理殿堂者的通识入门书
18	德鲁克经典管理案例解析（纪念版） Management Cases(Revised Edition)	提出管理中10个经典场景，将管理原理应用于实践

彼得·德鲁克全集

序号	书名	要点提示
19	旁观者：管理大师德鲁克回忆录 Adventures of a Bystander	德鲁克回忆录
20	动荡时代的管理 Managing in Turbulent Times	在动荡的商业环境中，高管理层、中级管理层和一线主管应该做什么
21 ☆	迈向经济新纪元 Toward the Next Economics and Other Essays	社会动态变化及其对企业等组织机构的影响
22 ☆	时代变局中的管理者 The Changing World of the Executive	管理者的角色内涵的变化、他们的任务和使命、面临的问题和机遇以及他们的发展趋势
23	最后的完美世界 The Last of All Possible Worlds	德鲁克生平仅著两部小说之一
24	行善的诱惑 The Temptation to Do Good	德鲁克生平仅著两部小说之一
25	创新与企业家精神 Innovation and Entrepreneurship:Practice and Principles	探讨创新的原则，使创新成为提升绩效的利器
26	管理前沿 The Frontiers of Management	德鲁克对未来企业成功经营策略和方法的预测
27	管理新现实 The New Realities	理解世界政治、政府、经济、信息技术和商业的必读之作
28	非营利组织的管理 Managing the Non-Profit Organization	探讨非营利组织如何实现社会价值
29	管理未来 Managing for the Future:The 1990s and Beyond	解决经理人身边的经济、人、管理、组织等企业内外的具体问题
30 ☆	生态愿景 The Ecological Vision	对个人与社会关系的探讨，对经济、技术、艺术的审视等
31 ☆	知识社会 Post-Capitalist Society	探索与分析了我们如何从一个基于资本、土地和劳动力的社会，转向一个以知识作为主要资源、以组织作为核心结构的社会
32	巨变时代的管理 Managing in a Time of Great Change	德鲁克探讨变革时代的管理与管理者、组织面临的变革与挑战、世界区域经济的力量和趋势分析、政府及社会管理的洞见
33	德鲁克看中国与日本：德鲁克对话"日本商业圣手"中内功 Drucker on Asia	明确指出了自由市场和自由企业，中日两国等所面临的挑战，个人、企业的应对方法
34	德鲁克论管理 Peter Drucker on the Profession of Management	德鲁克发表于《哈佛商业评论》的文章精心编纂，聚焦管理问题的"答案之书"
35	21世纪的管理挑战 Management Challenges for the 21st Century	德鲁克从6大方面深刻分析管理者和知识工作者个人正面临的挑战
36	德鲁克管理思想精要 The Essential Drucker	从德鲁克60年管理工作经历和作品中精心挑选、编写而成，德鲁克管理思想的精髓
37	下一个社会的管理 Managing in the Next Society	探讨管理者如何利用这些人口因素与信息革命的巨变，知识工作者的崛起等变化，将之转变成企业的机会
38	功能社会：德鲁克自选集 A Functioning society	汇集了德鲁克在社区、社会和政治结构领域的观点
39 ☆	德鲁克演讲实录 The Drucker Lectures	德鲁克60年经典演讲集锦，感悟大师思想的发展历程
40	管理（原书修订版） Management(Revised Edition)	融入了德鲁克于1974～2005年间有关管理的著述
41	卓有成效管理者的实践（纪念版） The Effective Executive in Action	一本教你做正确的事，继而实现卓有成效的日志笔记本式作品

注：序号有标记的书是新增引进翻译出版的作品